地球政治学：环境话语

The Politics of the Earth: Environmental Discourses

[澳]约翰·德赖泽克　著
蔺雪春　郭晨星　译

山东大学出版社

[**内容提要**]本书全面阐述了在过去四十多年中主导环境政治事务讨论的四种主要理论方法或环境话语,即生存主义、环境难题解决、可持续性和绿色激进主义。在很大程度上,这一经过修订的2005年新版本是对现行生态政治理论或地球政治学的系统而清晰的评述,因而特别适合环境政治与政策专业的学生和对环境议题感兴趣的人士阅读。

图书在版编目(CIP)数据

地球政治学:环境话语/(澳)德赖泽克著:蔺雪春,郭晨星译.—2版.—济南:山东大学出版社,2012.5

书名原文:The Politics of the Earth: Environmental Discourses

ISBN 978-7-5607-3485-9

Ⅰ.地... Ⅱ.①德...②蔺...③郭... Ⅲ.生态环境-政治学-文集 Ⅳ.D0-05 X171.1

中国版本图书馆CIP数据核字(2008)第033558号

山东大学出版社出版发行

(山东省济南市山大南路27号 邮政编码:250100)

山 东 省 新 华 书 店 经 销

山东临沂新华印刷物流集团有限责任公司印刷

720×1000毫米 1/16 16.25印张 237千字

2012年5月第2版 2012年5月第2次印刷

定价:30.00元

总 序

在当代世界中，无论是在发达国家还是发展中国家，生态环境问题与社会可持续发展已被公认为是人类21世纪面临的最富有挑战性的难题之一。传统的工业化与城市化生产生活方式的反生态本质或不可持续性特征已暴露无遗，而同样清楚的是，在从根本上改变智力支撑着现时代的物质主义生存方式的现代化思维模式之前，人类很难找到一条通向明天的现实道路。因而，人类自从进入文明时代以来从未像今天这样需要挖掘与展现我们的理论反思潜能：通过重新思考我们与周围自然世界的关系特别是人类作为其中一部分而不是主宰者所应担当的适当角色，来重新构建一种可以使得人类长久地在地球上生存的经济、政治、社会与文化。正因为如此，我们不仅需要自然科学与工程技术意义上的生态学或“科学生态学”，而且需要（如果不能说更需要）人文与社会科学意义上的生态学或“人文生态学”。沿着上述思路，我们才能正确理解正在蓬勃兴起的、人文与社会科学视野下的大量边缘性与交叉性新学科的意蕴，比如生态伦理学、生态哲学、生态经济学、生态营销学、生态社会学、生态人类学、生态文化学、生态法学、生态文学等等。就此而言，笔者所指称的环境政治学或生态政治学也是这些诸多形成中的新兴学科之一。

环境政治的研究在欧美西方国家主要集中在生态政治理论、环境运动团体和绿色政党三个层面，但从更一般意义上说，环境政治还可以包括更为广泛的内容，比如民族国家政府的环境管治及其政策决策、环境政府间和非政府间组织的跨国环境管治合作及其全球政治参与，等等。因此，从总体上说，环境政治学或生态政治学作为一门独立学科还远未成熟，从研究对象到研究方法都需要做深入的研究。

部分是基于环境政治学这门学科本身所具有的不成熟性，部分是基于对人类所面临的生态环境问题自身与时代特点的理解，笔者并不主张急于对环境政治学作出看似明确、实际上很可能制约其发展的界定，而是更愿意将其宽泛地规定为一种政治学视野下思考生态环境问题的新视角。具体而言，这包含着两方面的含义：其一，环境政治学可以大致地规定为介于政治学与生态学之间的一门交叉性、边缘性新学科。依此，我们可以不必像对待传统学科那样过分在意它的学科独立性或“名分”，而是给予其充分的自由扩展与深化空间，这样可能反而更有利于它的学科发展与成熟。其二，由于生态环境问题明显是一个具有超出了单一传统学科研究对象归属的“超普遍性”和影响到人类基本价值认知的“深层次”问题，因而，只有以一种超越传统哲学与政治学框架的视野与开放性，才有可能突破原有认知与思维模式的局限，才可能有真正意义上的环境政治学或生态政治学。从这个意义上说，一切反灰色的都是绿色的。

基于上述认识，笔者认为，环境政治学在中国发展的切入点或突破口应着眼于以下两点：一是要坚持研究方法上的比较政治学观点或方法。这其中既包括不同学科视野下对生态环境问题研究的比较，也包括世界不同地区环境政治学理论与实践的比较。对于前者来说，对生态哲学研究已有成果的消化吸收，是其他生态环境问题相关学科包括自然科学学科的理性元点，环境政治学也不例外；对于后者来说，我们并不认为欧美西方国家掌握着人类通向绿色未来的真理或“锁钥”，也不认为中国可以回避作为一个当今世界最大现代化进程中国家的历史责任与创造潜力，但我们的确认为，只有对欧美国家社会与经济生态化发展经验的分析借鉴才有可能成为任何绿色文明与社会创建的现实起点。二是要争取研究成果上尽可能广泛而及时的交流与分享。这其中一个基础性的手段当然是有选择地翻译介绍欧美西方国家学者在环境政治学领域的经典性论著,而它对于环境政治学理论与方法在中国的普及和中外学者学术交流的重要性都是不言而喻的。

编辑出版《环境政治学译丛》是在上述两方面意义上的一个尝试,目的是推进环境政治学在中国的起步与发展。需要强调的是,目前呈现给读者的这一统一的"环境政治学译丛"(共12册)是自2005年开始陆续翻译出版的。2005年翻译出版了《绿色政治思想》(安德鲁·多布森)、《生态社会主义:从深生态学到社会正义》(戴维·佩珀)、《环境运动:地方、国家和全球向度》(克里斯·卢茨)和《欧洲执政绿党》(斐迪南·穆勒—罗密尔和托马斯·波古特克)。2008年翻译出版了《自由生态学:等级制的出现与消解》(默里·布克金)、《生态社会主义还是生态资本主义》(萨拉·萨卡)、《当代多重危机与包容性民主》(塔基斯·福托鲍洛斯)和《地球政治学:环境话语》(约翰·德赖泽克)。2012年翻译出版了《绿色国家:重思民主与主权》(罗宾·艾克斯利)、《环境与公民权:整合正义、责任和公民参与》(马克·史密斯和皮亚·庞萨帕)、《全球视野下的环境管治:生态与政治现代化的新方法》(马丁·耶内克和克劳斯·雅克布)和《全球环境政治:权力、观点和实践》(罗尼·利普舒茨)。这些著作之所以被选,一方面是由于它们都已成为当代环境政治著述中的经典性作品或"必读书目",另一方面则是由于它们作为一个整体分别展现了"环境政治学"、"生态社会主义"、"生态资本主义"等环境政治学整体或某一主要理论与实践流派的最新概貌。

当然,如果没有大量研究基金、学术机构和国内外同行所提供的帮助与鼓励,《环境政治学译丛》在最近几年内的连续编译出版是无法想象的。因此,笔者要特别感谢"中欧高教合作项目"、"德国学术交流中心—香港王宽诚教育基金会"、"哈佛—燕京学社"访问学者项目、欧盟—中国研究中心项目、德国洪堡基金会、中国留学基金委员会,以及教育部"优秀青年教师资助计划"、霍英东教育基金会青年教师基金、教育部人文社科重点研究基地(山东大学当代社会主义研究所)项目"生态社会主义研究"、教育部新世纪优秀人才支持计划、教育部人文社科研究规划项目"西方绿色左翼政治思潮研究"(09YJA710046)和国家社科基金项目“西方生态资本主义及其批评研究”(10BKS049)等所提供的主要财政资助。同时，在本译丛的编译过程中，我们还得到了安德鲁·多布森、斐迪南·穆勒—罗密尔、戴维·佩珀、托马斯·波古特克、克里斯·卢茨、萨拉·萨卡、塔基斯·福托鲍洛斯、约翰·德赖泽克、罗宾·艾克斯利、马克·史密斯、皮亚·庞萨帕、马丁·耶内克和罗尼·利普舒茨等提供的各方面热情帮助，他们为各自著作的中文版撰写了专门的前言，而且萨拉·萨卡先生还对自己的著作作了一些文献资料性的补充与完善。

同样重要的是，我的同事和合作伙伴刘颖博士、徐凯博士、张淑兰教授、李宏博士、蔺雪春博士、郭晨星博士、侯艳芳博士、郭志俊博士、杨晓燕博士、李慧明博士和博士候选人李昕蕾女士等，他们在从事繁忙的教学科研任务的同时先后承担了本译丛的翻译工作。在此，笔者一并致以最真诚的谢意。

最后，笔者再次感谢山东大学出版社对《环境政治学译丛》的出版所给予的大力支持和所付出的艰巨努力，并真诚地希望，它能够成为我们共同期待的环境政治学研究在中国进入一个新阶段的起点。

郇庆治

2012 年 4 月于北京大学

译者说明

环境政治表达了人们对环境问题的政治关注，并切实关涉到有关人类与自然关系进而人与人关系的认知和安排。由于其认知对象涉及人类社会与自然两个系统，而每一个系统本身又都极其复杂，因此对环境问题的这种政治关注便具有双重的复杂性。

这一点已在约翰·德赖泽克教授的著作中被明显反映出来。因此，对译者来说，有关该著作的翻译进程就不再那么简单。为了使国内读者能够尽量清晰地认知环境政治问题，理解约翰·德赖泽克教授对环境问题所进行的话语分析，译者试图在直译的基础上，尽量关照中文读者的阅读习惯，争取做到既尊重作者的原意，又能让中文读者通顺地阅读；最终或许能够使其产生更大的影响。

本书的翻译分工情况如下：郭晨星负责翻译了第1～6章，蔺雪春负责翻译了序言以及第7～11章。

但由于译者水平所限，或给读者造成诸多不便，种种责任自由译者承担。

蔺雪春　郭晨星

2007年6月于山东大学

中译版前言

《地球政治学》所分析的环境话语对于整个世界而言都是重要的，因而我希望它们可以为中国读者提供一些有益的启迪。就全球环境事务来说，中国绝对是至关重要的。它的发展道路可以采取很多种不同的选择，并对中国本身和世界其他地区的环境状况产生不同的后果。尤其如此的是在全球气候变化方面。鉴于其不断扩大的经济规模，中国很容易受到全球气候变化的不利影响，因而及时控制温室气体排放是十分重要的。

自本书第二版于2005年出版以来，环境关注在世界范围内有了实质性的增加。这种增加在很大程度上是由于公众对气候变化现实的更加清醒的认识。对这种变化发挥了重要促进作用的因素包括：美国前副总统阿尔·戈尔以及他的电影《不愿面对的真相》(*An Inconvenient Truth*)，以及尼古拉斯·斯特恩(Nicholas Stern)2006年为英国政府撰写的关于气候变化经济学的重要评论和全球气候变化政府间委员会(IPCC)的持续努力。正如笔者在第2章结束时指出的，气候变化议题具有重新激活极限与生存话语的潜能，尽管这并不是其他环境话语对这一议题可以作出的唯一一种阐释。普罗米修斯主义——现在得到了石油公司巨头的资助，仍然在试图淡化这一议题。但是，目前已很少有政治家能够简单否认气候变化议题的重要性，连美国总统小乔治·布什也不例外。

从地方层面上说，环境议题正在引导着公众政策的审议性公民参与，尤其是在快速经济增长和工业发展的政策方面。笔者希望，本书的最后一章已经清楚阐明，为什么在中国像在其他地方一样，审议与参与机制特别适合于这类议题。

鉴于中国在全球环境事务中的极端重要性，我很高兴看到本书的中文版能够出版。最后，我要感谢山东大学郇庆治教授所做的努力，使这一翻译出版工作得以顺利完成。

约翰·德赖泽克
阿兰达，澳大利亚首都区
2007年6月

作者志谢

近四十年来，环境事务中发生了许多事情。20世纪60年代末，随着全球短缺与生态崩溃的可怕警告，环境危机出现了。自那时起，地球人口增加了50%多。在三里岛和切尔诺贝利发生了世人瞩目的核电站事故，在印度的博帕尔和阿拉斯加的威廉王子海峡还有引人注目的非核事故。绿党成为一股重要的选举力量，并在几个国家中加入了执政联盟。主流环境团体发展了大批的成员。反环境主义的民粹主义抵抗已经爆发。有关气候变化和臭氧层衰竭的全球环境议题也已走到了前台。我们已拥有了世界峰会、地球日、环境总统、生态捣乱、公民不服从、大量的立法与管制，以及追求环境正义、可持续发展、深生态学、反全球化和“明智使用”的运动，等等。

本书的目的是为了弄清所有这些进展的含义，而笔者是通过运用环境话语的概念来做到这一点的。话语是人们看待世界的一种共有方式。某种话语的支持者在讨论一个事件时将使用一种独特的语言，从而使他们的讨论基于某些共同的定义、判断、假设和论点。比如，在一种相信不加控制的经济增长本质上没有问题的话语和一种谋求人类之间以及人与自然之间重新实现和谐的激进绿色话语之间，所呈现出的共同点相当地少。环境事务的历史在很大程度上是我所考察的话语的历史，它们的兴起与衰落，以及它们的相互作用与影响。结果是，所有这些话语依旧与我们同在，无一半途而废（这本身就表明了环境事务日益增加的复杂性）。我将阐述它们的历史，评估它们作为环境事务应对方法的影响、优势和缺陷。

我尽力从一种批判性的超然立场来讨论这些问题，但我的确有许多强烈的个人观点。我把对这些个人观点的表述放在了“生态民主”标题下的结论部分，尽管它们偶尔也会较早地呈现出来。

本书发轫于1994年9月9日中午12点45分，当时牛津大学出版社的蒂姆·巴顿(Tim Barton)建议我写这本书。2004年9月9日，也就是说在十年之后，我完成了本书的第二版。牛津大学出版社的露丝·安德森(Ruth Anderson)对本书第二版的出版提供了帮助。在第二版里，我考虑并想尽力弄清环境政治及其著述又一个八年的意蕴，以及读者对本书第一版的反应。本书在概念化方面有许多变化，比如第9章和第10章在讨论绿色激进主义时，重点放在了绿色意识和绿色政治上，淡化了第一版中尝试的但并不怎么成功的浪漫主义/现实主义的连续统一体。

本书更深层的生命力来自数年来与同学们、学者们和活动家们的讨论。在美国俄勒冈的八年时间里，我从他们身上学到了很多东西：约瑟夫·伯兰德(Joseph Boland)、戴维·卡鲁瑟斯(David Carruthers)、伊里尼·戴蒙德(Irene Diamond)、丹·古里奇(Dan Goldrich)、杰夫·兰德(Jeff Land)、杰瑞·迈基(Gerry Mackie)、迈克尔·麦克吉尼斯(Michael McGinnis)、罗纳德·米切尔(Ronald Mitchell)、阿兰·莫尔(Alan Moore)、戴维·施劳斯伯格(David Schlosberg)、斯图亚特·舒尔曼(Stuart Shulman)、保罗·西厄斯(Paul Thiers)、米切尔·韦尔什(Michael Welsh)。在澳大利亚，我的生态政治对话者包括：马克·卡登(Mark Carden)、彼得·克里斯托夫(Peter Christoff)、史蒂夫·达沃斯(Steve Dovers)、戴维·唐恩(David Downes)、罗宾·艾克斯利(Robyn Eckersley)、西蒙·格兰特(Simon Grant)、卡洛琳·亨德里克斯(Carolyn Hendriks)、尼古拉斯·罗夫(Nicholas Low)、弗雷亚·马休斯(Freya Mathews)、西蒙·尼米耶(Simon Niemeyer)、瓦尔·普拉姆伍德(Val Plumwood)、阿德里亚纳·西蒙斯(Adrianna Semmens)、卡桑德拉·斯达(Cassandra Star)、理查德·西尔凡(Richard Sylvan)、耶纳·汤普逊

(Janna Thompson)、肯·沃尔克(Ken Walker)、戴维·耶肯(David Yencken)。在其他地方,我的通信者和交谈者包括:特伦斯·保尔(Trence Ball)、布伦丹·巴瑞特(Brendan Barrett)、约翰·巴里(John Barry)、罗伯特·巴特雷特(Robert Bartlett)、加瑞·布莱纳(Gary Bryner)、玛格丽特·克拉克(Margaret Clark)、蒂姆·克拉克(Tim Clark)、安德鲁·多布森(Andrew Dobson)、弗兰克·菲舍尔(Frank Fischer)、乔治·冈萨莱兹(George González)、罗伯特·古丁(Robert Goodin)、阿道夫·甘德森(Adolf Gundersen)、加勒特·哈丁(Garrett Hardin)、布朗温·海沃德(Bronwyn Hayward)、蒂姆·海沃德(Tim Hayward)、汉斯—克里斯蒂安·赫尼斯(Hans-Kristian Hernes)、克里斯蒂安·胡诺德(Christian Hunold)、苏珊·亨特(Susan Hunter)、迈克尔·雅克伯斯(Michael Jacobs)、威廉·拉佛蒂(William Lafferty)、奥鲁夫·朗赫勒(Oluf Langhelle)、李尚勋(Sang-Hun Lee)、詹姆斯·莱斯特(James Lester)、斯蒂格·托夫特·麦德森(Stig Toft Madsen)、詹姆斯·米都克罗夫特(James Meadowcroft)、约翰·迈耶(John Meyer)、文素宏(Soon-Hong Moon)、阿恩·纳什(Arne Naess)、理查德·诺加德(Richard Norgaard)、詹姆斯·奥康纳(James O'Connor)、克劳斯·奥菲(Claus Offe)、罗伯特·皮尔克(Robert Paehlke)、托马斯·普林森(Thomas Princen)、加莱格·雷摩曼(Craig Rimmerman)、保罗·瓦普纳(Paul Wapner)、阿尔伯特·韦勒(Albert Weale)、道格拉斯·威尔逊(Douglas Wilson)、爱德华·伍德豪斯(Edward Woodhouse)、伊瑞斯·扬(Iris Young)、奥兰·扬(Oran Young)。此书所采取的构架主要采纳了道格拉斯·陶格逊(Douglas Torgerson)和马腾·哈杰尔(Maarten Hajer)的建议(马腾强调每一本书都应该以民主获得拯救的一章来结尾)。我一直和戴维·施劳斯伯格忙于共同编著此书的姊妹篇:《辩论地球》,而且从他的灼见和建议中受益良多。感谢所有他们这些人,环境领域现在还活跃着、成长着,而且是社会科学、哲学、公共政策中某些最令人感兴趣的对象,这使得本书的写作容易了许多。

乌尔利希·贝克(Ulrich Beck)在其经典著作《风险社会》的序言

中说，他写大部分内容时俯瞰着一个风景如画的湖，而且读者应该想象得出作为其背景的一个湖。我撰写本书第一版的大部分内容时则俯瞰着一个垃圾场，而现在那里是一个公园。这第二版完成于一个令人愉快的旱地硬叶森林环境中，读者应能想象得出其背后有着高大的桉树和鹦鹉的鸣叫声（但要当心灌木着火）。

约翰·德赖泽克
阿兰达，澳大利亚首都区
2004年9月

目　录

第一部分

导　言

第一章　什么是地球政治学
——一种话语方法

1. 变化着的环境政治术语

这些年间，地球政治的基本特征是议题数量众多而且不断增加。早期的环境关切集中于污染、荒野保护、人口增长和自然资源耗尽。随着时间的推移，这些关切之外又添加了能源供应、动物权利、物种灭绝、全球气候变化、大气臭氧层损耗、有毒废弃物、生态系统整体保护、环境正义、食品安全和转基因组织。所有这些议题都与关于人类生存、公共态度以及我们与这个行星（有时候甚至在它之外的）上其他存在之间正确关系的道德与美学问题交织在一起。因而，整个环境领域是一些激烈的争论和辩论的发源地，其中包括从某一地区政策选择的执行细节到哲学家关于应用于环境事务的适当伦理立场的辩论。

随着时间的推移，这些辩论的术语已经发生了重大的变化。让我们看看下面的例子：

* 烂泥地过去被称作沼泽。对沼泽唯一明智的举措就是抽干它们，这样土地就可以变得有用。政府资助土地所有者抽干沼泽。但今天，我们称这样的区域为湿地，而且政府已经颁布法律来保护它们在为野生动物提供栖息地、稳定生态系统以及吸收污染物等方面的价值。

* 在 19 世纪，欧洲殖民化在北美逐渐地向西推进。美国政府为开垦边疆提供了多种鼓励。但今天，欧洲定居地边缘的土地——曾经被称为边疆并且只是为了被开垦，被称为荒野，是备受珍视和保护的。

* 与此同时，在澳大利亚和新西兰，欧洲殖民化之后建立的“适应环境协会”引入了欧洲的植物和动物。这些协会以利他主义的精神和对公共事务的关切来执行他们的任务。但今天，这两个国家的政府和公民付出大量的努力来保护本地植物、动物、生态系统，以及消灭那些危害本地生态系统的外来进口物种——被“适应环境协会”精心栽植的进口货。

* 自2001年9月11日世贸中心和五角大楼遭袭之后，“恐怖分子”被认定是令人憎恨的人物。与地球解放阵线(ELF)有关的激进环境主义者被美国联邦调查局诬蔑为恐怖分子，并因此遭到了比列为单纯法律视角下的“故意破坏者”更长时间的监禁。甚至在2001年“9·11”之前，激进分子杰夫·鲁尔斯(Jeff Leurs)仅因为在俄勒冈州尤金地区的特许经销处焚烧了三辆体育用品运载车，最后竟被判入狱二十二年。如果“生态恐怖主义”(eco-terrorism)这种表述针对的是那些只想破坏有害于生态环境的事物而不伤害人类的那些人的话，那么，它的真实含义又是什么呢？政府是否不必如此感到恐怖呢？

* 什么是鲸鱼？鲸鱼曾经被看作是食物和其他有用产品比如油和鲸须的来源。认为鲸鱼是一种有感觉的生物并且有权在免遭人类干扰的条件下生存繁衍的观念，曾经被认为是可笑的。然而，这种观念在今天已得到广泛的支持，并在支配着大多数国家在鲸鱼议题上的政策。

* 什么是人群(people)？数量意义上的“人口”(population)概念是一个最近两百年才形成的观念。人口作为一个集合体是需要控制和管理的。换句话说，它不仅仅是指人类存在意义上的“人”。假设当时不存在人口这一概念，那么，人口难题将很难被概念化——更不用说人口爆炸的观念。罗马教皇、伊斯兰原教旨主义者和美国的当代反环境主义者仍然抵制在这种意义上概念化人口。

* 什么是环境？直到20世纪60年代，环境作为一个统一的概念并不存在(尽管早在这之前，我们就已经对诸如空地、资源短缺和污染等环境特殊方面给予了关注)。但今天，大多数国家拥有环境立法和政府部门，而环境难题是公众关注的最前沿。

* 什么是自然？许多激进的环境主义者认为，任何被人类行为改造过的区域都不再值得关心。在爱德华·艾比(Edward Abbey)的小说《捣乱一族》

(*The Monkey Wrench Gang*)中,一名所谓的环境英雄带着六箱啤酒去测量公路的长度,喝完一罐啤酒后就将空罐扔出窗外。既然这一地区的生态环境已经在修路的过程中被破坏了,再扔一些垃圾又有什么关系呢?这种态度使温和的环境主义者惊骇。

* 然后,什么是荒野?一个被广泛接受的定义是,荒野是由仍未被人类活动触及的土地所组成的。但是,早就移居到这块土地上并塑造了其风景的土著居民又怎样呢?可否将已被工农业活动损害的土地恢复成荒野呢?

* 什么是地球?我们早就知道地球是一个行星,但它是一个在提供人类生活资料方面有着有限能力的行星的观点,自20世纪60年代起才得到广泛关注。并非巧合的是,正是这时地球有了第一张从太空拍下的照片。自20世纪80年代初以来,认为地球在任何意义上都是有限的观点也遭到了不断的攻击。

这些例子所包含的寓意是,关于概念意义的争论是无处不在的,而我们思考有关环境的基本概念的方式会随着时间的推移发生剧烈变化。这些变化对有关环境议题的政治与政策而言影响是重大的。最基本性的影响(有限地球观点的最后一个例子)是我们现在拥有了一种地球政治,但我们从前却没有。如果环境本身没有被概念化——而且它在20世纪60年代之前确实没有,那么,我们就不可能写一本关于环境政治的书。今天,我们不但有一个关于环境的概念,而且大多数发生在环境领域的重大事件是政治的主题和公共政策的目标。

我在前面引证的一些例子似乎表明,我们有一个清晰的指向环境觉醒的轨迹,但这只是人类随着时间流逝变得更敏感或更明智,并从以前的误解和无知中解脱出来的问题。即使有人相信进步(比如我就是这样),如此去思考环境事务的历史也会是一个错误。相反,我们所能看到的,是围绕着这些事件的想法截然不同的人们之间的持续的争论。一些人从根本上否认环境议题的重要性(甚至罗纳德·里根总统就曾说过,“90%的污染是由树木引起的”)。让我们看看下面关于环境冲突的例子:

* 回应对居民和工人健康看起来显而易见的伤害,美国和其他地方的公民活动分子被动员起来抗议有毒污染物。但是,当政府机构雇用的

科学家研究这些案例时，他们往往不能按照自己的标准证实污染导致了死亡和疾病。公民活动分子很少被这些研究成果说服，而是继续他们有时胜利、有时失败的行动。为什么双方在证据确定和证据证明力问题上不能达成一致意见？在科学标准缺乏公众信心的情况下应该怎样处置风险？

* 20 世纪 50～60 年代核工业的最初增长是秘密进行的，没有引起公众的注意。到 20 世纪 80 年代，关于新核电装置的提案往往是引起广泛公共质询的对象，至少在发达的自由民主制中是如此。在奥地利、瑞典和荷兰，关于核能的未来以及它所导致的社会类型的全国性讨论，发生在 20 世纪 70 年代。在英国，法官主持质询，使用涉及证据和论点的可接受性的律法规则。质询仅仅聚焦于安全议题。任何提议中的经济利益被假定为是积极的，而反对者不被允许引入经济证据反对提议，更不用说对核能是否应属于一个自由社会或者与环境价值相一致的辩论了。最臭名昭著的英国核电站位于爱尔兰海的温斯凯尔(Windscale)和塞拉菲尔德(Sellafield)。其中，一条管道将核废料运送到爱尔兰海底。1990 年，一个绿色和平组织潜水员小组在这根管道的末端放置了一个象征性的塞子。结果，绿色和平组织被罚款五万英镑，并且由于“他们十分傲慢地将其特别利益置于法律之上”而受到法官警告。与更进步的欧洲国家相比，为什么英国把作为偶像崇拜的“法律”置于环境关切之上，而不是尝试着将环境原则融入法律之中？为什么英国的“法律”始终在为核工业联合体服务，而在主动适应像促动绿色和平组织这样团体的多种生态关切上是失败的？用法律来抑制生态行动主义，并不仅限于英国。2002 年 4 月，绿色和平组织的活动分子强行登上了装有非法从巴西热带雨林砍伐的红木并运往迈阿密的货船。由于不知如何使绿色和平组织就范，美国检察当局最终竟想到以“贩卖水手”罪起诉他们——这一法律的最近一次使用是在 1890 年，用以阻止妓院主诱拐醉酒的水手。

* 最近二十年，在美国和加拿大，尤其是在西北太平洋地区，人们在有关残留古林区的伐木问题上存在着激烈的冲突。在美国，伐木业是受限制的(尽管绝对没有真正停止过)，原因是斑点猫头鹰的存在——一种只栖息在古林区的濒危物种。为什么有保护像斑点猫头鹰这样的物种的

《濒危物种法案》,但却没有保护像森林自身这样生态系统的立法呢?冲突双方即商业公司、伐木团体和环境保护者之间的争执,是激烈的和难以处理的。试图通过法庭、立法、寻求共识(consensus-seeking)(例如1993年由克林顿总统发起并出席的木材峰会)等来解决冲突的努力都失败了。小乔治·布什政府试图打破这一平衡,从而使之有利于木材公司。他们的做法部分是通过不太容易引起注意的行政变革,更公开地是通过在2003年批准为法律的"健康森林创议"。这些行动扩大了在公地上伐木的可能性,尽管这种僵持状态仍在持续。为什么这种冲突如此难以化解?为什么伐木工人支持对古林区的砍伐直至其枯竭,而不是使之可持续发展、能够长期保证他们工作和收入?可持续林业所蕴含的兼顾对环境价值与经济价值的追求能够真正实现吗?正如一些经济学家提出的,将国有森林分为几大块,然后把每一块卖给出价最高者,这种追求安全吗?为什么即使当这些建议的经济逻辑似乎无可指责的时候,环境主义者和伐木者却都奋力反对这些提议呢?

在所有这些冲突中,不同方面用十分不同的方式来解释当前的议题。无论何时,处置这些议题的方式在很大程度上(尽管不是完全地)依赖于这些竞争性视点之间的平衡。在本书中,我试图通过绘制一幅关于这些视点的地图来弄清大约最近四十年中对环境的关切。但是,为什么这些不同的视点会存在呢?为什么不同派别之间的争论有时似乎是那么难以处理呢?

2. 一种话语方法

环境议题并不孤立地存在,就像一个个上面贴着放射、国家公园、熊猫、珊瑚礁、雨林、重金属污染等标签的盒子。相反,在很多情况下它们是相互联系的。例如,由于燃烧化石燃料产生的二氧化碳在大气中的累积而造成的全球气候变化议题,涉及到更局部背景下的空气污染,交通政策议题也是如此。这些议题还涉及到生态系统的破坏(比如热带森林),这些生态系统扮演着碳的接收器的作用,可以吸收大气中的二氧化碳;此外,它们也涉及到化石燃料依赖及其枯竭议题,以及与以核能为代表的替代型能源相关的问题。因而,环境难题往往是相互联系的和多维度的。

总之，它们是异常复杂的。这种复杂性取决于一种决策体制的环境中相关元素的数量和种类以及它们之间的相互作用。当人类决策系统(无论是个体还是政府这样的集合体)面对环境难题的时候，它们面对着两种类型的复杂性。生态系统是复杂的，而且我们对它们的认识是有限的，就像专门研究它们的生物学家首先承认的那样。人类社会体系也是很复杂的，这也就解释了为什么研究社会体系的社会科学家日益增多，而他们的工作量却未见减少。由于环境难题正好处在生态系统和人类社会系统的交集上，因而具有双重的复杂性。

一种情势越复杂，可以用于观察它的合理视角的数量就越多——因为简单地证明它们其中任何一个是错误的难度越大。因而，环境问题上视角的扩散化，随着20世纪60年代以来环境关切的扩展与多样化而自然地产生了。本书的目的就是弄清楚这种扩散，而我将通过运用“话语”(discourse)这个概念来做到这一点。

所谓的话语就是一种理解世界的共享方式。借助语言，它能够使那些赞同它的人来解释某些信息，并把这些信息联结成连贯的情节或阐释。话语建构了意义与关系，从而帮助人们界定常识和合理认识。每一个基于假设、判断、争论的话语，为分析、辩论、协议与分歧提供了基本术语。如果这种共享的术语不存在，根本无法想象能够解决这一领域中的问题，因为我们必须不停地回到最初的原则。一种话语的观察世界的方式并不总是能够被那些赞同其他话语的人所理解。但就像我要表明的，话语的完全中断是很少见的，而跨越话语界限的相互交叉有可能发生，但非常困难。

话语与政治权力是密切联系的。有时，它是一种权力的标志，因为行为体可以使自己所赞同的话语被其他人所接受。通过制约那些信奉它的人们的观念与价值，话语本身即可体现为一种权力，结果一些利益得到了发展，而另一些利益则受到了限制。[1]话语也与某些物质性的政治现实相联系。资本主义经济中的政府无论它们是否愿意，都不得不履行许多基本功能。[2]最为重要的是，它们要确保持续的经济增长。公司能够用中止投资来回应它们不喜欢的政府政策。逐渐增加的资本和金融流动性强化了这种压力，因为公司可以威胁将它们的业务转移到环境政策和实践不太严厉的国家。美国南部—墨西哥边界是一个加工出口工业区，为美国市场生产但却不用担心美国的反污染法律，更不用担心那些看起来很好但从未实施过的墨西哥法律。因而，政府的第一要务就是确保事实上的和潜在的公司投资者高兴。如果政府使投资者不高兴——通过（比方说）强硬的反污染政策，投资者将会通过不投资来实施报复，接下来发生的便是经济不景气，政府在投票者眼中不受欢迎，以及税收减少。通常，投资者采取这种行动的原因是他们赞同某一种特定的话语，而这种话语是界定某些政府政策正误的标准。

需要指出的是，通过诉诸环境话语来弄清楚地球政治并不是完成这一任务的唯一途径。一些分析者着眼于那些为应对环境议题而发展起来的制度（诸如市场、政府官僚机构、法律体系等）。[3]另一些分析者则着眼于政府所贯彻的环境政策。还有一些分析者很少关注现实实践的细节，转而聚焦于能被应用于环境事务的政治哲学。另外，一些分析者只着眼于环境议题的特定个案研究。对于制度、政策、政治哲学以及个案研究，我都有很多话说，因为这一切都与它们所赞同的话语密切相关。

本书的研究基于如下假设：语言非常重要，而我们建构、解释、讨论和分析环境问题的方法可以产生非常相似的结果。我的想法是列举出主导着近来环境政治讨论的话语的基本结构，并叙述它们的历史、冲突及变化。我所打算做的并非仅仅是一种对环境主义的解释。相比之下，环境话语所意指的更为宽泛。它甚至扩展到了那些并不把自己定位为环境主义者的人们。他们或许只是政治家、官僚、公司主管，或者只是律师、记者或公民，然而却选择了或使自己处于一种应对环境问题的特定位置。不仅如此，环境话语还扩展到了那些认为自己与环境主义敌对的人。从地理范围上说，我主要涉及的是欧洲、北美、澳洲以及全球舞台，虽然有时用它来分析其他地区也是合适的。

这种风格的一些研究已经在某一特定议题的背景下仔细考察过话语。这种方法的有效性被马腾·哈杰尔（Maarten Hajer）关于20世纪80年代末90年代初英国和荷兰在酸雨议题上的话语转变的研究[4]，以及在荷兰环境政策中最近出现的一个关于“自然发展”的话语所证实[5]。同样，凯伦·利蒂芬（Karen Litfin）已经阐明了20世纪80年代有关全球臭氧层耗尽的变化着的国际话语。[6]然而，在分析环境话语的广度和深度方面仍然大有余地，特别是如何着眼于大局而不是细节。我自己的阐释不会像哈杰尔和利蒂芬那样丰富生动。因为，我不可能总是详尽地说明谁说过什么，为什么他们避开其他人来讨论某一特定问题，以及其他人是如何作出回应的。

为了提供一种更大范围内的看法，我将借助于某些分析工具和范式(后文将加以简短介绍)，这些分析工具和范式在我试图粗略地绘制一幅如此巨大和复杂的话语地形图时给予了我很大的信心。对此，我只能在我所叙述的貌似合理的故事中寻找辩护。这些故事以我本人过去二十五年中在环境领域中的工作和教学为依托，而其他人很可能有着十分不同的理解。比如，安德鲁·多布森(Andrew Dobson)作出了关于老式的保守主义、改革的环境主义与激进的生态主义的三重区分。[7]罗宾·埃克斯利(Robyn Eckersley)则认为，关键性的区分在于人类中心主义(以人类为中心的)与生态中心主义的不同视角。[8]与此相关，在美国的环境主义的历史上，在两种传统之间作出区分是一种常规性的做法，即分别为对美国林务局首席官员吉福特·平肖(Gifford Pinchot)所提倡的人类中心主义的理性资源管理思想的继承，以及对山峦协会(Sierra Club)创建人约翰·缪尔(John Muir)所提倡的更深刻地尊敬自然思想的继承。[9]而在马丁·刘易斯(Martin Lewis)看来，唯一有意义的是在温和派与激进派之间进行的区分，或者用马丁的话来说，即在“普罗米修斯的”(Promethean)和“田园牧歌式的”(Arcadian)之间所作的区分。[10](我在后文中使用普罗米修斯主义时，意指与此略有不同。)不太值得认真关注的是，美国前内政部部长詹姆士·瓦特(James Watt)对环境主义者和美国人作出了区分。

话语是重要的，而且制约着我们界定、解释和应对环境事务的方式。这绝不意味着，我们面对环境难题时只有话语问题。后现代主义者坚信，我们无法逃避如下具体观点，所谓的“自然”和“荒野”主要是一种社会的建构，因而只能将其作为社会的产物从文化上来理解，因为它们至少已经将土著居民从他们的居住地中清除。[11]但是，即便是提出这种观点的威廉·克罗农(William Cronon)和凯特·梭佩(Kate Soper)也强调，他们的立场并没有减少对环境的关切。[12]因而，自然并不应该仅仅作为文化的子范畴被对待,就像一个极端的后现代立场所要求的那样。这样一种极端立场将会成为为了人类目的而将自然殖民化过程中的另一个人类中心主义的转向,一种拒绝承认自然在人类据其为己有之前已经存在的傲慢观点。[13]

仅仅因为某种事物是被社会地阐释的,并不能说它就是不真实的。污染确实会引起疾病,物种确实会灭绝,生态系统不能无限制地吸纳压力,热带雨林正在消失。但是,人类能够创造与这些现象全然不同的事情,特别是他们的相互联系,并为政治争论提供原料。而这些竞争性理解的存在,正是我们环境政治(或任何一种政治)的起点。有时,某种特殊形式的解释具有一定的误导性。比如,在20世纪50年代,汽车公司的主管曾声称汽车排放的尾气可以被大气完全吸收,因而认为在洛杉矶之类的城市出现烟雾的可能性很小。更为经常的是,人们很难用一种简洁明了的方法来验证一种理解是对还是错。有人也许会说,关于科学的世界观、政治意识形态或者国家宪法的看法也是一样的。尽管如此,我们仍有可能致力于批判性地比较判断、应用证据与论据,并希望依此来纠正错误,从而对环境议题与环境难题有一个更加深刻与全面的理解。就像利蒂芬所指出的,我们可以同时赞成一种解释性的认识论(也就是一种解释性的探询哲学)和一种现实主义的本体论(也就是对难题现实存在的一种信奉)。[14]在分析和争论中,我经常会诉诸什么是“自然的”问题,但并不存在一种神秘的“自然”能够结束所有的政治争论。

不幸的是,很多因素可能会影响我们批判性的比较判断。大公司中的公共关系部门就很擅长于“洗绿”(greenwashing)它们自己的行为。依据《奥德威尔公关服务》(OPRS)——一个主要的公共关系杂志——的说法,环境是“20世纪90年代关系生死存亡的公共关系战役”(《卫报》,1996年9月18日),而这在新千年里仍然有效。在20世纪90年代,惠好(Weyerhauser)公司以促进“树木生长的公司”为自己做广告,并在1999年将它的广告主题词改为“未来在生长”。惠好公司的确栽种并培育了很多树木,但它所种植的这些树木都是单一品种的植物,并用除草剂和杀虫剂来管理。它所砍伐的很多树是多种类的古树森林,这些树要花几百年的时间才能成熟。公司公关部门的名字通常都与环境相关。但是,比如全球气候联盟(GCC)的真正目的，就是对有利于石油公司短期利益的环境议题发表看法。[15]国家湿地联盟(NWC)、环境与资源联盟(AER)和国家荒野学会(NWI)，也是同样的情况。[16]

相应地，这些行为者能够发起创制有利于他们自身利益的环境话语。也许这就是为什么他们中的很多人发现，可持续发展的观念以及它所潜藏的对持续经济增长的承诺是如此诱人(参见第7章)。

3. 主要环境话语的分类

环境话语开始于工业社会，因此它必须被置于工业社会中长期占统治地位的话语即工业主义的背景中。工业主义的特征可以概括为它对工业生产导致的产品与服务数量的不断增加以及由增长带来的物质富裕的过度迷恋。工业社会当然是以许多竞争性意识形态的存在为特征的，比如自由主义、保守主义、社会主义、马克思主义和法西斯主义。但无论它们的具体区别如何，所有这些意识形态都是信奉工业主义的。因而从一种环境视角来看，它们似乎都是在这一主旨下的变种。这一共性或许会使它们的追随者感到惊讶，因为这些追随者所意识到的更多的是它们的差异而非共同点。但是，所有这些意识形态长期以来忽略或者压制环境关切。即便我们今天称为环境议题的问题得到思考，那通常也是从工业过程的输入这一角度来考虑的。这种输入原则的理性应用是美国20世纪开始的保育运动(Conservation Movement)的主要关切，其主要代表是吉福德·平肖。这个运动并不想为了审美原因或者为了人们的健康而保护环境。相反，保育运动只想确保比如矿藏、木材和鱼等资源被明智使用而不是被浪费，因此就可以一直有充足的自然资源支撑经济增长。

因而，环境话语不能简单地接受工业主义的术语，而必须与这些术语区分开来。这种区分既可以是改革主义的，也可以是激进主义的；而且，这种区分构成了环境话语分类的第一个向度。

第二个向度基于从工业主义中的区分既可以是平凡乏味的，也可以是充满想象力的这一事实。这种平凡乏味的区分在相当程度上把工业社会所设定的政治经济棋盘视为理所当然。在那一格局下，环境难题主要被视为既存的工业政治经济所遭遇的麻烦。他们需要采取行动，但并非指向一种新的社会类型。所涉及的行动可能是相当剧烈的和激进的。正如我们将会看到的，有些人相信，为了有效地回应环境问题，经济增长必须被控制，如果不是完全停止的话。但是，这些人支持或倡议的措施本质上是由工业主义所决定的。例如，那些要求抑制经济增长的人一般建议，这些措施应该由得到科技专家支持的、强大的中央行政机构来组织实施——而科技专家已被普遍视为一种纯粹的工业主义工具。

相比之下，充满想象力的区分试图重新界定这个棋盘。尤其是，环境难题被看作是机会而不是麻烦。对这个棋盘的充满想象力的重新界定可以消除旧有的困境，即不把环境关切视为经济关切的对立面，而是将其视为潜在和谐的两个方面。环境开始被置于社会及其文化、道德和经济体制的核心，而不是被看作一种孤立于体制之外的难题的来源。这种想法是充满想象力的，但追求改变的程度可以是小规模的和改良主义的，也可以是大规模的和激进的。正如我们所能看到的，充满想象力的改良主义者认为，能够从这种工业社会遗留下来的基本政治经济结构中找到有能力应对环境问题的方法；而充满想象力的激进变革者认为，需要对这种政治经济结构进行整体性的变革。这两个向度的结合——改革主义者对激进主义者和平凡乏味的对充满想象力的——就产生了四个单元（参见表1.1）。

表 1.1　环境话语的分类

	改革主义者	激进主义者
平凡乏味的	问题解决	生存主义
充满想象力的	可持续性	绿色激进主义

环境问题解决（Environmental problem solving）方法把现存的政治经济体制视为理所当然，但认为需要通过政策，特别是公共政策的调整来应对环境难题。这种调整可以通过扩展自由民主政府解决实际问题能力的方式来实现，其动力则来自于得以进入政府体制的各种环境主义刺激；或者通过市场，为环境损害和收益确定合适的价格标签；或者通过行政国家，使环境关切和专家在其运行过程中实现制度化。在所有解决环境问

题的话语中，对于何种方式更合适有着实质性的分歧。因此，始于20世纪70年代的在环境控制的行政规制支持者和市场刺激机制支持者之间的争论，仍未呈现出减弱的趋势。

生存主义(Survivalism)是20世纪70年代初由于罗马俱乐部(详见第2章)以及其他人的努力而盛行一时的话语，而且至今仍有许多信徒。其基本观点是，持续的经济和人口增长将最终达到地球上自然资源和生态系统所能承载的极限。极限话语是激进的，因为它追求一个在工业化政治经济中权力的全面再分配，而且是一个不同于永久经济增长的全面再定位。同时它又是平凡乏味的，因为它认为只能从工业主义设定的可能选择中找到解决方法，尤其是，行政人员、科学家和其他负有责任的精英对现存体制的更大控制。

可持续性(Sustainability)这一术语出现于20世纪80年代，人们试图通过这一概念的界定来解决环境和经济价值之间的冲突，因为正是这种冲突激发了问题解决与极限话语的活力。增长与发展的概念以这样一种方式被重新定义，使得极限话语的简单映射成为过时的方法。这并没有导致可持续性在确切意义上达成共识；但可持续性成为有关讨论所围绕着的中轴，而极限话语失去了它的影响力。如果没有界定极限话语的启发性想象的话，那么环境话语中就不会嵌入激进主义的成分。可持续性时代开始的标志是1987年布伦特兰报告的出版。[17]与此同时，欧洲兴起了生态现代化的思想，生态现代化把经济增长和环境保护看作是从根本上互补的。

绿色激进主义(Green radicalism)既是激进的也是充满想象力的。它的信奉者反对工业社会的基本结构以及环境被概念化的方式，转而支持对人类、人类社会和他们在地球上位置的各种替代性解释。由于它的激进性和想象力，绿色激进主义以深刻的内部分裂为特征并不奇怪——对此随后我将会加以讨论。在美国，拥有一种田园生活想象和关注社会正义的社会生态学活动分子，与更倾向于没有人类的自然风景的深生态主义者进行争论。在德国，绿党的基要主义派(Green Fundis)在采取街头抗争还是议会活动的战略问题上最终输给了绿党的现实主义派(Green Realos)。在任何情况下，绿色浪漫主义者都不赞同绿色理性主义者，个体生物权利的支持者不赞同整体主义的思想家，而绿色生活方式的支持者不赞同那些优先强调绿色政治的人们。这些争论激烈而持久，但相对于它们与工业主义或者是刚刚提到的关于生态关切的三种竞争性话语的分歧而言，这些争论者在基本倾向、假设和性质方面有着更多的共同点。

在我看来，上述四种是最基本的环境话语，而且我将按照有关看法符合这四种范式的程度来组织接下来的章节。这四种范式全都拒绝工业主义，但它们都致力于与工业主义的话语交战——即使仅仅为了与工业主义保持距离。这就是为什么它们与工业主义及其辩护者的论战往往比它们之间的论战更加突出。

4. 关于话语的一些问题

至此，我已经相当概括地阐述了四种基本话语。但是，为了弄明白这些话语为何和何以形成，以及如何发挥作用等，就必须更准确地分析它们的具体内容。我将在后一章中做这一工作。为此，让我来逐步展开一系列关于话语分析的问题。

话语具有展现故事的能力。事实上，一个话语的名称可以是一个浓缩的剧情(哈杰尔首先使用了环境剧情的概念)。回顾上述列举的四个话语，极限或生存主义话语包含着一个对依靠自然系统维持生命能力且不断增长的人类需求要加以限制的故事。问题解决话语则暗含了一个不同的剧情——事实上，可以分成众多不同的具体故事，即特定经济活动令人不快的副效果需要渐进性的补救。每一种话语都从下列基本元素中建构自己的剧情。

4.1 被承认或建构的基本实体

它指的是一种话语的“本体论”意味着什么。不同的话语之下看到世界上不同的事情。一些话语认同生态系统的存在，而其他的则连自然系统的概念都没有，把自然视为非理性的物质。至少还有另外一种观点，认为全球生态系统是一个通过类似智力的能力进行自我修复的实体。这就是所谓盖娅(Gaia)的观点，我将在对绿色激进主义的分析中涉及。一些话语围绕理性的、自我利己主义的人类组织分析，而另一些话语专注于人类的各种动机，还有一些话语仍然只承认像国家和人口这样的人类集合体。大多数人相信将“人”看作一个种属来讨论比较有效，但少数人认为打破性别区分的限制是必要的。有些人认定政府及其行动是更有效的，但其他人则相信人类精神才是至关重要的。

4.2 对自然关系的假定

所有的话语都包含着一些其中不同实体间的关系看起来非常自然的观念。有人把竞争——无论是存在于市场中的人类之间的竞争，还是自然界中生物之间的达尔文式的生存竞争——视为自然的。还有些人认为，人类社会系统和自然系统的本质是合作。基于不同要素——性别、专长、政治权力、物种、生态感知、智力、法律地位、种族和财富——的等级，在不同的话语中被不同程度地接受，就像它们相应的平等概念一样。

4.3 施动者与其动机

剧情需要演员，或者施动者。这些演员可以是个体或是集体。他们几乎都是人类，但也可以是非人类。在一种话语中，我们也许会看到和蔼并且有公德心的老练行政人员。另一种话语则可能把同一些人描绘成自私的官僚。而其他一些话语可能全然无视政府官员的表现。我们还可以看到许多其他的施动者和动机。他们包括觉醒的精英，理性消费者，无知和短视的大众，善良的普通公民，一个坚强、宽容或者脆弱、粗暴的盖娅。

4.4 关键隐喻和其他修辞手法

与其他领域一样，环境领域中的大多数故事情节都强烈地依赖于隐喻。环境话语中塑造的关键性隐喻包括：

* 太空船（“太空船地球”）
* 中世纪村庄中的公共牧场（“公地悲剧”）
* 机器（自然就像一个能够重新组装以更好地满足人类需求的机器）
* 有机体（自然是一个生长和发展着的复杂有机体）
* 人类智力（将其赋予非人类实体比如生态系统）
* 战争（反对自然的）

* 母亲女神(以仁慈的女性形式对待自然,而不仅仅是像自然母亲那样)

隐喻是修辞方式,通过将一种情势放在特别突出背景下的方式说服听众或读者。许多其他方式可以完成同样的任务。这包括诉诸被广泛接受的实践或制度,比如既存的权利、自由、宪法和文化传统。例如,物种、动物或自然对象的权利可以参考个体人权在自由社会中确立的复杂构型来证明其正当性。我们也可以通过诉诸遥远的过去,比如田园的甚或原始的牧歌,来批判工业化的现实。消极和耻辱的现象与积极和高尚的事件一样会得到彰显。例如,收集政府在环境议题上错误的恐怖故事,并且将这些恐怖故事变成论据是可能的。另一方面,一些话语致力于收集并强调成功的故事。

表 1.2 所提供的是我用来详细分析环境话语的要素清单。如果我对每一个要素的上述讨论都过于简明的话,那么当我在接下来的关于环境话语的各章节里具体展开这一清单时,它们将会变得更加清晰。除了抓住各种环境话语及其分支的本质之外,确定它们所带来的不同影响也是十分重要的。我已经强调过,我们讨论环境事务时所使用的语言会带来很大差别,但这需要通过对特定话语的分析来证明,而不能仅仅作为一个普遍性观点。

表 1.2　　话语分析的要素清单

1. 被承认或建构的基本实体
2. 对自然关系的假定
3. 施动者与其动机
4. 关键隐喻和其他修辞手法

5. 话语造成的不同

为了验证不同话语的影响,我将关注每一种话语的历史和具体内容。话语的历史可以大致追溯到工业主义的某些方面——即使仅仅是对那个方面的一种拒绝。随着时间的流逝,环境话语发展、成型、分化和消解。

这一历史的关键性部分，是话语影响着并同时被其影响的政治类型。在许多情况下，政治可能是一种社会运动或者政党；但在其他情况下，政治是政府的委员会和政府间谈判，或者是行政控制，或者是精英们的讨价还价，或者是理性主义的政策设计。有时，这种政治一点都不是政治性的方式，比如所谓的"生活风格"绿色运动。另外，这种政治有时是地方性的，有时是全国性的，有时是跨国性的，有时是全球性的。

一种话语的影响经常可以在政府或者政府间机构的政策，以及制度结构中感受到。例如，1970 年前后许多工业化国家颁布的环境立法，主要体现了一种行政理性主义的环境话语(我将其定义为"问题解决"话语的一个分支)。自 1970 年以来，"问题解决"话语在一系列制度创新中变得具体化，从而扩展了自由民主社会对环境事务的控制的公开性和范围(借助公众质询和大量寻求双方同意的争端解决方式等工具)。除了制度变革性影响之外，话语还可以隐含在制度之中。在这种情况下，环境话语构成了一种非正式的认知，这种认知提供了社会相互作用的背景，并与正式的制度规则相呼应。或者可以说，话语构成了制度的软件，而正式规则构成了制度的硬件。有时，话语虽然不能直接作用于政府的政策或制度，但会在其他地方发挥作用。例如，绿色激进主义帮助了许多个体和团体通过尝试创造一种基于自给自足的政治经济选择性方式，将自己与政府和资本主义企业区别开来。话语还能够带来社会和文化层面上的直接影响，而不必扩展到正式制度或者公共政策。当代社会运动通常以普通大众的思考和行为方式为目标，并且它们的成功在很大程度上要依此来判断。例如，女权主义已经改变了家庭中的劳动分工。环境主义导致许多人改变了自己的生活方式以减少他们的生态影响，比如通过资源循环利用、购买有机食品、回避转基因有机物、在住房周围种植本地蔬菜、乘坐公共交通工具而非私人车辆，或者联合抵制有不良环境记录的公司等。

为了更全面地评估一种话语的价值和影响，我们需要关注它的批判者和赞同者。有时，不同话语的赞同者会相互忽视或漠视而非相互论战。然而，争论确实跨越不同话语的边界而发生着。这经常产生于形成中的环境话语与工业主义的旧话语之间。鉴于我已经鉴别的四类话语中的任何一个都植根于修改或是明确拒绝工业主义，所以这并不令人惊奇。偶尔,争论在问题解决、极限、可持续性和绿色激进话语之间展开。如果这种争论很少发生,那么通常是因为,这四种话语以完全不同的方式看待相关议题和问题,以至于它们之间几乎没有什么东西可以相互交流。而本书的目标之一就是促进它们之间的这种交流。

关注批评者的论点会有助于鉴别某一话语自身的缺陷,而考察某种话语在实践中的影响,比如对政治、政策和制度等的影响,也可以有助于这种鉴别。我所列举的上述话语分析工具,有助于对每一种环境话语在其促进环境争论、阐释和行动的优缺点方面的进一步批判性分析。它甚至能够表明,不同话语之间存在着很多互补之处,而并非简单的竞争关系。

我提出的一系列问题是为了评估每一种话语的影响、合理性和吸引力,有关它的总结见表 1.3。

表 1.3　　评估话语影响的要素清单

1. 与话语相联系的政治
2. 对政府政策的影响
3. 对制度的影响
4. 对社会和文化的影响
5. 批评者的论点
6. 由证据和论据揭示的缺陷

6. 话语分析的使用

正如所表明的,我打算通过促进对环境关切的竞争性话语的比较研究来改进对环境事务的分析。

我所运用的在这种意义上的话语概念在很大程度上来自米歇尔·福柯(Michel Foucault),他曾详尽地阐述了关于疾病、性别、疯狂、犯罪、政府等话语的内容和历史。[18]福柯学说大致上认为,个体在他们行动时在很大程度上受到话语的影响,并且几乎不能退却以及在不同话语之间对比评估并作出选择。对此,我并不同意。话语是强有力的,但它们并非不可穿越(正如福柯和他的读者通过探索各种话语的历史所亲身证明的)。福柯及其追随者通常也以霸权性术语来描绘话语，指的是在某一时间和地点大都有一种话语占据主导地位，并对争论可能达成的一致和分歧产生制约。沿着这些线索，蒂莫西·卢克(Timothy Luke)主要是把环境主义看作一种“环境性”(environmentality)[19]，它实际上是服务于而不是破坏工业社会的既存制度。相反，我相信，看到环境话语中的多样性是十分重要的。环境舞台表明，工业主义的话语确实是霸权性的，以至于在 20 世纪 60 年代以前很难使“环境”概念化。然而，这种霸权最终开始分解，并产生了我们今天所看到的各种环境话语。尽管环境主义作为一个整体构成了对工业主义的挑战，但它并没有形成一个统一的对立性话语。相反，环境主义是由多种话语组成的，有时相互补充，但也经常相互竞争。在结束这些必要的初步讨论之后，我现在开始转向分析这些话语及其产生的结果。

【注释】

[1] Michel Foucault, *Power/Knowledge: Selected Interviews and Other Writings*, 1972-1977, Brighton: Harvester, 1980.

[2] John S. Dryzek, “The good society versus the state: Freedom and necessity in political innovation,” *Journal of Politics*, 54(1992), pp. 518-540.

[3] 笔者对这一流派的贡献，参见 John Dryzek, *Rational Ecology: Environment and Political Economy*, New York: Basil Blackwell, 1987.

[4] Maarten A. Hajer, *The Politics of Environmental Discourse: Ecological Modernization and the Policy Process*, Oxford: Oxford University Press, 1995.

[5] Maarten A. Hajer, “A Frame in the Fields,” in Marten A. Hajer and Hendrik Wagenaar (eds.), *Deliberative Policy Analysis: Understanding Governance in the Network Society*, Cambridge: Cambridge University Press, 2003, pp. 88-110.

[6] Karen T. Litfin, *Ozone Discourses: Science and Politics in Global Environmental Cooperation*, New York: Columbia University Press, 1994.

[7] Andrew Dobson, *Green Political Thought: An Introduction*, London: Unwin Hyman, 1990.

[8] Robyn Eckersley, *Environmentalism and Political Theory: Toward an Ecocentric Approach*, Albany: State University of New York Press, 1992.

[9] Bob P. Taylor, *Our Limits Transgressed*, Lawrence: University Press of Kansas, 1992.

[10] Martin W. Lewis, *Green Delusions: An Environmentalist Critique of Radical Environmentalism*, Durham, NC: Duke University Press, 1992.

[11] Jame Bennett and William Chaloupka (eds.), *In the Nature of Things: Language, Politics, and the Environment*, Minneapolis: University of Minnesota Press, 1993.

[12] William Cronon, "The trouble with wilderness; or, getting back to the wrong nature," in William Cronon(ed.), *Uncommon Ground: Rethinking the Human Place in Nature*, New York: W. W. Norton, 1995, pp. 69-90; Kate Soper, *What is Nature? Culture, Politics, and the Non-Human*, Oxford: Basil Blackwell, 1995.

[13] Eileen Crist, "Against the social construction of nature and wilderness," *Environmental Ethics*, 26(2004), pp. 5-24.

[14] 笔者在这里采取的观点是与一种批判现实主义的科学哲学相一致的。对它而言真实的结构是存在的，尽管我们对它们的理解受到有所选择的探究、显露程度和经验的限制。

[15] Andrew Rowell, *Green Backlash: Global Subversion of the Environmental Movement*, London: Routledge, 1996.

[16] Paul Ehrlich and Anne H. Ehrlich, *The Betrayal of Science and Reason*, Washington, DC: Island Press, 1996.

[17] World Commission on Environment and Development, *Our Common Future*, Oxford: Oxford University Press, 1987.

[18] Michel Foucault, *Power/Knowledge: Selected Interviews and Other Writings*, 1972-1977.

[19] Timothy Luke, "Environmentality as green governmentality," in Eric Darier (ed.), *Discourses of the Environment*, Oxford: Basil Blackwell, 1999, pp. 121-151.

第二部分

地球极限及其否认

环境议题可以如同小狗在我家门前草地上方便一样地方化，也可以如同温室效应一样全球化。当环境议题在20世纪60年代实现第一次巨大飞跃而成为头等政治议程的时候，正是全球性议题真正地抓住了公众的注意力。并非凑巧的是，这也是地球第一次从太空被拍摄的时间，它看起来是一个美丽而脆弱的所在。在人类历史上，地球第一次被定义为一个有限的行星，而一种真实的地球政治也第一次成为可能。环境难题很快依据行星支持生命——特别是人类生命——的能力遇到的威胁来进行阐释。

涉及到的环境威胁包括由于污染造成的全球环境的退化，还有地球自然资源的枯竭(化石燃料、矿物、鱼类、森林和农田)。人口爆炸和经济增长造成了紧急状态。人口数量和经济活动水平的指数式增长意味着已没有时间可以浪费，因为人类正在以一种不断增加的速度走向极限，而抵达这些极限意味着全球性灾难和人类社会的崩溃。

这种极限与生存的话语主要是由罗马俱乐部推动的，该俱乐部是一个由工业家、政治家和学者组成的国际性组织。俱乐部最著名的成果是1972年在其国际性畅销书《增长的极限》中由计算机生成的对地球未来的一系列预测。这些预测用图表的方式表明，人类持续的肆意挥霍将会导致最多还有一个世纪就会发生的一场灾难性袭击。很多人依此呼吁采取激进行动来制止这种径直奔向毁灭的冲刺，然而生存主义者的政治建议最终是由以制度改进为出发点的实践做法(特别是强有力的政府控制)组成的。

生存主义遭到了既存的工业经济辩护者的立即反击，因为生存主义挑战了他们视为理所当然的秩序。这些辩护者争论说，人类是以无限的灵活性为特征的，这种灵活性以希腊神话中普罗米修斯偷取火种所创造的进步可能为象征。普罗米修斯主义者声称，地球事实上是无限的，一旦一种资源面临枯竭，机灵的人类将会发展一种替代品。人类在过去一直是这样做的，而这将在未来继续发生。普罗米修斯主义的回应在20世纪80年代加速了，因为它很适合美国里根时期的意识形态氛围。2001年上台的小布什政府，仍然较偏向于普罗米修斯主义的假定。

两个阵营之间的争论还在继续，任何一方都没有表现出退让的迹象。然而，哪一方是正确的非常关键。如果普罗米修斯主义者是对的，那么不仅生存主义是错的，而且任何一种环境主义都会轻易失去它的紧迫性。那么，谁是对的呢?

第二章　隐现的悲剧:生存主义

1. 生存主义的起源

人口生物学家和生态主义者长久以来创制了“承载能力”(carrying capability)的概念——一个生态系统可以永恒地支撑一个物种的最大数量。依据人口生物学家和生存主义者加勒特·哈丁(Garrett Hardin)的说法,生态学者的第十一号戒律(Eleventh Commandment)是“但你不能超越承载能力的界限”[1]。当一个物种的数量增长到超过承载能力的程度的时候,生态系统发生退化并且人口崩溃,这些只有在自然进程将生态系统恢复到此前能力的时候才能恢复。这种崩溃很容易在相对简单的生态系统中看到,当大型食草动物比如鹿被引入没有食肉动物的生态系统的时候,它们的数量很快就繁殖到食物供应耗尽的程度。

当人口生物学家转向人类事务的时候,他们看到了同样的可能性。[2]在地中海沿岸,我们已发现了人类违反承载能力的历史实例。当人类生活的质量而不是数量成为问题时,承载能力概念应该适当向下调整——一个生态系统能够支持更多人在生存水平上,而不是更好生活质量的水平上生存。就当代人类而言,问题变得更加复杂,因为贸易和援助意味着人类社会能够规避由地理上有边界的生态系统的承载能力所给予的限制。例如,生物学家表明,东非人类生态系统的承载能力已经过剩,但是,持续的海外食物援助使得人口没有崩溃。这类分析是有争议的,因为它会对一些基本的人道主义的(人类生物学家会说愚蠢的)捐助者的动机提出质疑,更不用说一些国际政治经济学的激进分析。但是,那些批评者有充足的时间来等待。

主张发展中国家的地方性环境稀缺会导致暴力和贫困，比如种族群体、社会阶级或国家之间围绕不断缩减的资源而展开的争斗，这是“环境安全”观点的重点。[3]但是，时常发生在诸如海地和墨西哥的恰帕斯(Chiapas)的环境退化地区中的内部冲突的事实，并不证明环境退化本身是导致这些冲突的一个原因，而且甚至环境安全论点的支持者都十分谨慎地说，环境稀缺只是冲突的一个因素。[4]

贸易和援助，已使得我们在很大程度上只有谈论全球生态系统的人类承载能力才有意义。关于区域、全国或者地方层面上的分析，很快就会在概念上相互交织在一起。比如，这一概念对于新加坡、纽约、伦敦和洛杉矶几乎不起作用，因为这些城市早已大大超过了它们所属生态系统的承载能力，只要它们为了维持大规模并且不断增长的人口数量能从其他地方得到资源并在远方掩埋它们的污染物。当然，这并不是这些城市拥有庞大的“生态足迹”(ecological footprints)的借口。

当把人口生物学应用到人类社会时，另一个复杂化因素是经济增长的可能性。在动物物种中独一无二的是，每一个人可以施加的生态负担并不是大致相似的——确实，它们看起来相差悬殊。比如，让我们想想迈克尔·杰克逊(Michael Jackson)、唐纳德·特朗普(Donald Trump)或比尔·盖茨(Bill Gates)这些超级有钱人的挥霍。因此，如果人类的数量持续增长并且每个人的消费总量持续增长，这绝不是好的生态消息。现在还有很多人认为，经济增长对于环境是有利的，因为这使得增长的一部分果实转用于环境保护；但是，这种论点应归入一个不同的话语，这种话语将在下一章中展开讨论。现在，让我们集中于对生态极限话语的分析。

人类即将面临由于无限制的自身繁殖与消费而导致的贫困、饥饿和死亡，人类面临的主要的政治挑战是在一个适当的水平确保人类生存。这些预言都不是新的，它们可以追溯到威廉·福斯特·劳埃德(William Forster Lloyd，1794～1852)，以及更为著名的托马斯·马尔萨斯(Thomas Malthus，1766～1834)，后者被广泛地斥责为“阴险的牧师”。主张自由市场的自由经济学家们鄙视他，因为他怀疑备受推崇的维多利亚时代的物质主义的进步和财富积聚会导致全面的社会进步的观念；马克思主义者和其他社会主义者更是蔑视他，因为他质疑了他们关于在一个自由平等的后资本主义社会中高度物质富足的假定，在那样一个社会中个人将自主界定自身的需要及满足的方式。最后，马尔萨斯的论点被随后二百年的人口增加以及生活水平的提高（至少在现今的发达国家是如此）而不是穷困所证伪。我们还可以找到其他一些相关“证据”。

1968 年，加勒特·哈丁在发行量极大的《科学》杂志上发表了《公地悲剧》(The Tragedy of the Commons)一文，这篇文章产生了巨大的影响。哈丁的分析迅速地成为环境难题分析工具箱中的一部分。在一段时间内，他的分析在事实上成为了资源经济学的必需品。[5]哈丁对之前的先驱威廉·福斯特·劳埃德表示敬意。[6]与经济学家不同，哈丁很善于给分析起一个容易记住的名字，同时尽量少使用图表和代数，并且文章的发表碰巧是在环境危机第一次处于普遍关注的适当时机。

哈丁公地的逻辑是简单明了的。面对一个是否将一头额外的牛放入村庄公地的决定，每一个理性的利己主义的农民都将会认识到，这头额外的牛仅仅会增加自己的利益，但成本（对公地造成的压力）却要由其他村民分担。因此，所有村民都将迅速地把更多的牛放在公地上，而这些公地将相应地被毁坏。哈丁用一个中世纪村庄的公地作为各种环境资源的隐喻（就我们所知，他所描述的绝没有发生在任何一个中世纪的村庄），所以每一个决策者决定是否捕一网额外的鱼，或倾倒一吨额外的污水，或砍掉一棵树，或在洛杉矶多驾驶一英里路程，或将那发生故障的催化转化器修好，实质上都面临着同样的决定：私人利益和公共利益指向相反的方向。哈丁将其与抚养儿童的决定联系起来：假设世界是一块公地，每一个额外的孩子都将会加大公地的压力——尽管是私人方面的考虑决定那个孩子将被孕育、生产和抚养长大。

当然，所有这些只有在公地是有限的情况下才会成为悲剧——简而言之，假如有极限。如果没有极限，我们可以繁殖、增长并随意消费。无限制的经济增长已持续几个世纪，似乎已经成为一种天经地义的常态，并且在有限系统中的社会生存根本没有得到概念化。但到 1970 年，一切在突然间发生改变。这个世界看上去仿佛正在遭受保罗·埃尔利希(Paul Ehrlich)以耸人听闻的方式所言的人口炸弹的袭击[7]，而且它比核炸弹更为强有力。与经济增长相结合，人口爆炸将耗尽能源、农田、清洁水、矿藏以及空气和海洋的净化能力。事情在1973年到来的由石油输出国组织(OPEC)石油禁运而引发的能源危机中变得更加剧烈，这些国家在中东冲突中通过向工业化世界施压来反对以色列。

2. 极限及其超越

在1970年前后，关于极限和生存的话语并不全是针对环境主义的。许多关切是更加地方化的、更加审美性的，更多关注生活的质量而不是一种永久性。但是，生存主义确实是奠定环境主义的重要坐标，关注环境的最基本原因不仅是值得期望的，而且也是必需的。这在进入21世纪后的今天像在20世纪60年代后期一样有效。尽管在20世纪70年代初，生存主义所做到的不仅仅是确立这些坐标。《增长的极限》在1972年的出版带来了环境关注史上最热烈的争论之一，这本书在四年之内发行了四百万册。[8]

这项著名的研究是由罗马俱乐部发起的，该俱乐部由富有的工业家和关注"人类的困境"的富有同情心的学者们在1968年建立。[9]令人好奇的是，这些工业家们热衷于表明工业主义本身也许是不可持续的。受罗马俱乐部委托承担这项研究的麻省理工学院团队，既不是研究承载能力的人口生物学家，也不是懂得一些经济增长知识的经济学家，而是一些系统模型专家(具有商学院的背景)。系统动力学是一门随着电脑的发展和推广而变得更有用的新技术。麻省理工学院团队在某种意义上是"使用电脑的马尔萨斯"[10]，与马尔萨斯不同的是，他们认为人类困境的原因不仅仅在于人口。这种努力被对电脑的使用合法化——同时基于理论分析和现实拯救需要两方面的原因。就像道格拉斯·陶格逊(Douglas Torgerson)所指出的，《增长的极限》的电影版本描绘了一种截然相反的鲜明对比：一方面是世界由于拼命地消耗资源、令人窒息的污染和人口爆炸所造成的贫困与混乱，另一方面是由电脑及操作它的专家们代表的心平气和的权威对世界的主动控制。[11]在用户容易操作的个人电脑和无政府主义的电脑黑客出现之前的那些日子当然是不错的，电脑是庞大的、速度慢的和异常复杂的。

它的基本方法是通过电脑的运行，来模拟一百年或更长时间中关键集合体的某种路径的未来——关键集合体通过彼此连接单元组成的一个主机相互作用。关键集合体包括资源、人口、工业产出、食物供给和污染(批评家迅速指出缺少了科技和价格)。所有变量被在全球层面上测量。预测由于内置于不同电脑运行中的假定而有所变化，但在给定的可利用资源极限、农业生产力以及生物圈吸纳污染的能力的前提下，有些极限将会在大约一百年之内到来，而这会导致工业社会及其人口的崩溃。它所提供的政策处方是显而易见的：如果要想避免因超越极限而造成崩溃的前景的话，人类必须改变目前这种挥霍的生产消费方式。米都斯和他的同事们设想了一种替代性的“静态”全球经济，这种经济具有固定的资源消耗水平和稳定的人口。正如他们指出的，一百年前的政治经济学家约翰·斯图亚特·穆勒就曾设想这种状态。即使在这些因素的制约之下，经济增长的可能性并没有被完全排除。人类如何能够演进到这样一个稳定的状态并不明晰，尽管正如我们将会看到的，其他人很快就提供了这种政治处方。

电脑模拟的结论是显而易见的：指数增长在一个有限的系统里不能永远持续。指数增长是指按照一个不变的百分数的速率增长。它构成了一条由图 2.1 所描绘的随时间变化的增长曲线。依据这条曲线，它与例如自然资源的全球供给的极限是两倍、三倍，或者四倍并没有关系；也许可以稍微延缓一点时间，但极限不久就会到来(参见图 2.2)。而且，我们也不应期待一种较早的预警，因为在指数增长的模式下极限将会以一种人类历史上前所未有的绝对速度到来。

莱斯特·布朗(Lester Brown)则运用了“第二十九天”的隐喻，询问到哪一天一个池塘将会有一半被百合花覆盖，如果这些覆盖物每天都翻番并将在第三十天覆盖整个池塘的话。[12]答案当然是第二十九天。人们在第二十九天来观察池塘并确定这里有充足的清水，当然是件容易的事情。真正的挑战在于，如何在任何明显的全球崩溃的迹象出现之前在集体决策中赋予一种远见能力。当前，政府以及工商业的决策几乎都只适合于短期时段。

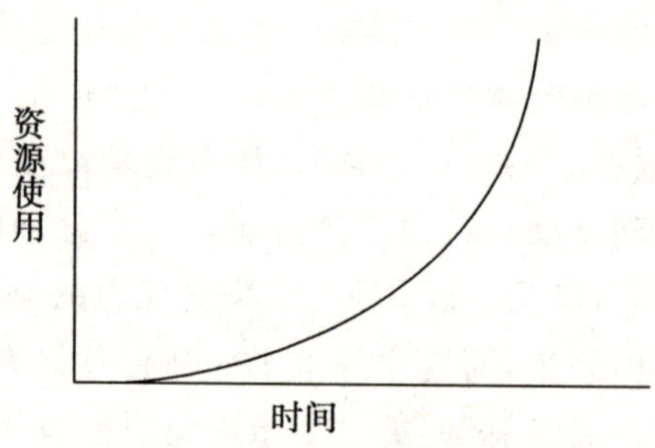

图 2.1　指数形式的增长

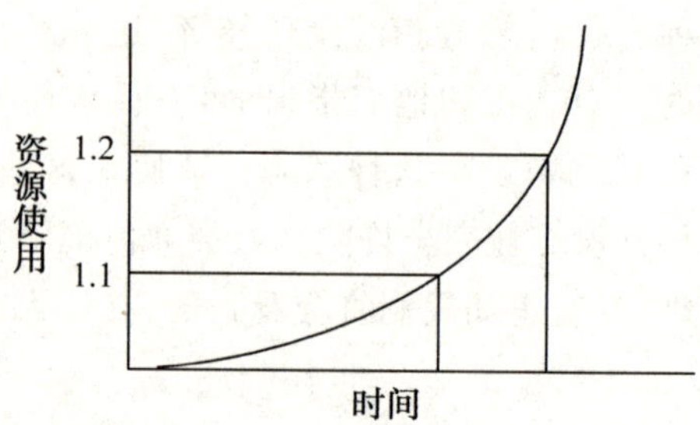

图 2.2　具有极限的指数形式增长

全球性建模在罗马俱乐部、联合国、美国政府以及其他政府的支持下继续。在吉米·卡特(Jimmy Carter)时期，美国政府各种各样的全球性建模计划被整合进《给总统的 2000 年全球报告》(*Global* 2000 *Report to the President*)，一份关于一个令人沮丧总统的令人沮丧的报告。正如它的名称所暗含的，《2000 年全球报告》看起来并没有像《增长的极限》看得那么长远，而仅仅是到 2000 年。它的主要观点被概括在第一卷的开头段落：

> 如果目前的趋势继续，2000 年的世界将会更加拥挤，污染更严重，生态更不稳定，其抗干扰能力比我们现在所居住的世界更脆弱。包括人口、资源和环境在内的严重压力已是清晰可见。尽管将有更多的物质产出，但世界上的人民在很多方面将比他们现在更加贫穷。

时机把握得并不怎么有利，《2000 年全球报告》发表于 1980 年，恰好赶在罗纳德·里根(Ronald Reagan)到达华盛顿特区的时候，以他的背景和世界观不可能真正了解这种悲观主义。尽管如此，里根任期及其所象

征的繁华时期并没有使生存主义话语沉寂，即使在美国，即使是在它的首都。

在华盛顿，世界观察研究所在莱斯特·布朗的领导之下，继续关注着某些关键的全球集合体的危险状态。通过始于1984年的年度性《世界状况》报告，这个研究所不断地提醒我们环境质量和可获得资源的指标指向错误的方向，而且灾难无处不在。尽管这一对世界的看法与《增长的极限》的观点有细微差别，其重点仍然在监控全球层面的系统以及集合体。主要的系统是森林、草地、渔场以及农田。世界观察研究所所确定的整体极限是这些系统能够供应人类使用的光合能量。当前人类占用了庞大且比例不断增加的能量，并浪费了其中的很多。人类面临的挑战在于更有效地使用光合能量。

1992年，生存主义得到了《增长的极限》的更新版《超越极限》的赞扬[13]，这一新报告的主题是：除了继续挥霍外二十年内什么也没有被改变。2002年，美国国家科学院（NAS）发表了一个报告，认为人类对生物圈的总需要已超过了其承载能力。[14]在20世纪90年代与21世纪最初的十年间，像保罗·埃尔利希、莱斯特·布朗、诺曼·迈尔斯和加勒特·哈丁等作者，继续在为生存主义话语做着贡献。[15]1995年，一些最主要的经济学家与他们的同事分道扬镳（他们曾经几乎意见一致地谴责极限），宣布经济增长迟早会遭遇环境承载能力的极限。[16]这些生态经济学家接受了地球资源有限的生存主义基本原则，并且提倡制度的重新设计以降低自然系统的压力。

生态经济学不应该与原有的环境经济学相混淆。环境经济学是经济理性主义的侍女，这将在第6章中详细讨论。相比之下，生态经济学既不把环境看作人类经济的一种辅助，也不将其视为人们借助行动来损害或有益于其他人的介质。相反，它把生态系统概念化为人类经济系统嵌入其中的基础性实体。因此，环境难题被看作是相互依赖的生态系统与经济系统在相互协作以支持人类——还可能包括非人类——的生命方面的能力缺乏。生态经济学将自然系统看作是有限的，因此它们可以担负的人类经济活动的规模成为一个议题。在它看来，人类面临的主要挑战在于计算出经济系统如何在这些限制之内成为可持续的。

尽管遭到经济学内部主流分支的阻力（或漠不关心），生态经济学仍通过生态经济学国际学会（ISEE）及其杂志《生态经济学》逐渐获得了学术尊重，它们都创立于1989年。

生态经济学的先驱包括尼古拉斯·乔治斯库—洛根（Nicholas Georgescu-Roegen）和赫尔曼·戴利（Herman Daly）。[17]乔治斯库—洛根探究了热力学第二规律的含义，它表明任何一个封闭的系统会随着时间的推移由于单一性而趋于恶化或由于没有外部能量的输入而陷入紊乱。这个星球上只有有限的低熵（low entropy）或秩序的供应这一事实，具有重要的经济内涵。低熵实质上是稀缺的最终形式。它存在于矿物结构、密集的化石燃料和生态系统中，但人类经济活动正在使低熵的供应恶化。

赫尔曼·戴利设计了稳态经济的原则。传统经济学致力于永久性的经济增长，并且事实上依据增长的状况来看待经济的健康和正常程度。戴利接受了生存主义否定无限增长的挑战，描述了一种经济如何能够在稳定的水平上运转，而不需要不断增加的环境和自然资源的输入。（对于稳态经济的阐述，还可以参见布赖恩·捷克的著作[18]。）

全球极限的基本观点被很多甚至大多数的绿色激进分子共享。他们的批评家马丁·刘易斯（Martin Lewis）把生存主义列为绿色激进主义的主要流派——正如他指出的："绿色极端主义根植于一种独有的、强大的信念，即持续的经济增长是绝对不可能的，因为一个有限的行星注定了极限的存在。"[19]但是，绿色激进主义的政治却与生存主义的存在着极大差异。

3. 生存主义的政治哲学

许多促进了极限和生存话语的人物有着生物学的背景。他们严厉的政策处方间接地使他们受制于某些特定的政治结构。例如，埃尔利希支持诸如印度等国家的义务绝育[20]，而如果没有一种比当时或现在的印度政治更独裁的政治，这将几乎不起作用[21]。许多理论分析和相应的公共辩论的缺失一直受到政治学、经济学以及——至关重要的——生存的政治经济学的关注。在应该进行理论分析的地方，人们往往发现一些主观性想象。例如，在《超越极限》中，米都斯等以幻想、网络化、说出事实、学

习和爱的处方进行了总结。[22]所有这些措施如何能够在现实世界的政治经济中运作并不清楚。客观地说，丹尼尔·米都斯(Dennis Meadows)及其同事正确地强调了市场的缺陷，指出它“就长远来看是盲目的，很难注意到来自深层次的危险，直至灾难发生”[23]。

其他作家更多地用详尽的、大胆的和明显是政治经济的分析方式进行创作。尤其是在20世纪70年代，但也包括一些持续至今的例子中，生存主义的政治处方是集权的和独裁的。加勒特·哈丁在极限生物学家中主动地站出来明确地解决政治经济组织的问题。如果像他在其经典论文中所断言的，“公地的自由将带来一切的毁灭”[24]，那么很明显的是，自由包括生育的自由需要被剥夺。在这种情况下，以极限为特征的公地悲剧的解决方式，应是“彼此达成一致的相互强制”，无论这种公地是一个地方性渔场还是全球大气层。后来，哈丁表达了对民族国家层面之上的有效中央权威的怀疑。[25]基于一种极端的生存主义观点，他主张更多发达国家抛弃欠发展国家——如果后者的政府继续实施导致人口爆炸和生态毁灭的政策的话。发达国家应组成一个“救生艇”飘浮在这个世界上，否则会被淹没在穷困之中。哈丁的论点没有正视这样一个现实，正是发达国家而不是那些贫穷国家，对世界生态系统施加了更多压力。生存主义或许可以同样支持这种计划：在全球生态极限范围内从发达国家向贫穷国家转移财富，以实现财富在全球范围的合理再分配。[26]

其他的生存主义者不像哈丁那样冷漠，尽管他们在下述基本观点上与他一致，即公地滥用、资源挥霍和环境掠夺在很大程度上是由于个人和其他行为者在分散化的系统中追逐各自的物质利益。分散化的系统中不存在强制性的领导来引导他们，比如市场、自由民主的政治体制和国际体制。在这些体制中，人们没有动机去关心像环境质量或长远的人类福利这样的集体利益。因而，罗伯特·海尔布罗纳(Robert Heilbroner)在1974年总结道，人类唯一的希望在于结合“宗教取向与军事纪律的”的僧侣政府[27]，来医治人类肆意挥霍的方式。这种集权政府将会控制经济活动和政治。当然，如果集权政府信奉工业主义而非环境保护是没有用的，就像世界各地的独裁政府的灾难性环境记录所表明的那样。

控制使用公地的需求只是极限话语中对集权政府的一种支持。第二种支持的证据在于，该话语强调系统建模专家、种群生物学家和生态学家的专家意见。在某些例子中，相关知识很难掌握：生态学应对的往往是非常复杂的系统。这种认识导致威廉斯·奥福尔斯(Williams Ophuls)在他那20世纪70年代出现的关于生态危机的政治意蕴的最综合与复杂的分析中，建议创建一个可称之为“生态官僚”(ecological mandarins)的管理阶层。[28]生态专门技术在于其“优先性”(on top)而不是“随时可获得性”(on tap)，因为生态学对优先地位的要求意味着，普通政治家日常寻求的竞争性价值之间的交换不再有任何空间。奥福尔斯也认同哈丁关于管理公地财产需要强大的中央权威的观点。[29]

后来，生存主义者使这种集权主义变得温和化。例如，生态经济学家主要只是探求一些易于理解的政策工具的明智且有创造力的运用。比如，迈克尔·雅克勃斯详述了可持续计划如何能够通过政府创制和执行的环境质量标准而起作用。[30]这些标准可以涉及空气质量、生物多样性，或者臭氧层的健康。通过使用经济活动对这些指标的影响的模型，政府能够颁布限制损害的政策。赫尔曼·戴利非常热衷于经济理性主义者提出的污染交易许可方法(参见第6章)。[31]这一方法的基本主张是，政府可以依据生态原则详细规定某一允许范围内的污染总量，然后由市场运行来决定谁能在整个极限范围内污染多少。

一些生存主义者变得对民主和公民行动充满了热情。理查德·巴尼特(Richard Barnet)将极限话语作了分类，并主张以民主动员而非集权主义的方式去面对它们。[32]诺曼·迈尔斯巧妙而卓越地将极限话语的火炬传递到20世纪90年代，发表了用公民行动来面对极限的一个感人号召。[33]莱斯特·布朗始终认为，与国家层面上的领导层相比，他更加信任地方性的公民行动[34]，尽管这种信念与要求建立一个更强大的联合国来“为所有人做国家政府不能做的事情”的主张相抵触[35]。布赖恩·捷克尽管面对着相反的证据但他仍希望：“在世界的民主典范(美国)中，稳态革命必须是一种公共舆论方面的革命，一个无处不在的对经济增长的迷恋借以转变为同样无处不在的对经济增长的苛责的过程。”[36]这种对公民行动的诉求，远不是生存主义政治理论家在20世纪70年代提出的寡头政治。尽管这些理论家像哈丁、海尔布罗纳和奥福尔斯等，直到20世纪90年代仍然顽固不化。[37]

要理解为什么基础广泛的公民行动很难适合于极限和生存的环境话语，运用第1章中所阐述的话语分析工具作一番更细致的考查是必要的。

4. 生存主义的话语分析

生存主义的基本故事情节是，人类对生态系统的承载能力的要求正面临着失去控制的威胁，而为了约束这些需求我们必须采取严厉的行动。具体地说，它由下列要素构成。

4.1　被承认或建构的基本实体

生存主义承认并强调人类赖以生存的自然资源。它们包括不可再生资源的储备，比如石油、天然气、煤炭、金属矿石和农田。生态系统在基本的生存主义存在论之内被认可，但仅仅以有限的形式：诸如柴火、木材、土壤和鱼等可再生资源，或者是用来吸收污染的容纳物。至关重要的是，不可再生资源的储备和生态系统生产可再生资源以及吸纳污染物的能力被认为是有限的。这种话语也强调人口作为一个集合实体（也就是说，它不同于只是“人”的复数形式），其规模和增长对人类命运有着各不相同的含义。最后，精英——特别是那些政府中的精英和那些在系统建模、生态学或群体生物学等方面有着特长的人，扮演一个主要的角色。

有限的资源储备、作为可再生资源源泉和污染物存储地的生态系统、人口以及精英——所有这些可能听起来不太让人留意，仅仅是有关环境的谈话中所能听到的普通词汇。但是，这些东西加在一起却构成了一个高度选择性的和严重成问题的排列，就像我将在本章后面说明的那样。但现在应该注意的是，这一基本存在论并不是详尽无遗的（存在论从未是详尽无遗的）。比如，其中缺少的是个体的问题解决者、作为具有设计合作制度能力的社会性存在的人类、市场（除非不予考虑）、社会运动、性别、具有恢复能力的生态系统、国家和利益团体，等等。

4.2　对自然关系的假定

冲突和等级制被生存主义者假定为人类事物中最自然的关系。冲突包括从接近公共资源的竞争到对稀缺资源的争夺。通常，冲突和等级制被视为是理所应当的。但是，我所讨论的那些分析政治经济组织替代形式的生存主义者，比如哈丁、海尔布罗纳和奥福尔斯，对等级制采取的是理性态度而不是将其视为当然。在他们看来，等级制的基础是专长，或美德，或者二者同时具备。当然，被概念化为"人口"的人类，不具有必需的控制自身欲望或者生殖的美德。加勒特·哈丁用很长篇幅去论证，良心是自我淘汰的，因为那些没有良心的人将会生育更多的孩子。[38]（这一论点依赖于一个有争议的前提，即孩子的期望数量是一种遗传特性。）像莱斯特·布朗和诺曼·迈尔斯等生存主义者，后来弱化了这种等级制信奉以包容对普遍性公民行动的诉求。尽管有这些诉求，生存主义话语最终仍然是集合性地应对比如人口、资源储备、全球层面上的污染，以及最为紧要的，监控这些集合物。这种控制离开了一种等级制基础是无法想象的。这种等级制并不需要像一些生存主义者主张的那样是强硬的、集权的政府类型；但是，它确实需要精英团体的协调行动。

4.3 施动者与其动机

接下来，是那些精英具备施动或行动的能力。他们的动机是现成的。精英可以选择使经济增长最大化的既定法则来操纵国家的政治经济，搀杂以零零星星的社会正义和安抚特殊利益团体的需要；他们也可以选择通过全球性的协调行动来监督那种向着稳定状态的转型。"人口"——无论是全国的、地球的还是特定阶层的，没有施动能力；他们仅仅是照章行事，是一些由统计监测和政府政策控制的集合体。至多，构成它们的个体能够听命于他们短视的期望。（尽管他们被允许在这一被蒙蔽的意义上相当理性。）

4.4 关键隐喻和其他修辞手法

生存主义在隐喻方面是丰富的。它们首先包括行动过度和崩溃的观念，这些观念来自简单的生态系统模型，其中一个物种繁殖过度继而经历一次毁灭。公地的悲剧根植于隐喻：加勒特·哈丁得出的新颖之见，并不是以现有的任何资源都遭到枯竭威胁为背景的，它的情景是在一个中世纪

村庄公地。另一个受人喜爱的隐喻是肯尼思·布尔丁(Kenneth Boulding)提出的“太空船”[39]。如果太空船的生命支持系统不能维持,全体成员就会死亡。结果,“太空船地球”成为了一个可信的观念,因为那时真正的载人太空船第一次离开了地球,而且至关重要的是,这些人从太空为地球拍了照片。这一画面为把地球看作一个系统整体——一个有限的、脆弱的系统——进行思考,提供了强大的推动力。一张从太空拍摄的地球照片成为了我的“环境”书架上的许多图书的封面。

在他们对生物多样性的描述中,保罗和安妮·埃尔利希使用了一个由铆钉组成的飞机的隐喻。[40]如果一个铆钉脱落(一个物种灭绝),不会发生什么事情;但如果更多的铆钉脱落,飞机最终会坠毁。其他隐喻抓住了指数增长的特性:一个表面每天翻倍的百合花覆盖的池塘、人口炸弹和人口爆炸等。布赖恩·捷克将资源开发与“为一个失控而注定撞毁的火车添加燃料”相比较。[41]癌症这个隐喻偶尔也被使用。所以,奥雷里欧·佩切(Aurelio Peccei)曾提到“人口的癌症式增长”[42]。其中明显暗含的是,我们人类是地球这个肌体上的癌细胞。虽然这也许不是一个在小规模的“自愿人类灭绝运动”(VHEMT)之外影响广泛的隐喻,保罗·埃尔利希确曾作出更极端的推论并提到“癌症本身必须被切除”[43]。在2003年的一个演讲中,英国环境大臣迈克尔·米奇(Michael Meacher)将人类比作一个可能毁掉地球的病毒。[44]卡洛斯·戴维森(Carlos Davidson)则希望通过把环境恶化比作从挂毯上抽丝来替代所有的其他隐喻[45],目的是缓和生存主义。因为,挂毯上出现裂口只会使其品质受损,而挂毯本身永远不会真的解体。

在20世纪70年代,一个主要的华而不实的器械是电脑。从表面上看,电脑是用来完成关于许多变量之间相互关系的复杂计算的;但事实上,这些电脑模型所做的基本上是陈述一些显而易见的事实,像指数增长不可能在一个有限的环境里无限地进行。后来,电脑变得不再那么神秘,也就失去了在生存主义话语中的装饰能力。如果电脑代表的是生存主义话语中理性主义的、科学的那一面的话,那么,它很难与毁灭和救赎的准宗教意象共存。一个稳态的世间伊甸园是可以实现的——但前提是我们承认自己的罪过,并改正我们的习惯。

生存主义的话语分析可概括为表2.1。

表2.1　　生存主义的话语分析

1. 被承认或建构的基本实体
   * 资源的有限储备
   * 生态系统的承载能力
   * 人口
   * 精英
2. 对自然关系的假定
   * 冲突
   * 等级制和控制
3. 施动者与其动机
   * 精英；动机是现成的
4. 关键比喻和其他修辞手法
   * 行动过度和崩溃
   * 公地
   * 太空船地球
   * 百合花池塘
   * 癌症
   * 病毒
   * 电脑
   * 毁灭和救赎的意象

5. 实践中的生存主义

生存主义对环境事务带来了哪些影响？这些影响是积极的还是消极的？生存主义提供了环境关切的重要标尺，并且大大提升了公众对环境关切的程度。就此而言，它的影响是极其深远的，尽管我们很难直接将其与特定的政治、政策或者结果相联系。当然，生存主义先锋们（特别是在20世纪70年代）所提出的那些令人沮丧的集权处方在政治实践或制度设计中几乎没有反响，也很少有迹象表明它们在何处被采用。20世纪70年代中期，严厉的人口控制政策在印度短暂实施但效果不佳，而在中国却十分有效，这也许是一个例外。与生存主义相联系的更流行的政治实践，结果是选择了与集权政治理论不同的形式。

尽管如此，这种政治形式仍然是精英取向的，肯定不是一种社会运

动,甚至不是包括大量个体的利益集团。生存主义将大多数人群视为"人口",从而有效地否定了其代理能力或行动能力。关于极限的政治是排斥性的。现在,致力于促进生存主义议程的压力团体已经存在并且确实存在着,比如人口负增长(NPG)、罗马俱乐部(它随后转向了生态现代化,详见第7章)和世界观察研究所等组织。这些团体通常依赖大规模的基金会和一部分富有的赞助者,这比只有数量众多的成员要好得多。罗马俱乐部将它的成员限制在一百人。基础更广泛的环境关切与未来取向的利益团体是全球明日联盟(GTC),它在1980年《给总统的2000年全球报告》发表后组建。这类团体中有一些拥有大量成员,但这一联盟从未在动员公众意见方面发挥过特别明显的作用;各个团体可以宣称是联盟的一个隶属性成员但不必真的把自己的活动与联盟合为一体。

生存主义的压力团体在很大程度上是寻求强权者的倾听而非广泛公众的动员(尽管世界观察的出版物是广泛发行的)。这一战略有时候是成功的——举例来说,正是总统吉米·卡特指示环境质量委员会(CEQ)和国务院撰写了《2000年全球报告》。有时,强权者本人就是生存主义者。英国环境大臣迈克尔·米奇在2003年宣称,"这是在地球历史上第一次物种自身的活动导致它自己面临消亡的危险"[46]。

环境话语的影响不能缩减为仅仅是对赞同它们的利益团体和组织的影响,影响也可以体现为对那些难以明确具体名称的组织的总体性影响。如果话语能够改变相当数量人们使用的语言的话,它们在很大程度上是以非个性化的方式起作用的,那么,我们能够将任何创议、政策、协议、社会变化或者其他现象追溯到极限话语吗?显然,协调的人口控制努力——尤其是在中国——属于这种类型。在最重要的全球层面上,最好的例子也许是为了制止与扭转大气臭氧层破坏而共同采取的国际行动。这是生存主义者引以为荣的成功。丹尼斯·米都斯等人相信,臭氧层议题表现出我们事实上能够在全球层面上"从超越极限回撤"[47]。彼得·哈斯(Peter Haas)主张,具有相近理念的大气层科学家的"认知共同体"是全球性行动的驱动力,正像生存主义话语所声称的那样。[48]

臭氧层破坏在20世纪70年代首次被承认为一个环境议题,而它的凶手被确定是可以在烟雾喷射和冰箱中发现的化学药品氢氟化碳(CF-

Cs)。同温层的臭氧在保护地球上的生灵免遭太阳紫外线辐射方面是至关重要的，紫外线辐射会导致人类和动物的皮肤癌，损害绿色植物的光合作用(因而威胁到农业和林业)，而且杀伤水中的浮游生物。这一议题由于1985年确证并命名的、南半球冬天出现在南极洲上空的一个"臭氧洞"，而变得瞬间突显。随后，臭氧层难题构成了一个经典的极限意象，到20世纪80年代中期看起来已变得一枝独秀。虽然与这一议题相关的全球性谈判仍持续了一段时间，全球性行动在1987年取得了引人瞩目的进展。在联合国环境规划署的支持下，二十四个国家签署了《蒙特利尔议定书》(Montreal Protocol)，它涵盖了主要的氢氟化碳的制造者和消费者。该协议要求发达国家立即冻结氢氟化碳的消费，并规定了一系列随后应采取的削减百分比。日后的修订版本强化了这一协议，最终规定氢氟化碳必须在1995年前被淘汰，至少在发达国家是如此。世界的其他国家可以使用较长时间并且会得到来自发达国家承诺的援助，以引进替代物和弥补因氢氟化碳的使用受限而造成的经济损失。

丹尼斯·米都斯和乔根·兰德斯(Jorgen Randers)认为，臭氧层议题说明了"对于应对全球难题而言，一个世界政府不是必需的，但必需的是全球性的科学合作、一个全球信息系统和一个可以在其中达成具体协议的国际论坛"[49]。凯伦·利蒂芬依据关于这一议题的全球话语向极限或预警的转变，对《蒙特利尔议定书》作了阐释。[50]对于利蒂芬来说，最关键性的是"臭氧洞"想法的修辞力量。这个洞表明了南极洲上空臭氧层季节性的和可变化的(尽管是大量的)减少量。一个"洞"的观念能够以一种监控站的大量数据无法做到的方式抓住人们的想象。在1987年，事实上并没有经验性证据表明氢氟化碳的确破坏了臭氧层，尽管相关的化学反应已经在实验室条件下得到证实。

不可否认，臭氧层议题确实是一个环境议题成功的个例。但需要指出的是，我们不能将其过于理想化，甚至把它视为其他议题上全球行动的一个典范。这主要是基于以下三个方面的原因。第一，它所涉及的利害关系相对较小：氢氟化碳是有用的化学制品，但它们的替代品已经存在。第二，正如杰弗里·贝雷吉基亚(Jeffrey Berejikian)指出的，重新构建臭氧层议题协商谈判的历史是可能的：既不是按照理性解决集体难题的模

式，也不是按照科学驱动的政策制定的模式，也不是按照话语转换的模式，而是根据关键行为者的物质利益。[51]这个协议的谈判被两个关键行为者所支配：美国和欧洲共同体（EC）。美国已经在国家层面立法限制氢氟化碳了。一些公司例如杜邦担心，对氢氟化碳的全球性控制的缺乏将把它们置于竞争劣势的地位，因为它们已在投入资源开发氢氟化碳的替代品（丹尼尔·米都斯等人就称赞像杜邦这样“灵活且有责任感的”公司所扮演的角色）。[52]因此，从杜邦公司的角度来看，一个国际协定是需要的，并且应将范围扩大到美国之外。欧共体最初在这个议题上犹豫不决。然而，一旦欧共体清楚地认识到，美国可能禁止含有氢氟化碳的欧共体产品进口，它就更加愿意谈判。像在臭氧层议题上的这种关键行为者的物质利益最终与全球环境关切的契合，是一种偶然性的现象。这种巧合不应被期待成为一个普遍的规则。

第三，《蒙特利尔议定书》及其随后的强化在全球范围内的普遍遵守是没有保障的。发达国家履行它们的承诺几乎没有问题。但次发达国家，尤其是中国，在它们建议的逐渐淘汰氢氟化碳议题上进展迟缓。结果，它们在美国国会中找到了同盟。在那里，一个反对环境的、但更重要的是小气的共和党多数，把美国等发达国家为逐步淘汰氢氟化碳所付出的费用视为一种不必要的经济负担。20 世纪 90 年代后期，印度以最快的速度在氢氟化碳的生产方面处于领先地位，并且形成了一个氢氟化碳的国际黑市。

如果说臭氧层保护是应对全球极限方面最为显著的（名副其实的）成功，那么，气候变化是迄今为止最显著的失败。这一议题上的经济利害要大得多，因为它牵涉到了工业经济的化石燃料基础。源于大气中不断积累的温室气体（尤其是二氧化碳和甲烷）的气候变化，将会导致更频繁的极端性气候事件。然而，在 2004 年的电影《后天》中过分戏剧化的那些灾难性事件，并不比慢性的和不知不觉发生的变化更重要：逐渐上升的海平面、北极地区冻土带下面的永久冻结带的缓慢融化和降雨类型的改变。这些影响的程度仍然有着相当的不确定性，尽管在气候变化这一事实上有着科学的共识。1988 年由联合国大会建立的全球气候变化政府间委员会，承担着科学研究发起人和信息交换所的职能。对气候变化持怀疑态度的科学家受到了利益相关公司的资助，并因而缺乏可信性。

1997年签署的关于气候变化问题的《京都议定书》(*The Kyoto Protocol*)，应该能够成为像十年前的《蒙特利尔议定书》一样的里程碑。《京都议定书》的目标是，到2010年将发达国家的二氧化碳排放量降低到低于1990年5.2个百分点的水平。发展中国家(包括正在崛起的巨头中国和印度)被给予自由通道。2001年，基于自身经济利益比全球环境保护更重要的明确立场，世界第一大排放者美国退出了《京都议定书》。但是，即使仍然保留在《京都议定书》之内的那些国家，事实上也几乎没有努力达到减排目标。即使这些目标达到了，它们对气候变化的影响也是存在争议的，因为《京都议定书》规定的减排量占全球排放量的比例正日益减少。与构成生存主义政治哲学的核心内容的协调政府行动相比，更彻底的行动也许来自保险公司巨头，它们对极端性气候事件将会毁掉它们的利益感到震惊。[53]这些公司处在了一个被它们的客户以及它们所控制的巨大投资推动而采取气候友好行动的位置上。

气候变化议题上其他行动的可能性，也许会来自于它与环境安全的联系。2003年由美国国防部授权的一项研究警告说，饥荒、干旱、能源短缺以及沿海地区洪灾将会在二十年内淹没城市。[54]可以预计的后果包括暴乱、内部冲突、核战争边缘政策以及会导致恐怖主义和战争的政治不稳定。由于它与小乔治·布什当局的普罗米修斯主义的观点完全不一致，该报告最初是被压制的。即使气候变化与安全的联系被承认的话，它的政策后果仍是不清楚的。如果安全被在民族国家的意义上来解释，那么，结果将是单边性的防御行动(类似于加勒特·哈丁的“救生艇”计划)而非协调的多边全球行动。

6. 生存主义的评价

某些民族国家在臭氧层议题上的有限遵从，以及在气候变化议题上国家行动的更加普遍的缺乏，说明了摆在极限话语面前的最大挑战是什么。在这个话语中，施动能力是面向精英的，尤其是那些在一个全球协同基础上运作的精英。“全球性思考、地方性行动”的标语，在环境领域中是一个被频繁使用的训词；但对于极限和生存的话语而言，适当的标语应是

"全球地思考、全球地行动"。尽管臭氧层议题的例子说明了协调性全球行动的某些潜力,正如事实表明的,必需的全球性权威并不存在。[55]生存主义者即加勒特·哈丁坚信它不合情理,因而生存主义只能在发达国家组成的"救生艇"中实施。其他生存主义者倡导更强有力的全球性权威,但几乎都没有阐明如何使它变为现实。现在,所有类型的政治和经济趋势都指向相反的方向。世界贸易组织(WTO)也许是迄今存在的最强大的全球管治组织。尽管可持续发展出现在了它的章程的序言中,并且它拥有一个贸易与环境委员会,但实践中,它使环境价值从属于经济价值。在自由贸易体制里,民族国家被迫去追求那种鼓励自由投资者将资金注入它们的国家而不是对手国家的政策,而这意味着消除贸易上的环境限制。在政治上讲,自由民主政治制是最受欢迎的模式。但事实上,这种模式与严格生存主义者偏好的中央集权形式相比是相差甚远的,尽管现实世界中的自由民主制未必一定与生存主义话语中普遍存在的精英主义有很大的距离。

因而,生存主义确实很难与现实世界相融。同时,它还不得不与一些更强有力的竞争性话语作斗争。罗马既是天主教会的所在地,也是生存主义俱乐部的诞生地。罗马天主教始终如一地反对控制人类人口的任何努力,因为这种努力支持避孕和流产。1994 年在开罗举行的联合国人口与发展国际会议上,教会扮演了一种阻拦者的角色,并与伊斯兰原教旨主义者和大部分来自美国的新教正统主义者结成了邪恶同盟。在左翼方面,马克思主义者——铭记着马克思本人对马尔萨斯的批评,嘲笑关于极限的话语,特别是由于它由强权的工业家们提出并且得到了公司基金会的资金支持。像马克思自己的时代一样,对极限的承认与共产主义富裕未来的梦想相冲突。只是在最近,马克思主义者中的这一轻蔑倾向才随着生态马克思主义的兴起而遭到质疑。生态马克思主义者在生态的危机中看到了一个将会加速资本主义的全球危机的联盟的可能性。

在更宽泛的左翼方面,对生存主义的反对来自那些将人口讨论视为天生种族主义者的人。[56]一种强调"人口"和否定那一人群成员施动能力的本体论,从这种左翼/多元文化方向来看,看起来仿佛是被设计来控制和歧视那些成员增长最迅速的种族团体。在美国,他们通常是非白人以及西班牙裔，其数量由于合法与非法的移民而大幅度增加。2004年，一个反移民的团体企图控制希拉俱乐部执委会，但在成员选举中被击败。

对极限话语的攻击也来自生态女权主义。生态女权主义者推崇前家长制的丰产的象征，认为人口控制意味着女性被一个男性权力结构的控制[57]，从而服务于制造全球资本主义所需要的消费者[58]。对于女性来说，要重新获得她们与一个充满生机而富饶的地球的和谐相处，就必须打破父权制的桎梏——包括人口控制专家和他们的政治主人。生存主义者也确实给她们提供了充足的弹药，正如加勒特·哈丁宣称的，“我们必须依据共同体需要设计影响女人期望的可以接受的方法”[59]。

宗教信奉者、马克思主义者、左翼多元文化论者以及生态女权主义者对极限话语的批评，都是无的放矢。宗教信奉者的论点可以归结为有关个人(微观)行为的基本宗教信念上的教条，这种个人行为是与对这些信念在宏观层面如何耗尽的不敏感相结合的。困境重重的正统马克思主义者之所以不同意极限话语，是因为它令人头痛的意蕴，而不是因为他们可以挑战其逻辑。左翼多元文化论者对极限话语中种族主义和性别主义方面的揭露，并不能解决人口压力的问题；他们或者把它扫到地毯下面，或者含蓄地假定特定种族团体的利益总是会胜过任何全球利益。换句话说，他们提倡一种基于社会正义利益的“公地”的保持与扩大。事实上，他们除了将它们贬低为服务既存政治权力的社会建构外，并没有对极限的现实或理论添加任何东西——而他们的有关看法明显是错误的，因为全球资本主义可以被否定极限存在的普罗米修斯主义话语服务得更好。

对社会正义关切的更好运用应始于注意到，正是世界上的那些繁荣人民给生态圈强加了最大的负担。此外，第三世界的饥饿并不是全球食物短缺的结果，而是由于那支持极少数人的利益胜过大多数人的基本需要的结构和过程。[60]

这些竞争性话语的反诉很难经得起详细的推敲——的确，它们都没有在正视极限话语所阐述难题的意义上对待这一话语。但是，这些反诉有助于说明生存主义和极限在现实世界中的命运。

确实存在一种更直接地面对生存主义的话语，并且针对其构建的理论观点，而不仅仅是教条性的反对。这个反对者是普罗米修斯式的，而且

它的基本特征就是否定极限的存在。它当然是根植于工业主义的，但只有作为对极限话语的一种抗拒才能阐述清楚。在下一章中，我们将详细讨论这种普罗米修斯式的话语和它所代表的对生存主义的挑战。

因此，极限话语就其自身而言只具有有限的影响。生存主义所追求的相互协调的、包含远见的集中行动，我们在现实中还很少看到。政府和公司的视野仍然是短视的。新兴的全球政治经济对生存主义的关切是极端冷淡的。极限话语在定期举行的联合国人口与环境会议上仍然有所体现(最著名的包括 1972 年斯德哥尔摩人类环境大会、1992 年里约热内卢环境与发展大会、1994 年开罗人口与发展国际会议和 2002 年约翰内斯堡世界可持续发展峰会)，但这些聚会日益被可持续发展的竞争性话语所支配。最后，我们发现的是生存主义者关于人类由于忽视先前的警告而造成的时间浪费的感叹——这就是为什么米都斯等在 1992 年相信，世界现在已经“超越极限”[61]；加勒特·哈丁在 1993 年叹息，人口议题在 1990 年地球日时没有被任何人列入议事日程[62]，而且他相信，这是由于地球日的联合发起人担心冒犯我已经提及的反极限团体[63]。

另外一个限制生存主义影响的因素可能是，当环境难题在从地方、区域和国家层面上升时它们的沉默性。生存主义是关于全球化思考和行动的。其他一些话语在环境议题的其他层面上有更多的表现空间。然而，可以理解的是，只有全球性议题才能使一个人成为生存主义者，而当面对地方性议题时他/她可能会转向其他一些话语。

这一不理想记录丝毫没有表明，生存主义话语对极限压力的强调是错误的，而且，如果全球温室效应出现最坏结局的话，它还完全可以得到验证。在政治上，对于如何实施生存主义的议程一直缺乏充分的想象，而且，这一话语从未真正超越 20 世纪 70 年代生存主义者设想的过分单纯的严重集权主义。生存主义者并不完全懂得如何理解与实践应对全球资本主义，他们的财政支持来自全球性资本家这一事实使他们更难以做到这一点。尽管存在着这些难题，极限和生存话语所产生的影响不应该被贬低。即使不考虑其他方面的影响，它的确帮助确立了环境作为一个关键性议题的重要性，很可能是 21 世纪的关键性议题。

【注释】

[1] Garrett Hardin, *Living Within Limits: Ecology, Economics, and Population Taboos*, New York: Oxford University Press, 1993, p. 207.

[2] William R. Catton, *Overshoot: The Ecological Basis of Revolutionary Change*, Urbana: University of Illinois Press, 1980.

[3] Thomas F. Homer-Dixon, *Environment, Scarcity and Violence*, Princeton: Princeton University Press, 1999.

[4] Thomas F. Homer-Dixon, *Environment, Scarcity and Violence*, p. 7.

[5] Scott H. Gordon, "The economic theory of a common-property resource: The fishery," *Journal of Political Economy*, 62(1954), pp. 124-142.

[6] 他的分析在形式上也与17世纪政治哲学家托马斯·霍布斯的"一切人反对一切人的战争"的观点相一致。

[7] Paul Ehrlich, *The Population Bomb*, New York: Ballantine, 1968.

[8] Donella H. Meadows, et al., *The Limits to Growth*, New York: Universe Books, 1972.

[9] 俱乐部的创始人和主席奥莱里欧·佩切(Aurelio Peccei)1981年发表了他的生存主义小册子《未来100页》。但是，这本书实际上有187页，至少笔者的版本是这样。它的确是一个认为增长已超越极限的例子。

[10] Christopher Freeman, "Malthus with a computer," in H. S. D. Cole et al. (eds.), *Models of Doom: A Critique of The Limits to Growth*, New York: Universe, 1973.

[11] Douglas Torgerson, "The uncertain quest for politics of environmentalism," in Frank Fischer and Michael Black(eds.), *Greening Environmental Policy: The Politics of a Sustainable Future*, Liverpool: Paul Chapman, 1995, pp. 3-20.

[12] Lester R. Brown, *The Twenty-Ninth Day: Accommodating Human Needs and Numbers to the Earth's Resources*, New York: Norton, 1978.

[13] Donella H. Meadows, et al., *Beyond the Limits: Confronting Global Collapse, Envisioning a Sustainable Future*, Post Mills, Vt.: Chelsea Green, 1992.

[14] Mathis Wackernagel et al., "Tracking the ecological overshoot of the human economy," *Proceedings of the National Academy of Sciences*, 99/14(2002), pp. 9266-9271.

[15] Lester R. Brown, *Plan B: Rescuing a Planet under Stress and a Civilization in Trouble*, Washington, DC: Earth Policy Institute, 2003; Paul Ehrlich and Anne H. Ehrlich, *One with Nineveh: Politics, Consumption, and the Human Future*, Washington, DC: Island Press, 2004.

[16] K. Arrow et al., "Economic growth , carrying capacity and the environment," *Science*, 268(1995), pp. 520-521; Nigholas Georgescu-Roegen, *The Entropy Law and The Economic Press*, Cambridge, Mass.: Harvard University Press, 1971.

[17] Herman E. Daly, *Steady-State Economics*, San Francisco: W. H. Freeman, 1977.

[18] Brian Czech, *Shoveling Fuel for a Runaway Train: Errant Economists, Shameful Spenders, and a Plan to Stop Them All*, Berkeley: University of California Press, 2000.

[19] Martin W. Lewis, *Green Delusions: An Environmentalist Critique of Radical Environmentalism*, Durham, NC: Duke University Press, 1992, pp. 9-10.

[20] Paul Ehrlich, *The Population Bomb*.

[21] 相反,像美国这样的国家应采取更具限制性的政策,例如通过对尿布和玩具征收高额税金来使人们没有勇气要孩子。后来,保罗和安妮·埃尔利希放弃了任何政府能更正确地行动的可能性,并认为只有个体才能为自己脆弱的将来做准备——通过储存食物和采取自立。从这项建议中,我们看到了埃尔利希夫妇与美国右翼的、持枪行凶的生存主义者的共同点。但是,这种进攻性的个人主义一般来说不在极限和生存的环境话语之内。

[22] Donella H. Meadows, et al., *Beyond the Limits: Confronting Global Collapse, Envisioning a Sustainable Future*, pp. 222-236.

[23] Donella H. Meadows, "Equity, the free market, and the sustainable state," in Dennis L. Meadows (ed.), *Alternatives to Growth, I: Toward a Sustainable Future*, Cambridge, Mass.: Ballinger, 1976.

[24] Garrett Hardin, "The tragedy of the commons," *Science*, 162(1968), pp. 1243-1248.

[25] Garrett Hardin, "Living on a lifeboat," in Garrett Hardin and John Baden (eds.), *Managing the Commons*, San Francisco, Calif.: W. H. Freeman, 1977, pp. 261-279.

[26] Rafael Reuveny, "Economic growth, environmental scarcity, and conflict," *Global Environmental Politics*, 2/1(2002), pp. 83-110.

[27] Robert Heilbroner, *An Inquiry into the Human Prospect: Looked at again for the 1990s*, New York: Norton, 1991, pp. 176-177.

[28] William Ophuls, *Ecology and the Politics of Scarcity*, San Francisco, Calif.: W. H. Freeman, 1977, p. 163.

[29] 后来,奥福尔斯争辩道,他祭出独裁主义的幽灵只是为了作为将来可能会发生什么的警告,除非人类能够通过不太严厉的方式找到适宜的政治—生态解决方案。除了这种独裁主义模式外,他的著作中还不太协调地包含着一种分散化的、杰斐逊式的独立自主的小规模共同体的政治经济学。

[30] Michael Jacobs, *The Green Economy: Environment, Sustainable Development and the Politics of the Future*, London: Pluto, 1991.

[31] Herman E. Daly, "Free market environmentalism: Turning a good servant into a bad master," *Critical Review*, 6(1992), pp. 171-183.

[32] Richard J. Barnet, *The Lean Years: Politics in the Age of Scarcity*, New York: Simon and Schuster, 1980.

[33] Norman Myers and Julianl Simon, *Scarcity or Ambulance: A Debate on the Environment*, New York: Norton, 1934.

[34] Lester R. Brown, *Building a Sustainable Society*, New York: Norton, 1981; Lester R. Brown et al., *Saving the Planet: How to Shape an Environmentally Sustainable Global Economy*, London: Earthscan, 1992, p. 180.

[35] Lester R. Brown, et al., *Saving the Planet: How to Shape an Environmentally Sustainable Global Economy*, p. 179.

[36] Brian Czech, *Shoveling Fuel for a Runaway Train: Errant Economists, Shameful Spenders, and a Plan to Stop Them All*, p. 114.

[37] Garrett Hardin, *Living Within Limits: Ecology, Economics, and Population Taboos*; Robert Heilbroner, *An Inquiry into the Human Prospect: Looked at again for the 1990s*; William Ophuls and Stephen Boyan, *Ecology and the Politics of Scarcity Revisited*, San Francisco, Calif.: W. H. Freeman, 1992.

[38] Garrett Hardin, "The tragedy of the commons."

[39] Kenneth R. Boulding, "The economics of the coming spaceship earth," in Henry Jarrett (ed.), *Environmental Quality in a Growing Economy*, Baltimore, Md.: Johns Hopkins University Press, 1966.

[40] Paul Ehrlich and Anne H. Ehrlich, *Extinction: The Causes and Consequences of the Disappearance of Species*, New York: Random House, 1981.

[41] Brian Czech, *Shoveling Fuel for a Runaway Train: Errant Economists, Shameful Spenders, and a Plan to Stop Them All.*

[42] Aurelio Peccei, *One Hundred Pages for the Future*, New York: Mentor, 1981, p. 29; Alan Gregg, "A medical aspect of the population problem," *Science*, 121 (1955), pp. 681-682.

[43] Paul Ehrich, *The Population Bomb*, XI.

[44] 参见 2003 年 2 月 14 日《卫报》。

[45] Carlos Davidson, "Economic growth and environment: Alternatives to the limits paradigm," *Bioscience*, 50/5(2000), pp. 433-438.

[46] 参见 2003 年 2 月 14 日《卫报》。

[47] Donella H. Meadows, et al., *Beyond the Limits: Confronting Global Collapse, Envisioning a Sustainable Future.*

[48] Peter M. Hass, "Banning chlorofluorocarbons: Efforts to protect stratospheric ozone," *International Organization*, 46(1992), pp. 187-224.

[49] Donella H. Meadows, *Beyond the Limits: Confronting Global Collapse, Envisioning a Sustainable Future*, p. 159.

[50] Karen T. Litfin, *Ozone Discourses: Science and Politics in Global Environmental Cooperation*, New York: Columbia University Press, 1994.

[51] Jeffrey Berejikian, "The Gains debate: Framing state choice," Unpublished PhD dissertation, University of Oregon, 1995.

[52] Donella H. Meadows, et al., *Beyond the Limits: Confronting Global Collapse, Envisioning a Sustainable Future*, p. 159.

[53] Matthew Paterson, "Risky business: Insurance companies in global warming," *Global Environmental Politics*, 1/4(2001), pp. 18-42.

[54] Peter Schwartz and Doug Randall, *An Abrupt Climate Change Scenario and Its Implications for National Security*, Washington, DC: United States Department of Defense, 2003. See climatechange. pdf.

[55] Peter M. Hass, et al., *Institutions for the Earth: Sources of Effective Environmental Protection*, Cambridge, Mass.: MIT Press, 1993.

[56] Phyllis Pease Chock, "Ambiguity in policy discourse: Congressional talk about immigration," *Policy Sciences*, 28(1995), pp. 165-184; Bob White, "Green politics and the question of population," *Journal of Australian Studies*, 40(1994), pp. 27-43.

[57] Irene Diamond, *Fertile Ground*: *Women*, *Fertility*, *and the Living Earth*, Boston, Mass.: Beacon, 1994.

[58] Catriona Sandilands, "Sex at the limits," in Eric Darier(ed.), *Discourses of the Environment*, Oxford: Basil Blackwell, 1977, pp. 79-84.

[59] Garrett Hardin, *Living Within Limits*: *Ecology*, *Economics*, *and Population Taboos*.

[60] Frances M. Lapp and Joseph Collins, *Food First*: *Beyond the Myth of Scarcity*, Boston: Houghton Mifflin, 1977.

[61] Donella Meadows, et al., *Beyond the Limits*: *Confronting Global Collapse*, *Envisioning a Sustainable Future*.

[62] Garrett Hardin, *Living Within Limits*: *Ecology*, *Economics*, *and Population Taboos*.

[63] Garrett Hardin, *Living Within Limits*: *Ecology*, *Economics*, *and Population Taboos*, p. 3.

第三章 永远的增长:普罗米修斯主义的回答

1. 普罗米修斯主义的背景

话语不需要有意识的表述。它们是如此的根深蒂固和被视为理所当然,以至于任何人都不需要专门提到它们。(同样地,大部分说英语的人不能清晰地说明他们每天应用的语法和句法的基本原则。)现在被称为"普罗米修斯主义"的环境话语,长期以来就是这种情况。在古希腊神话中,普罗米修斯从宙斯那里偷来了火种,从而大大地增加了人类操纵世界的能力。普罗米修斯主义者无限地信任人类及其技术克服任何难题的能力——当然也包括环境难题。

"丰饶"这个术语有时与对环境极限的否认联系在一起。丰饶意味着丰富的自然供给:无限的自然资源、自然系统吸纳污染物的无限能力,以及自然系统中无限的自我矫正能力。但朱利安·西蒙争论说,这是一种用词不当:"我在这里所代表的思想学派不是丰饶的。我不相信自然是无限慷慨的……我们的丰饶是人类的精神和心灵,而不是圣诞老人的自然环境。"[1]尽管如此,我仍然认为,这一学派的成员包括西蒙本人,确实在关键时刻描绘了一个圣诞老人的自然环境。因而严格地讲,这种话语应该被命名为"普罗米修斯式的"/"丰饶的"。但那不好称呼,所以还是让我称其为"普罗米修斯主义",而且它确实比"丰饶的"更能抓住这一话语的本质。

数个世纪以来,至少是在西方,占主导地位的普罗米修斯主义状态已经被认为是理所当然。工业革命产生的技术变化把家园附近的原料（例如煤炭和后来的石油）制成有用的资源。与此同时，欧洲殖民扩张开辟了作为新的开发对象的大陆和海洋。资本主义的经济增长被视为一个健康社会的常态。即使那些期盼超越资本主义的人，比如著名的卡尔·马克思，也赞同技术的进步、经济增长以及征服自然。

未清楚表达的普罗米修斯主义话语的力量今天仍然可以感觉到，因为每一个政府都把促进经济增长作为首要任务。经济新闻报道的整个方式都假定，增长是好的。这包括财富增长、收入增长、利润增长、股票市场的增长、工作的增长、住宅兴建量的增长、旅客旅行里程数的增长。那种经济增长通常意味着环境系统压力的加大——更多的污染、更加拥挤的交通和更快的资源损耗，但却从未与这些经济集合体一起被报道（尽管这种压力会在其他地方被报道）。自由资本主义体制的政治经济话语，仍然脱离环境限制意识并自由散播。“经济”和“环境”被放进了不同的盒子里。

2. 普罗米修斯主义的主要观点

前一章描述的生存主义的兴起意味着，普罗米修斯主义的话语将不得不面临为自己进行辩护的窘境，而不再被认为是理所当然。结果，经济学家活跃在了普罗米修斯主义反击的前线。1963 年，哈罗德·巴尼特(Harold Barnett)和钱德勒·莫斯(Chandler Morse)在华盛顿智库“未来资源”的支持下出版了《稀缺与增长》(*Scarcity and Growth*)，并确立了该派经济学家的基本论点。经济学家一直在说，价格是稀缺的量度标准：如果一个物品的真实价格上升，那就意味着需求与供给的关系在上升。相反，如果一个物品的价格下降，那么需求相对于供给的关系也在下降。这个逻辑也可以应用于我们称作自然资源的物品。巴尼特和莫斯搜集了大量“资源消耗性物品”的长期变化趋势的数据，这些物品包括农产品、矿藏、渔业产品和木材。除了林产品以外，所有例子中的情况都是一样的。巴尼特和莫斯的研究表明，至少是从 20 世纪初以来，自然资源的实际价格（也就是去掉通货膨胀的影响）是下降的。如果价格能够测量缺乏，这就意味着，自然资源随着时间的流逝正在变得更加丰富。随后对巴尼特

和莫斯分析所进行的更新，继续讲述着一种相似的故事。[2]

当增长极限的论点和与之相关联的生存主义话语于20世纪70年代初突然出现时，普罗米修斯主义的经济学家确实已拥有一种现成的论点和充足的数据来反驳生存主义者。威尔弗雷德·贝克曼(Wilfred Beckerman)运用与“增长的极限”全球模型相反的价格趋势的长期证据来说明，经济增长在无限将来中的持续并没有什么错误。[3]由于他们的电脑模型没有赋予价格或技术以任何角色，这构成了“极限”建模者主要的被批评方面。二十年后，贝克曼认为可以毫不费力地运用同样的证据反对另一代生存主义者，以此证明“小即愚蠢”(这个标题暗指E.F.舒马赫的“小即美”)。而在2000年，他的《理性的贫困》将目标瞄向了极限和可持续发展。[4]朱利安·西蒙用他的钱来与生存主义者保罗·埃尔利希口头打赌。西蒙赌定，埃尔利希所指定的任何一种自然资源的真实价格在未来任何时候都将会低于1980年时的价格。埃尔利希指定了铜、铬、镍、锡以及钨。到1990年，铜的价格比1980年时下降了24%，铬下降了40%，镍下降了8%，锡下降了68%，而钨下降了78%。结果，埃尔利希给了西蒙一张1000美元的支票。[5]随后，在与生存主义者诺曼·迈尔斯论战时，西蒙重申了他的挑战。他自信地将赌金提高到一个月的薪水，并将范围扩展到世界各国或地区的人类福利的任何量度。[6]而这一次，西蒙没有找到接受他挑战的人。

为什么自然资源的价格持续下降呢？难道这表明自然界不断增加的充裕？如果面临短缺威胁，就需要寻找有关资源的新来源，或者发展替代品。依此而言，并不存在资源匮乏及其应对的新方法。在16～17世纪的欧洲，木材是重要的能源，因而当木材供应快要中断时一场能源危机就会来临。对此的反应是煤炭作为一种燃料的发展，而煤炭使工业革命的技术成为可能——而且利用新技术开采煤炭更加便宜。[7]到19世纪中期，经济学家威廉·杰文斯(William Jevons)预言煤炭不久将会被用完，而英国工业的车轮将会停止运转。[8]但结果是，他根本不需要担心：不仅更多的煤炭储藏被不断地发现，而且石油不久就作为一种能源被开发了出来。

像巴尼特、莫斯、贝克曼和西蒙这样的经济学家认为，未来在资源和能源的有效供应以及合理价格方面将不会有任何问题。只是，这种未来指的究竟是多远？西蒙等的回答是，“我们期盼着，这种良好的趋势能够持续大约七十亿年，直到我们的太阳停止发光时为止，直到用于裂变（也许是聚变）的元素输入物耗尽为止”[9]。这可不太谦虚！人们甚至不能确信，经济学家能否预测下一年度的通货膨胀和失业，因而恐怕在接受这种七十亿年后的预测上会有些犹豫。

20 世纪 80 年代，朱利安·西蒙成为了美国主要的普罗米修斯主义者，他将其论点的适用范围由资源价格扩大到随时间变化的人类指标，例如平均寿命、人均食物供给、可耕地总量、空气和水的质量、公用地总量、森林覆盖率以及捕鱼量。他确定的指标主要是全球性的，尽管国家和地区的数据也偶尔被引证。平均寿命作为污染的替代在西蒙这里发挥了关键性的作用。他承认，随着时间的推移，许多污染物增加，一些污染物减少；内燃机的引入增加了比如二氧化碳和臭氧这样的污染物，但城市街道上经常充斥的马匹排泄物大量减少了。真正重要的在于，在西蒙看来，抵消污染后的总的结果是增加还是减少了人类健康——而对此最权威性的测量是平均寿命。[10]这方面长期趋势的证据表明，世界各个地区的人们都活得更长了，因此，世界各地的污染正在下降。贝克曼 1995 年评论说，过去三十年中全球的平均寿命从五十三岁提高了到六十六岁（但后来，艾滋病导致了撒哈拉非洲大片地区平均寿命的下降；而俄罗斯的平均寿命在 20 世纪 90 年代也出现了下降）。[11]格雷戈·伊斯特布鲁克（Greg Easterbrook）在 1995 年声称，“在西方世界，污染时代已几乎结束”[12]。罗伯特·布拉德利（Robert Bradley）在 2003 年认为，所有与能源产品相关联的污染议题已经被解决（尽管由石化燃料应用导致的气候变化也许仍然需要一些关注）[13]。

西蒙引证各种证据时并不像他应该做到的那样小心谨慎。例如，在 1984 年，他试图表明美国正在变得不那么拥挤，所使用的证据是一张显示 1950～1980 年间国家公园土地总量大幅度增加的图表。[14]但事实上，几乎全部的增长都发生在 1979 年。西蒙没有提及的是，这一年由于《阿拉斯加国家利益土地保护法案》的通过，第一次在阿拉斯加划分出了属于联邦政府的土地。这些土地的一部分被划作了国家公园，而它们中的许多只有丛林飞机才能到达。1979 年洛杉矶中南部的布朗克斯和芝加哥的居

民觉得不再那么拥挤的时候，人们可以想象回响在这些地区的宽慰的叹息。

朱利安·西蒙于1998年去世。他作为普罗米修斯主义的公众形象的地位不久被比约恩·隆伯格(Bjorn Lomborg)取代。隆伯格与其说是一位经济学家，倒不如说是一位政治学家和统计学家。他对有关减轻稀缺的潜在经济机制并没有太多研究。他仅仅聚焦于趋势本身，并且其结论与西蒙在全球层面上得出的完全一致(尽管他像西蒙一样在分析层面上是有所选择的，即只有当数据符合他的目的时才使用)。隆伯格在2001年发表的《好疑的环境主义者》引起了轰动(之所以自称"环境主义者"是因为，他声称自己是一名前绿色和平组织成员)。这本书的摘录和摘要很快出现在《纽约时报》、《卫报》以及《经济学家》上面。其基本主张是附和西蒙的：自然资源、能源和食物正在变得更加丰富，更少的人在挨饿，人的平均寿命在增加，污染终于由于经济增长而减少，物种灭绝所体现的是一个有限的和可以管理的问题，森林并没有缩减。

隆伯格遭到了来自环境主义者和科学家(其中包括那些他们的研究成果被引用的人)[1]的批评风暴。[15]环境主义者比如汤姆·伯克(Tom Burke)批评说，隆伯格以一幅环境主义的讽刺画开头。[16]在该书的第一部分，隆伯格陈述了一个环境主义的所谓"冗长而枯燥的故事"：

> 环境在地球上处于贫乏的状态。我们的资源正在耗尽。人口在不断地增加，从而使可以食用的越来越少。空气和水正在被日益严重地污染。星球上的物种正在大量灭绝……森林正在消失，而鱼类资源正在崩溃……我们正在糟蹋我们的地球，肥沃的表层土正在消失，我们正在征服自然、摧毁荒野、蹂躏生物圈并且将以在这一过程中杀死我们自己来结束。世界的生态系统正在毁掉。我们正在快速地接近生存的绝对极限，而且增长的极限正在变得显而易见。[17]

隆伯格继续叙述这个冗长而枯燥的故事："这里只有一个问题：它似乎并没有可获得证据的支撑。"但事实上，它还有另外一个问题：即实际上几乎没有任何环境主义者会同意它。这个冗长而枯燥的故事仅仅抓住了生存主义话语的一个极端立场，而它在20世纪70年代初比在21世纪初更加流行。隆伯格的主要目标是世界观察研究所和保罗·埃尔利希的早期作品(《全球2000年报告》之前的著述是西蒙攻击的主要目标)。隆伯格未能辨认环境主义立场的多样性——这并非不重要,因为那样的话,他将必须给予环境主义者影响公共政策的政治努力所带来的环境改善以适当评价。

自然科学家反对隆伯格对他们数据的选择性使用和曲解。《科学美国人》杂志组织了一个专辑来揭穿隆伯格。除了一篇批评政治学家侵入科学领域的、针对个人的评论之外,作者们批判了隆伯格对科学资源的曲解、证据的选择性使用、与资源的质量相比更加强调数量例如森林(将旧有的生长生态系统等同于木材种植园)以及对复杂系统不确定性的不敏感。反对隆伯格的控诉提交给了丹麦反科学欺诈行为委员会(DCSD),后者认为他"已经触犯了科学不诚实的客观标准",但以他不知道自己在做什么为由原谅了他。[18] 2003年11月,丹麦科技部推翻了上述委员会的否定性判决,因为那时隆伯格已经被丹麦的右翼政府任命为丹麦环境评估研究所(EAI)的所长,而他本人与领导这一右翼政府的首相有着私人联系。这个小插曲更多揭示的不是隆伯格分析的正确或错误,而是丹麦特殊的科学政治。

3. 普罗米修斯主义的话语分析

3.1 被承认或建构的基本实体

对于普罗米修斯主义来说,自然资源、生态系统以及自然本身并不存在。这种否认可以解释普罗米修斯主义话语中所有值得了解的东西。这种关于自然不存在的声称——至少不只是作为物质和能源的一个储藏室,似乎让人吃惊。但是,我们可以想想西蒙关于自然资源的基本主张。他反复地断言,自然资源的供给是无限的。为什么?因为资源的供给并不确定:"资源只有在需要它们的时候才被寻觅和找到。"[19]因此,我们无法测量剩余资源的数量:如果需要的更多,寻觅和找到的就会更多。但正是那些我们称作自然资源的东西,正如一位普罗米修斯主义者主张的,"没有一种自然资源是由'自然'创造的"[20]。答案是,"自然"资源是由人类改造物质所创造的。事实上,自然只是粗野的物质;并且普罗米修斯主义者相信(就像前面提到的西蒙和卡恩的七十亿年计划中一样),处在较

原始阶段的物质是无限可变的，只要有充足的能源。中世纪的炼金术士相信，贱金属能够变成金子。普罗米修斯主义者相信，足够的能源可以使铁变成铜[21]——事实上确实可以做到，不过需要大量的能源。相似地，沙漠可以变成农田，外太空可以成为殖民地。

借助充足的能源和经济增长的成果，我们也可以解决污染问题。[22]正如贝克曼指出的，“如果你想要一个一般意义上的更好的环境，尤其是想能够充分使用干净的饮用水、方便的卫生设施和可以接受的城市空气质量，你必须变得富有”[23]。隆伯格重复了这一观点：“只有当我们十分富有的时候，我们才能承担照顾环境的奢侈费用。”[24]在普罗米修斯主义者看来，污染只是以错误的形式放在错误的位置上的物质，并且随着对能源的足够熟练应用，这是可以被纠正的。

因而，自然仅仅是作为粗野的物质而存在。尽管普罗米修斯主义者可能偶尔使用“生态系统”一词，这个概念在他们的话语中不起什么作用，其中的生态系统并不限制人类行为。相应地，对于普罗米修斯主义者来说，“‘承载能力’这个术语到目前为止没有使用价值”[25]。隆伯格在极限方面的立场与西蒙略有不同：当谈及化石燃料和矿物质时，他承认它们“必然有着可以被开采的总量上的某种极限”，但“极限比许多环境主义者希望人们相信的要大得多”。[26]

在已经讨论了普罗米修斯主义的本体论的缺失后，它被承认或建构的基本实体是什么呢？简言之，人、市场、价格、能源和技术。普罗米修斯主义者对人口谈论了很多——朱利安·西蒙变得著名主要是因为他介入了有关全球人口的辩论，并在其中赞扬人口的增长。但是，人口并没有以生存主义所喜欢的那种方式被建构，即作为一种被控制的集合体。我将很快回到这种差异的含义上来。

3.2 对自然关系的假定

我已经指出，普罗米修斯主义的话语几乎否定了自然的存在，它至多是在惰性的和被动的意义上来看待自然。因此，它认为理所当然的最重要的自然关系，是人们（特别是人类智力）统治其他所有事物的等级制度。这种统治不需要被组织，或者有意识地维持；它天然地存在。在更极端的情况下，普罗米修斯主义者相信，对自然的完全控制尽在我们的掌握之中。[27]

在人类对自然的统治之外，另一种被认为正常的关系是人类之间的竞争，它能够产生出克服即将出现的短缺的创新性方法。因此，当石油输出国组织于20世纪70年代组织石油禁运时，正是竞争刺激了探寻位于非石油输出国的油源以及使用更少汽油耗费的汽车。这种对竞争的强调，揭示了普罗米修斯主义话语与市场支持者之间的密切关联。普罗米修斯主义认为，政府无需以环境和自然资源政策的形式做什么：只要长期趋势是改善的，政府能做的最好事情就是不去管它。就他们注意到了政府而言，普罗米修斯主义者看到了最主要的病源所在。正如普罗米修斯主义的物理学家伯纳德·科恩(Bernard Cohen)在意指美国时指出的，"如果有一个理性的和支持性的公共政策，科学和技术不仅可以支撑人类的21世纪，而且可以到永远"。但他坚称，对核能和其他建设性努力的必要支持仍然缺乏。因为：

> 我们政府的科学和技术政策，现在被不了解情况、由情感驱动的民意而非合理的科学建议所引导。不幸的是，这种民意被大众传媒和一群沉醉于权力的科学文盲所控制，并且被不相关的政治意识形态所严重影响，他们是如此被误导以至于相信自己比制定科学决定的科学团体更加能干。[28]

3.3 施动者与其动机

在普罗米修斯主义的话语中施动——行动能力——是面向每一个人的，主要是作为经济行为者。人们分别做自己的事情，以追求他们的自私利益，但这将共同保证一个辉煌的环境未来。这是作用于市场体系的"看不见的手"在资源和环境议题中的应用，它首先由亚当·斯密在18世纪末提出。

正如在前一章所看到的，生存主义否定人口的行动能力。相反，普罗米修斯主义的话语颂扬由人口组成的人群。如果个体是问题的解决者，并且所有人都潜在地对人类命运的改善有所贡献，那么人越多越好。通过否定极限的存在，普罗米修斯主义者通常也否定对持续增长的人口担

心的必要，无论就一个国家、地区或者全球范围而言都是如此。朱利安·西蒙尤其指出，人口的增长往往伴随着人均寿命和个人收入的增长而非下降。这在全球层面上的确是真实的：在全球范围内人口爆炸的几十年间，人均寿命上升到了历史上前所未有的水平，而自然资源的价格却在持续下跌。朱利安·西蒙相信，个体会作出生育孩子数量的好的决定，因而“人口规模会适应生产条件而不会成为不可控制的怪物”[29]。对于西蒙来说，“最根本性的资源是人——技艺熟练的、生气勃勃的和充满希望的人，将会为自身利益而施展他们的意志和想象力，并且不可避免地不仅使自己受益，也使其他人受益”[30]。如果人们是好的，那么更多的人将会变得更好。这其中暗含的观念是，才智的供给是与人类的数量成比例的（这是一个遭到托马斯·霍默—狄克逊质疑的假定，在他看来，这种供给存在着极限[31]）。

并非所有的普罗米修斯主义者都持有西蒙在人口议题上的傲慢立场。伊斯特布鲁克主张维持在短期内的世界人口稳定，尽管他认为就长期而言地球可以支持数倍于现在的人口。[32]贝克曼承认发展中国家存在着人口难题[33]，但他像隆伯格一样相信，世界上最紧迫的环境难题都与这些国家中的穷人缺乏清洁水和良好的卫生设施相关。[34]对他们来说，最显而易见的解决方法就是变得富有，并且他们的数量越少就越容易。

3.4　关键隐喻和其他修辞手法

普罗米修斯主义的关键性隐喻是机械式的。机器由简单的零件——最终是些简单性的资源——借助人类技术和能量的运用而构成。然后，它们做对人类有用的事情。对普罗米修斯主义者来说，任何一种难题的解决方法都能以相似的方式连结起来，无论是人类环境中故障的修复（比如污染或荒野破坏），还是自然资源为了人类目的的创造。

普罗米修斯主义的修辞库中主要的武器是趋势。普罗米修斯主义者最得意的是，能够通过图表展现下降的资源价格，增加的公用场地、农田和森林，增长的人均寿命，增加的谷物收获量和渔业捕获量等等。其中包含的明确信息是：趋势可以无限地外推到未来——比如七十多亿年以后的未来，正像我们因西蒙而看到的那样。隆伯格些微谨慎地说，“趋势提供了事情发展现状和变化可能的最好信息”[35]。需要注意的是，这是多么不同于生存主义的不同变量间互动的模型（例如人口增长、资源利用和环境破坏）。普罗米修斯主义者以图表或数字呈现的趋势是单一变量的，并且未曾采取任何努力来模型化它们间的相互影响。普罗米修斯主义者会说，生存主义者的相互作用模型是不准确的、简单化的和主观性的。使普罗米修斯主义更加不同的是，它忽视了生态系统的存在，而其中理应有许多因素相互影响。

普罗米修斯主义的话语分析可概括为表3.1。

表3.1　　普罗米修斯主义的话语分析

1. 被承认或建构的基本实体
   * 仅仅是粗野物质的自然
   * 市场
   * 价格
   * 能量
   * 技术
   * 人们
2. 关于自然关系的假定
   * 人类凌驾于其他所有事物之上的等级制
   * 竞争
3. 施动者与其动机
   * 每个人；动机是个人的物质利益
4. 关键隐喻和其他修辞手法
   * 机械式的
   * 趋势

4. 普罗米修斯主义话语的影响

普罗米修斯主义的话语与资本主义和工业革命相伴而生，并无限地相信人们可以日趋有效地操纵世界。这就是人类的进步。因而，这一话语的影响首先应该体现在我们的支配性制度中：一种适合于永久经济增长的资本主义经济和一个其主要任务是推动这种增长的政治体制。话语和制度是共同进化的。就政治制度而言，普罗米修斯主义的话语主要构成了它的软件，如果说它的硬件由正式的法律和宪法构成的话。换句话

说，政府的制度如议会、行政机构和官僚机器，需要那些为它们工作的人们对其拥有共识，从而便于协调行动。长期以来，在资本主义民主制中一种主要的共识，就是增长是好的。

随着环境挑战在20世纪60年代后期的突然出现，特别是由于20世纪70年代初生存主义所设定的术语争论，普罗米修斯主义的话语更多地站在一种自卫立场上，第一次被迫要求清晰地阐明其基本信条。这些被重新清晰阐明的信条最终找到了一个认真而热心的倾听者，先是里根总统及其同事，后来则是小乔治·布什总统。这些总统任期内是普罗米修斯主义话语在政策和制度上产生影响的顶点。

里根的反政府、市场取向的意识形态在其对经济增长的狂热中是非常清晰的，他并且认为增长的主要阻碍是过度的政府规制。环境规制是一个特别的目标。里根在1980年共和党大会的候选人提名演说中即宣称，“我们人民的经济繁荣是我们环境的一个根本性部分”。稍加思考就会发现，这是一个没有什么意义的判断；但它的修辞重要性在于强调，环境目标应当从属于经济目标。当里根1981年入主白宫后，这一点如何体现立即就变得明朗了。[36]

两个关键性任命体现了里根式普罗米修斯主义的特征。詹姆斯·瓦特被任命为美国内政部长，负责管理面积辽阔的联邦土地。安妮·格尔萨奇·伯福德(Anne Gorsuch Burford)被任命为环境保护署署长，负责管理国家的反污染政策。瓦特和格尔萨奇·伯福德都敌视他们应该执行的大部分立法。就背景而言，瓦特是一个“山艾叛逆者”(Sagebrush Rebel)，该组织认同于美国西部乡村一个热衷于把联邦土地所有权(包括国家公园和荒野)转交给各州、并希望各州将这些区域向樵夫、矿工和牧童开放的运动。尽管他们的辞令是反政府的，山艾叛逆者对自由市场并不特别感兴趣。他们不想为使用土地、木材或者矿藏支付市场价格，而宁愿寻求国家继续对这些活动给予巨额津贴，维持特定使用者拥有的特权(例如在公地上放牧租契的持有者)，而不是将其向最高出价人开放。在此，山艾叛逆者与那些强调市场和私有财产的普罗米修斯主义者不同。尽管如此，瓦特的看法明显是普罗米修斯主义的：资源应用于人类利益，而不是被掩藏起来。他将环境保护论者描述为纳粹分子或者布尔什维克分子，并把任何与其观点不一致的人都看作是非美国人。1990 年，他主张，“如果与环境保护论者的麻烦不能在陪审席或者投票箱中解决，也许应该用一下子弹盒”[37]。瓦特作为内政部长的三年（他因为一个关于审查委员会构成的种族主义的和冒犯性的玩笑而被迫辞职）是骚动不安的，因为他不停地与国会的多数作斗争。另外，他被证明是环境运动所拥有的最好的招募代理人。因此，他所追求的大规模政策改变从未实现：没人能够像詹姆斯·瓦特那样使环境抗议立即行动起来。

安妮·格尔萨奇·伯福德可能是个例外。伯福德试图清除环境保护署中那些信奉该机构使命的人，并转向该机构政策制定本应管制的污染者。化学工业参与环境保护署的危险废弃物项目最终被认为是越过了合法性的边界。伯福德也是一再地与国会发生冲突，并于 1983 年初被迫辞职。她留下了一个预算和人员被大幅缩减的环境保护署，而且，它的士气遭到破坏，使命遭到贬抑。她的危险废弃物项目助理行政官——丽塔·拉维尔（Rita Lavelle），被判决监禁六个月。

对于这两个环境复仇者来说，伯福德有着较大的影响，而瓦特的影响较小。这主要是因为，美国政府体制中内含着的监督与制衡机制羁绊了他激进改革的尝试。他根本不可能以他设想的方式管理联邦土地。而伯福德则相反，她可以使环境保护署的一些主要规制功能陷于瘫痪，并且损害它的执行能力。但是，这种损害被证实不是长久性的：伯福德被行政官威廉·鲁克肖斯（William Ruckelshaus）取代，鲁克肖斯曾经是尼克松总统领导下的环境保护署的第一行政官。鲁克肖斯开始了恢复环境保护署传统使命的进程。然而，里根政府继续在发布于 1981 年 2 月的行政命令（第 11291 号）下运行，它规定经济尺度将在政府机构的规则和规章形成中居于优先地位。

里根政府后期经历了一种从瓦特—伯福德时代的过分行为（和夸张）的退却。在政府最高层中，普罗米修斯主义的议程不再掌握在一群小丑和罪犯手中（犯罪性在环境保护署中是显然的）。但是，普罗米修斯主义话语为 20 世纪 80 年代后半叶美国的政策制定确定了基调。这方面最明显的是美国在国际舞台上的行动——美国对国际环境治理的承诺发生了整体性逆转。[38]美国撤回了对有关海洋法、跨国空气污染（特别是酸雨）、

核原料贸易和联合国环境规划署等国际条约或项目的支持与资助。由于美国在国际事务中的重要性，这样一种姿态极大地阻碍了已达成的国际环境政策。当然，普罗米修斯主义者声称，没有哪项政策是必需的。与这种观点相一致，美国也停止了对国际人口控制项目的支持。发挥影响的不仅是普罗米修斯主义赞成人口增长的论点，还包括基督教右翼和天主教对于堕胎的反对。在20世纪80年代，美国在国际环境事务中停滞不前的唯一例外来自臭氧层损耗议题，这在前一章中已经谈到。

普罗米修斯主义话语在20世纪80年代对美国政策的影响，可以从朱利安·西蒙身上非常清楚地观察到。西蒙自己反对出现在生存主义话语中的“太空船地球”的隐喻；否则的话，他本来可以被描述为“太空船地球”上的首位科学官员。[39]西蒙和具有相似观点的未来主义者赫曼·卡恩(Herman Kahn)，最初被安排来负责一个对卡特任期快结束时由生存主义者撰写的《2000年全球报告》的联邦政府机构间的评论。但是，这个提议被环境质量委员会的主席阿兰·希尔(Alan Hill)阻止，而西蒙和卡恩则利用来自右翼传统基金会的财政支持作为他们的回应。作为这种回应结果的《资源丰富的地球》发表于1984年[40]，并成为最有代表性和影响力的普罗米修斯主义文献之一。传统基金会在为里根政府建构政策创议方面发挥了关键性作用。

到20世纪80年代末，普罗米修斯主义话语在美国环境事务中的影响缩小了。老乔治·布什在环境政策方面远离了他的前任，他在1988年宣称要做一个“环境的总统”。极端的普罗米修斯主义仅在人口议题上依然把持着它的权力——这在很大程度上是由于普罗米修斯主义者与基督教右翼和天主教会达成了联合。随着1994年由白宫发言人纽特·金里奇(Newt Gingrich)领导的共和党人控制了议会，这一鼓励生育的联盟获得了新的阵地；而且，华盛顿又能听到自普罗米修斯主义过分张狂的瓦特—伯福德年代以来一直裹足不前的提议。在20世纪80年代初，是国会阻止了这些张狂举动；而在1995年，则是国会，或者至少是共和党的多数，极力争取更软弱的反污染法律、濒临灭绝物种法案的终结和向樵夫、矿工与牧童开放联邦土地。与此同时，美国西部经历了仿效“山艾叛逆”的“明智使用运动”(WUM)，它的目标仍是将联邦土地的控制权移交到各州和地方政府。"明智使用运动"将大众主义的辞令与来自资源工业公司的资金相结合，尽管它在西部的资源依赖地区的确有着某些来自草根阶层的支持。[41]

随着2000年小乔治·布什的就职，普罗米修斯主义话语重新杀回白宫。尽管是激进的，但它对环境政策的攻击往往是低调的和细微的，并没有过于张扬的人物去担当环境主义者的避雷针和招募代理人。环境保护署最初由温和的克里斯廷·惠特曼(Christine Whitman)负责，内务部由低姿态的加利·诺顿(Gale Norton)领导。环境主义者最憎恨的人物是副总统迪克·切尼(Dick Cheney)，他们认为他把石油工业中顽固守旧一派的价值带进了政府。切尼领导了一个由石油、煤炭和交通工具制造业管理者组成的能源政策特别工作组。在2002年介绍该工作组报告的时候，切尼宣称，"保持也许是个人美德的一种标志，但它对于一个合理的、全面的能源政策来说并不是一个充分的基础"。"合理的和全面的"意味着增加传统能源特别是化石燃料的供给，也意味着促进在联邦土地上开发石油和天然气——最富争议的是在阿拉斯加的北极国家野生动物保护区(ANWR)——并消除在燃料应用上的限制。对供给胜过保护的强调可以与伊拉克战争联系在一起，尽管至少就短期而言它对石油供给的影响是反面性的。

普罗米修斯主义的话语支持美国2001年从关注气候变化的《京都议定书》撤出，理由是美国应当将经济利益置于环境考虑的位置之上——环境考虑能够照顾好它们自己。正如鲍尔·瓦普纳(Paul Wapner)指出的，"实际上，全球霸主已经从全球环境保护事务中退出"[42]。这一行政当局根本不必担心共和党人控制的国会和已经被削弱的司法系统。与里根时期不同，监督和制衡失败了。然而，行政当局仍然畏惧公共舆论中的环境倾向。因而在国内层面上，政策行动被环境主义的语言所掩盖。向(不经济的)砍伐开放联邦森林被以预防火灾的名义加以辩护，它被描绘成"健康森林创议"(于2003年签署为法律)。同样地，空气污染控制的放宽被冠之以"清洁天空创议"。内政部长加利·诺顿于2004年谈到了她所领导部门中的"新环境主义"(New Environmentalism)。

大多数的政策改变在不经意间悄悄发生，比如通过对立法和规章的

行政解释、规章实施的减少、环保署的资金被削减和科学建议的政治化等。科学家被期待着听从命令,不受欢迎的证据与建议受到压制。结果,很少物种被列入濒临灭绝的名单,几乎没有地方被指定为关键性生物栖息地。有些行政决策在实施过程中产生了深远的影响。这方面的事例包括:2003 年关于建造燃煤发电厂的行政决定,计划改进又旧又脏的发电厂但却不符合现行的反污染标准;试图移除《清洁水法》对“孤立”水域的宽广区域的保护;试图使美国军队拥有对所有的环境法律的豁免权,等等。[43]

比约恩·隆伯格看上去像朱利安·西蒙之于里根政府一样在小乔治·布什政府中发挥作用。2004 年 2 月,一封邮件发给了国会所有的共和党成员,建议他们引证隆伯格的论述来回击民主党人对布什政府环境政策的批评。[44]但是,隆伯格似乎不太情愿拥戴布什。右翼智库在继续推动美国的普罗米修斯主义议程。比如,罗纳德·贝利(Ronald Bailey)的《2000 地球报告》就与理性基金会有关。

因此,清晰的普罗米修斯主义话语主要是在美国产生了重大影响(尽管其他国家也有普罗米修斯主义的宣传家,比如威尔弗雷德·贝克曼之于英国,比约恩·隆伯格之于丹麦)。这种美国例外主义在 20 世纪 80 年代和 2001 年以后显得尤为突出。在 20 世纪 80 年代,美国发现它自己多次在联合国大会上投下了反对特定环境措施的唯一票——例如 1982 年的《世界自然宪章》和 1983 年的一个反对有害物质贸易的议案(当然,并非所有投票赞成这些措施的国家都可以称为环境美德的模范)。2001 年,美国放弃《京都议定书》的举动几乎是孤立的(只有澳大利亚响应,澳大利亚此时的外交政策紧随美国)。在美国,普罗米修斯主义的话语与资本主义市场狂热分子和基督教保守主义者产生了共鸣,此外还有习惯于获得受补助资源的矿工、樵夫以及牧童。这样的选民在其他国家是较少的或者看不到的。但即使是在美国,被认为是从普罗米修斯主义观点的广泛宣传中获益的大公司,往往倾向于至少具有环境关切外表的话语。

5. 普罗米修斯主义话语的评价

对普罗米修斯主义话语的评价也许应始于注意到,如果没有一种丰饶的附属物，这种话语将是严重不完整的，即便是有朱利安·西蒙及其追随者们的阐述。为什么会是这样呢？

普罗米修斯主义者相信，使人们自我负责将会自动产生对难题的解决方法，而且，一只看不见的手将保证取得好的集体结果。为了证实这一声称，他们反复引用一些实例，例如机动车辆的引入导致了没有马匹及其粪便的更清洁与更健康的城市街道。但是，无法保证个体行动总会带来这种良性后果。问题不仅仅在于生存主义者强调了公地悲剧中环境事务的核心性，公地悲剧的本质在于，物质上理性的个体决策会导致宏观层面上的灾难性结果。例如，全球变暖是几十亿理性个人通过燃烧化石燃料导致的结果，对此，普罗米修斯主义者又能说什么呢？普罗米修斯主义的回答根本否认全球变暖是一个严重的难题。罗伯特·布拉德利认为，气候变化主要是良性的，将会带来“温暖、潮湿和碳肥”[45]。隆伯格承认气候变化正在发生，但认为接受并适应它，要比抗拒它划算得多。与他相似，布拉德利主张，应对气候变化的最好方法是通过经济增长带来的财富资助适应。[46]

普罗米修斯主义者亚伦·维尔达夫斯基(Aaron Wildavsky)通过分析一系列的环境危机说明，科学证据真的表明没有理由惊慌——并且很愿意将这一结论推广到所有的危机，包括他从未研究过的东西。[47]与之相似的是，西蒙建议我们将他的结论从证据比较充足的案例拓展到证据不太充足的案例，比如“臭氧层、温室效应、酸雨以及与它们同性质的东西”[48]。在物种灭绝导致生物多样性的减少议题上，普罗米修斯主义者再次予以了否认，他们认为缺乏可靠的数据证明大规模的灭绝是由人类活动引起的，比如采伐森林。[49]

那么，普罗米修斯主义者凭借的是什么呢？朱利安·西蒙认为，他和生存主义者的区别是，他的论点基于证据，而生存主义者则依赖于理论。[50]但是，普罗米修斯主义者的论点不仅依赖于人类创造性的理论，而且依赖于自然的富裕理论。它所必需的理论前提是，自然充满了否定性的反馈机制，可以校正人类的滥用(否定性的反馈一般是好的，它指的是系统内的自我校正活动，它能够使陷入紊乱的系统恢复到平衡状态)。因此，当西蒙讨论生物多样性时，他提到了自然既经常产生物种也会灭绝它

们的事实。[51]生存主义者回击说，由于环境破坏引起的物种灭绝速度已大大超过了自然能够产生物种的速度；这是数十年和千年之间的区别。维尔达夫斯基在他对全球变暖的讨论中，间接提到了生态系统中的这种反馈机制[52]，但这是普罗米修斯主义文献极少承认的。但是，普罗米修斯主义的立场要想立得住，这种反馈机制必须有足够大的能力来校正人类的陋习。简言之，这里需要的是一个无限宽容的自然。我在前面曾提到，西蒙轻蔑地提到圣诞老人的丰饶。然而，普罗米修斯主义话语所需要的自然要比圣诞老人更慷慨，因为圣诞老人仅仅带来了木炭而且没有礼物给那些行为不端的孩子。对于普罗米修斯主义者——更确切地说是普罗米修斯—丰饶主义者而言，自然将给我们带来好的东西，而且尤其是当我们行为不端时。

那么，谁是正确的？是生存主义者还是普罗米修斯主义者？究竟有没有极限呢？生存主义者的世界是由有着固定资源储存的有限生态系统组成的，人口爆炸和经济增长威胁着要超出这些系统的极限。而在普罗米修斯主义者的世界中，自然是不存在的，它只是人类通过应用能源与技术来满足其利益的物质性来源(尽管一个无限宽容的自然最终还会出来拯救否则将会不完整的普罗米修斯主义的世界观)。普罗米修斯主义者看到的是一种通向美好未来的良性趋势，而生存主义者看到的却是一种最终趋向崩溃的日益迫近的界限。

就目前的证据而言，普罗米修斯主义者明显是胜利者。现在，就像我们看到的，普罗米修斯主义者在展现他们的统计数据时也不再总是谨小慎微。鉴于环境事务中的复杂性和相互依存性，这个地方的某一指标的改进可能掩盖了其他地方的另一指标的恶化。这就是所谓转移的现象。[53]例如，当一个国家出口其有毒废弃物或者污染产业时，转移就会发生。发达国家更干净的环境——依此我们有更多和更好的数字来组合各种趋势，部分是通过将工厂转移到标准比较宽松的发展中国家而实现的。不仅如此，还可以发生空间性转移，比如当煤电厂建造高的烟囱减少了当地的污染但却导致别处的酸雨时——这是二氧化硫在大气中滞留时间更长的结果。此外，转移还能穿越媒介发生。比如，当水污染通过截取排水、烘干和燃烧加以解决，或者将其处理为有毒淤泥时。普罗米修斯主义的统计数据，只能在意指全球趋势时才可相信。即使在那里，我们也必须保持一定的谨慎——例如，全球农产品的增长也许是以土地的长期生产力为代价取得的(通过过度使用化肥和杀虫剂或者加速土壤侵蚀的耕种技术)。这个例子表明，转移也能够跨越时间发生。普罗米修斯主义者无视这个议题(或者，像隆伯格那样试图通过嘲笑转移的一个不恰当例子来反驳它)。[54]这些人对环境趋势统计指标的准确性和说服力的自信，表明了他们拒绝承认生态事务的复杂性和不确定性。

尽管存在着上述缺陷，在自然资源价格、农产品以及人均寿命的长期全球趋势方面，普罗米修斯主义者列举图表上的大多数线条的确在指向良性的方向。因而，生存主义者选择全球趋势的走向议题来与普罗米修斯主义者进行抗争，是犯了一个战术性的错误。许多生存主义者所犯的正是这种错误，并且以自取其辱而告终(或者像在保罗·埃尔利希的例子中，损失了皮夹中的1000美元)。精明的生存主义者应该只坚持这样一个事实，那就是在过去持续的一个趋势并不能保证它在未来也能持续。一辆正在加速撞到一堵墙上的汽车的驾驶员会说，“到目前为止一切顺利”，但这并不意味着前面那堵墙不存在。生存主义者已经提供了所有可能的关于墙存在的论证——尽管他们并不能够证明这些墙的存在，更不能确切地说明这些墙在车前面多远。不过，生存主义者编造的那些令人恐慌的故事并没有带来多大帮助，反而给普罗米修斯主义者提供了所乐于批评的对象。这方面的虚假警告包括20世纪70年代全球变冷和石油或某种矿物即将枯竭的预测。

解决这个争议的方法也许是对照对下面两个问题的回答。首先，如果我们认为普罗米修斯主义者说的是对的，而生存主义者是错的，结果将会怎样？其次，如果我们相信生存主义者的话是对的，而普罗米修斯主义者是错的，结果又会怎样？

作为这种对普罗米修斯主义话语分析的脚注，在与极限和生存无关的方向上，我们也许可以发现普罗米修斯主义者在环境一边。朱利安·西蒙说他喜欢户外，特别喜欢观察鸟类生活，并且高兴地回忆了他在当少年观察员时获得的自然研究特长徽章。[55]亚伦·维尔达夫斯基将其对环境风险的普罗米修斯揭示归结为如下问题，“在我看来，环境主义是什么呢？对自然的敬重，对所有生命的敬重。人类与所有生物的关系都存在道德问题”[56]。鉴于普罗米修斯主义话语中较少审美内容，我们完全可以把普罗米修斯主义称为审美的环境主义。把审美放在一边，如果普罗米修斯主义是正确的，那么环境关切的所有其他话语就是无关紧要的和多余的。

【注释】

[1] Julian Simon, *The Ultimate Resource*, Princeton, NJ: Princeton University, 1981, p. 41.

[2] Kerry V. Smith(ed.), *Scarcity and Growth Reconsidered*, Baltimore, Md.: Johns Hopkins University Press, 1979; Jerry Taylor, "The growing abundance of natural resources," in David Boaz and Edward H. Crane(eds.), *Market Liberalism: A Paradigm for the 21st Century*, Washington, DC: Cato Institute, 1993, pp. 363-378.

[3] Wilfred Beckerman, *In Deference of Economic Growth*, London: Cape, 1974.

[4] Wilfred Beckerman, *A Poverty of Reason: Sustainable Development and Economic Growth*, Oakland, CA: The Independent Institute, 2000.

[5] Patrick J. Michael, "Global warming: Facts vs. the popular vision," in David Boaz and Edward H. Crane (eds.), *Market Liberalism: A Paradigm for the 21st Century*, pp. 341-362.

[6] Norman Myers and Julian Simon, *Scarcity or Ambulance: A Debate on the Environment*, New York: Norton, 1994, pp. 20-21; Julian Simon, *The Ultimate Resource* 2, Princeton, NJ: Princeton University Press, 1996, pp. 33-36.

[7] John U. Nef, "An early energy crisis and its consequences," *Scientific American*, 237(1977), pp. 140-151.

[8] Stanley W. Jevons, *The Coal Question*, London: Macmillan, 1865.

[9] Julian Simon and Herman Kahn(eds.), *The Resourceful Earth: A Response to Global* 2000, New York: Basil Blackwell, 1984.

[10] Julian Simon, *The Ultimate Resource*.

[11] Wilfred Beckerman, *Small Is Stupid: Blowing the Whistle on the Greens*, London: Duckworth, 1995.

[12] Greg Easterbrook, *A Movement on the Earth: The Coming Age of Environ-*

mental Optimism，New York：Penguin，1995.

[13] Robert L. Bradley，*Climate Alarmism Reconsidered*，London：Institute of Economic Affairs，2003.

[14] Julian Simon and Herman Kahn(eds.)，*The Resourceful Earth*：*A Response to Global* 2000，p. 8.

[15] 有关内容更新参见 www. anti-lomborg. com，而隆伯格对评论者的回应参见 www. lomborg. com。

[16] Tom Burke，*Ten Pinches of Salt*：*A Reply to Bjorn Lomborg*，London：Green Alliance，2001.

[17] Bjorn Lomborg，*The Skeptical Environmentalist*：*Measuring the Real State of the World*，Cambridge：Cambridge University Press，2001，p. 4.

[18] 参见 2003 年 1 月 9 日《卫报》。

[19] Julian Simon，*The Ultimate Resource*，p. 40.

[20] Jerry Taylor，"The growing abundance of natural resources，" in David Boaz and Edward H. Crane(eds.)，*Market Liberalism*：*A Paradigm for the 21st Century*，p. 378.

[21] Norman Myers and Julian Simon，*Scarcity or Ambulance*：*A Debate on the Environment*，p. 100n.

[22] Martin W. Lewis，*Green Delusions*：*An Environmentalist Critique of Radical Environmentalism*，Durham，NC：Duke University Press，1992，p. 184.

[23] Wilfred Beckerman，*Small Is Stupid*：*Blowing the Whistle on the Greens*，pp. 25-26.

[24] Bjorn Lomborg，*The Skeptical Environmentalist*：*Measuring the Real State of the World*，p. 33.

[25] Julian Simon and Herman Kahn(eds.)，*The Resourceful Earth*：*A Response to Global* 2000，p. 45.

[26] Bjorn Lomborg，"The truth about the environment，" *The Economist*，360 (2001)，p. 63.

[27] E. F. Mupphy，*Governing Nature*，Chicago，Ill.：Quadrangle Books，1967.

[28] Bernard L. Cohen，"Statement of dissent，" in Julian L. Simmon and Herman Kahn(eds.)，*The Resourceful Earth*：*A Response to Global* 2000，p. 566.

[29] Julian Simon，*The Ultimate Resource*，pp. 162-163.

[30] Julian Simon, *The Ultimate Resource* 2, p. 589.

[31] Thomas Homer-Dixon, *The Ingenuity Gap*: *Can We Solve the Problems of the Future?*, Toronto: Knopf, 2000.

[32] Greg Easterbrook, *A Movement on the Earth*: *The Coming Age of Environmental Optimism*, New York: Penguin, 1995.

[33] Wilfred Beckerman, *Small Is Stupid*: *Blowing the Whistle on the Greens*, p. 63, pp. 173-174.

[34] Bjorn Lomborg, "The truth about the environment," *The Economist*, 360 (2001), p. 63.

[35] Bjorn Lomborg, *The Skeptical Environmentalist*: *Measuring the Real State of the World*, p. 6.

[36] Norman J. Vig and Michael E. Kraft, *Environmental Policy in the 1980s*: *Reagan's New Agenda*, Washington, DC: Congressional Quarterly Press, 1984.

[37] Mark Dowie, *Losing Ground*: *American Environmentalism at the Close of the Twentieth Century*, Cambridge, Mass.: MIT Press, 1995, p. 97.

[38] Lynton K. Caldwell, "The world environment: Reversing US policy commitments," in Norman J. Vig and Michael E. Kraft(eds.), *Environmental Policy in the 1980s*: *Reagan's New Agenda*, pp. 319-338.

[39] 感谢格里·麦吉(Gerry Mackie)对此的描述。

[40] Julian Simon and Herman Kahn(eds.), *The Resourceful Earth*: *A Response to Global* 2000.

[41] Lestie Paul Thiele, *Environmentalism for a New Millennium*: *The Challenge of Coevolution*, New York: Oxford University Press, 1999, pp. 203-209.

[42] Paul Wapner, "World summit on sustainable development: Toward a post-Jo'burg environmentalism," *Global Environmental Politics*, 3/1(2003), pp. 1-10, p. 7.

[43] Environment 2004, *The Bush Environmental Record*: *An Unprecedented Assault on America's Health and Heritage*, Washington, DC: Environment, 2004.

[44] 参见 2004 年 4 月 4 日《观察家报》。

[45] Wilfred Beckerman, *Small Is Stupid*: *Blowing the Whistle on the Greens*, pp. 79-87; Patrick J. Michaels, "Global warming: Facts vs. the popular vision," in David Boaz and Edward H. Crane(eds.), *Market Liberalism*: *A Paradigm for the 21st Century*, Washington, DC: Cato Institute, 1993, pp. 341-362; Matt Ridley,

Down to Earth: *A Contrarian View of Environmental Problems*, London: Institute of Economic Affairs, 1995, pp. 21-24; Robert L. Bradley, *Climate Alarmism Reconsidered*, London: Institute of Economic Affairs, 2003.

[46] Robert Bradley, *Climate Alarmism Reconsidered*.

[47] Aaron Wildyavsky, *But Is It True? A Citizen's Guide to Environmental Health and Safety Issues*, Cambridge, Mass.: Harvard University Press, 1995, p. 447.

[48] Norman Myers and Julian Simon, *Scarcity or Ambulance*: *A Debate on the Environment*, XVI.

[49] Norman Myers and Julian Simon, *Scarcity or Ambulance*: *A Debate on the Environment*, p. 40; Bjorn Lomborg, *The Skeptical Environmentalist*: *Measuring the Real State of the World*, p. 255.

[50] Myers Norman and Julian Simon, *Scarcity or Ambulance*: *A Debate on the Environment*, p. 148.

[51] Julian Simon and Herman Kahn(eds.), *The Resourceful Earth*: *A Response to Global* 2000, p. 23.

[52] Aaron Wildyavsky, *But Is It True? A Citizen's Guide to Environmental Health and Safety Issues*.

[53] John S. Dryzek, *Rational Ecology*: *Environment and Political Economy*, New York: Basil Blackwell, 1987.

[54] Bjorn Lomborg, *The Skeptical Environmentalist*: *Measuring the Real State of the World*, p. 11.

[55] Julian Simon, *The Ultimate Resource* 2.

[56] Aaron Wildyavsky, *But Is It True? A Citizen's Guide to Environmental Health and Safety Issues*, p. 447.

第三部分

解决环境问题

第二部分论述的生存主义者与普罗米修斯主义者的冲突富于戏剧性，而且双方赌注巨大——不亚于地球的命运。然而，如果要寻求直接源于这些话语的制度、政策和实践方面的某种变革，我们常常会感到失望。普罗米修斯主义者会说，关键在于没有什么东西需要变革，尽管他们希望看到一系列公共政策制度被废除，包括一些相当剧烈的变化。在实践中，我们看到的是更有限的环境背景下的政策回应。政府并未致力于严厉的人口控制或者寻求结束经济的增长；相反，它们向环境说客敞开了大门，通过了保存资源或减轻污染的法律，并且建立了执行这些法律的机构。

接下来，我将转向一种较少启示性的话语，该话语在社会特别是政府鉴别与克服环境难题的方式上带来了显著的影响。关于解决环境问题的话语承认生态难题的存在，但它把这些问题视为在工业社会的基本政治经济框架下是可以解决的。它的基本故事情节在于问题的解决而非英雄般的争斗。人类与环境的相互作用产生了一系列难题（但并不是一个像超越极限那样威胁着社会本身存在的大难题），而人类的问题解决谋略可以克服这些难题。这种话语的不同形式显示了对于如何最好地组织解决问题的不同观念，特别是当社会难题需要大量个体的协作时。协调这些努力的三种主要方式是通过行政系统、民主政治和市场。与这三种协调机制相对应的是在第4～6章讨论的三种话语：行政理性主义、民主实用主义和经济理性主义。然而，无论这三种话语的支持者彼此间的差异有多大，它们解决问题的基本思路还是一致的；而且，它们与生存主义者、普罗米修斯主义者、可持续发展者和绿色激进分子的区别是显著的。在这三者之中，我首先讨论行政理性主义，因为它体现了环境危机初现时主导性的政府回应。不久，民主实用主义呈现为对环境行政管理的矫正。而在政治生活的各个方面，经济理性主义都确立了其优势地位，并创造着从行政管理部门和自由民主管治中所发现问题的替代方案和补救措施。

第四章　交给专家:行政理性主义

环境议题是典型的复杂体系。它们还涉及到长期以来作为自然科学家(以及公众健康工程师)研究对象的系统。所以,当这些议题在20世纪60年代变得显著的时候,它们可以与一种公共政策传统相结合,这种传统赋予受到行政结构制约的科学专长以重要地位。科学、专业化管理机构和官僚制结构间的这种连结关系,已经被运用于多种政策环境中:国防与国家安全计划、公众健康工程与保健服务、农业和自然资源管理。行政理性主义可以界定为一种"解决问题"话语,该话语强调专家而不是公民或生产者/消费者在社会问题解决中的角色,也强调等级制而非平等或竞争的社会关系的作用。作为一种制度风格,行政理性主义在某些政治体制中比在其他的政治体制中显得更强有力。具体地说,它在法国和德国非常强势,在英国要稍微弱一些(在英国它受到流行于高级职员之中的通才文化的影响),在美国它显得有些支离破碎,但仍然起着举足轻重的作用。

当环境议题上升到政治议程的显著位置时,它们向这种传统的渗透并没有经过计划或相对于其他替代性选择的辩论(比如在其他章节中提到的不同话语所产生的替代性选择)。这被理所当然地认为是应对环境议题应该采取的方式。所以,从一开始就对环境难题作出了制度性和政策性的回应,而且这一点无论是在内容上还是在时间上在发达国家中都有着明显的相似。[1]如果人们试图寻找大多数其他环境话语的本质,那么将会在理论家和活动家的著述和演说中找到。但对于行政理性主义来讲,这种本质只能通过观察政策、制度和方法的创制过程中的现实实践加以获得。行政理性主义也有自己的理论家,但他们往往出现得有些滞后,因为他们考虑的是如何巩固或者强化已经取得的环境成就。在本章的后半部分，我们将会看到一些属于这一类的理论家，但首先还是让我们从考察实践、政策和制度开始。

1. 行政理性主义的手段

行政理性主义主要体现在下面这些制度和实践中。

1.1 专业性资源管理机构

“自然资源管理”在很多地方比“环境政策”更久远，特别是对于拥有丰富资源和资源部门经济活动占重要地位的政府，尤其是美国、加拿大和澳大利亚。最早的专业性资源管理官僚机构出现在美国，是始于20世纪初的资源保护运动的遗产。[2]该运动被注入了某些关于保护生态学的德国观念，而这是由它曾在德国学习过的关键人物吉福德·平肖实现的。该运动的主要观点是，上天赐予美国的丰富的自然资源正在被恣意浪费，所以需要在政府所有制基础上进行更为科学的管理，以便更有效地利用资源。该运动没有关注荒野保护、环境美观或是减轻污染，而仅仅是寻求从森林、水域等可再生资源中达到最大的稳定生产量。资源保护运动在华盛顿特区取得了优势地位，吉福德·平肖为西奥多·罗斯福总统的行政当局提供了指导。该运动主要的组织遗产是美国林务局，它曾被平肖重组，隶属于农业部。事实证明，林务局基于科学原则而不是政治私利的专业资源管理的特质，很难经受住来自木材工业的持续的政治压力。如今，美国林务局的职能主要在于服务工业——例如，通过以公共支出修建通往国家森林的伐木运输道路，向工业提供巨额的公共补贴。这种福利式伐木恐怕会让在地下的吉福德·平肖都感到不安。

之后，20世纪30年代富兰克林·罗斯福总统的新政带来了多个联邦资源管理机构的建立，比较有名的有民间资源保护队(CCC)、田纳西流域管理局(TVA)和土壤保护局(SCS)。为了创立一个自信的总统形象，这些机构被故意设置得可以摆脱国会的影响，并给予专业管理者更多的活动空间，而不必担心来自政治的监控。布鲁斯·阿克曼(Bruce Ackerman)和威廉·哈斯勒(William Hassler)依据“对专长的确认”(af-

firmation of expertise)设立了一个新政机构，它因而能够摆脱政治控制与司法监督。[3]如今，美国联邦政府是一系列专业性资源管理机构的庇护所，比如美国土地管理局(BLM)、渔业与野生生物局(FWS)、国家公园管理局(NPS)、国家海洋与大气管理局(NOAA)、美国地质局(USGS)。以上机构哪个都不是摆脱了政治影响的科学管理的典范——特别是资源消耗工业的影响，无论是采矿者、伐木者、石油公司、农场主还是渔业主。但是，所有这些机构的运作都至少遵循着一种行政理性主义的公意原则，无论它们在实践中如何经常被违犯。所有这些机构都雇用那些具备相关科学和专业特长的人，他们中的大部分都明白合理的资源管理是他们所从事的工作。

1.2　污染控制机构

并非每一个国家都有庞大的自然资源财产。但是，每个国家都在遭受污染的痛苦，所以几乎每个国家都拥有一个污染控制机构。许多亚国家层面的政府单位，比如州、省和市，也拥有这种机构；它们甚至出现在了国际层面上(比如联合国环境规划署，它曾经促成了区域性海洋污染控制协定的达成)。

最早的这种机构是1864年创立的英国的碱督察处(Alkali Inspectorate)，它是1987年成立的、作为国家环境部组成部分的污染监察署的起源之一。这个督察处后来被合并到包含范围更广的环境局。1987年机构重组的实现来得有些缓慢，因为大多数发达国家在20世纪70年代初就成立了这样一个环境机构。荷兰于1971年成立了公共与环境卫生部(DPHEH)，美国于1970年建立了美国环境保护署(EPA)，德国在1969年由内务部实施反污染政策，后来这一职责又转给一个独立的机构。这些机构一般被委以执行法律的责任。污染控制立法过程中的里程碑是1956年英国制定的《空气清洁法》(作为对1952年12月的伦敦“杀人雾”的应对而获通过)。

美国环境保护署有时被认为是典型的反污染机构，但实际上它因为其专业行动自由被严重抑制而有些异常。在1970年创立了环境保护署的那些国会成员非常清楚，这些机构本来是为了规制工业而设立，但它们后来却被这些工业俘获了，比如货运工业操纵了州际商务委员会(ICC)，食品工业操纵了食品与药品管理局(FDA)。为了防止这种俘获，国会专门制定了一系列法律(比如《空气清洁法》、《水污染控制法》和《有毒物质管理法》)，详细说明环境保护署应当从事的工作，同时对减少污染设置了明确的目标和期限，并规定了达到目的的方法。当国会领导人察觉到里根政府想要撤销环境保护署及其使命时，这种微观的管理在20世纪80年代得到了强化。[4]其他国家中类似环境保护署的机构，在设定标准和最终期限以及明确规定针对特殊案例使用的方法上，拥有更多的行动权限。

专业性资源管理机构和规制性污染控制机构，将其权威建立在它们所动员的相关科学和专业的专家意见基础之上。因此，它们的权威性遭到了保守派和后现代主义者的攻击。后两者认为，科学的中立是不可能的，所有的科学都被意识形态染上了颜色。小乔治·布什政府中科学的政治化，受到由"有责任心科学家联盟"(UCS)2004年报告的批评，文章的标题是《政策制定中的科学完整性：对布什政府滥用科学的调查》。这种政治化包括将顾问委员会中的科学家替换为赞成工业化的人士，有选择地发布一些关于反污染立法的科学研究成果，以此来抵制不利于工业界的提案，并且压制环境保护署出版物中关于全球变暖问题的讨论。

1.3 规制性政策工具

无论是作为立法问题(像美国的环境保护署)，还是由机构来自主选择，在所有发达国家中，污染控制中最流行的政策工具是规制。[5]规制主要是通过有关机构来规定特定污染物的最高排放标准，如果不能达到这些标准的话，排污者将被惩罚(通常是罚款)。规制者也可以详细说明为了净化排放物而必须安装的器具类型(如汽车尾气的催化转换器，或者燃煤发电厂的洗涤设施)、可使用原料的类型(如无铅汽油或低硫煤)、必须遵循的制度做法(如巡查和安全检查)。通常情况下，规制从性质上讲属于"末端"(end of pipe)管理——也就是说，规制者不会为达到减少排放有毒废物的目的而干预生产过程的变化；相反，他们关注的焦点是减少排到环境中废物的量。

即使是在美国，这种类型的规制所必需的也仍然是规制者的实质性

行动自由。那就是说，各国实施规制的方式是各种各样的。在美国，规制以对抗的形式开展，双方均通过律师提出诉讼以求更为严格或较不严格的污染标准。许多结果是在法庭上确定的：排污者控告环境保护署在执行法律时过分严格或者其武断行动违反了美国宪法；环境主义者则控告环境保护署没有充分执行法律；环境保护署控告排污者没有遵守法律；企业控告个人犯了诽谤罪，即所谓阻止公众参与的诉讼策略(SLAPP)。在美国，法庭对立法的解释是决定性的，并且实际上行政理性主义是被这种墨守成规的、对抗性质的背景严重抑制的。

在行政理性主义自由度较大的那些国家，情况有很大不同。在英国，行政理性主义长期以来就主导着环境政策，规章通过政府官员与排污者之间的磋商而达成。[6]英国的污染治理与环境质量看起来并不比美国的差。[7]英国的规制并不是简单的政治谈判，所有当事人至少从原则上要认同科学专家对于裁定争论意见的权威。在一些诉讼中，一个科学团体通常会被指派作出裁定——皇家学会在20世纪80年代的英国酸雨政策中扮演了这样的角色，从而有效地对争论作出了公断。[8]英国的污染控制话语规定，在科学未证实被造成的危害之前，政府不能采取任何规制行动。正如英国环境大臣威廉·沃尔格瑞夫(William Waldegrave)在1987年指出的："如果我们要理性地确定优先性的话，在一个理应以科学为基础的领域里，就必须接受各种检验以验证其科学性。"[9]这与在德国和荷兰应用的"预防原则"(precautionary principle)正好相反，德国和荷兰认为，科学的不确定性不应成为延缓行动的正当理由(参见第8章)。

1.4 环境影响评价

环境影响评价指政府部门(在某些情况下还包括私人开发商)对某些可能引起环境损害的项目应进行系统评价，比如机场、矿井、购物中心、对石油或矿产或木材租约的销售、高速公路或者管道。一般说来，只有那些预期具有重大环境影响的项目才会被涵盖。这样做的意图，是使开发者在核算项目的环境影响时，充分考虑环境价值和科学方法。1970年通过的美国《国家环境政策法》(NEPA)是创建这种机制的一个里程碑，但美国再次被证明有些异常。美国已经形成了大量的环境影响评价报告，其中最有名的也许是直接贯彻《国家环境政策法》内容、为纵贯阿拉斯加输油管道而准备的两个。第一个报告只有几页纸长；在被法庭判定为不充分后，第二个报告准备了好几卷，足以覆盖好几英尺的书架（具有讽刺意味的是，由于1973年石油输出国组织石油禁运引起的能源危机所造成的压力，国会最终竟然豁免了该管道遵守《国家环境政策法》的义务）。在决定美国法律实质上意味着什么中，法庭再次发挥了巨大的作用。就《国家环境政策法》而言，法庭的解释是必须事先准备一份影响评价报告，但它在政策制定时并不一定真正用得到。因此，美国的环境影响论证变成了冗长且难以理解的文件，被精心设计来防止有关机构指控建设项目没有严肃考虑环境因素。对于项目建议，环境主义者和社区反对者只能以环境影响论证的充分性为基础提出诉讼，而不能以开发机构的实际情况为基础。在美国的环境影响过程是否真地改进了政策制定的问题上，观察家们存在着分歧。甚至主要负责《国家环境政策法》制定的林顿·考德威尔(Lynton Caldwell)也不能断定该法案是否产生了预期的影响。[10]

环境影响评价制度很快扩展到了加拿大、澳大利亚、德国、法国和其他地方。英国再次被证明行动迟缓，它只是1985年在欧共体的要求下，才接受了环境影响评价。在上述其他国家，环境影响评价中行政理性主义的进展并没有像美国那样受到较多法律上和政治上限制的羁绊。当然，事情也并不总是一帆风顺。比如，在澳大利亚的墨尔本，维多利亚州政府例行公事地豁免了对规模最大且最具争议的一些项目进行评价。在20世纪90年代中期，这类项目包括位于城中公园的汽车大奖赛赛道、城市中心的高速公路网络和世界上最大的娱乐场等的建设。

环境影响评价，即使在它能够摆脱法律的束缚时，也不是纯粹的行政理性主义。因为，这个过程一般也要求公众对环境影响论证进行评论和参与政策制定过程。对于民主实用主义来讲，环境影响评价的后一个方面更容易被参与，这将在下一章中进行讨论。

1.5 专家顾问委员会

美国在创建专家委员会方面也处于领先地位，这些委员会的责任是为环境事务提供意见。1970年设立的总统环境质量委员会(CEQ)就是

《国家环境政策法》的一部分。该委员会的定位一直不是太明确的(除了为基于《国家环境政策法》的环境影响评价过程提供评论外),其角色随着不同的总统任期在发生着实质性的变化。在20世纪80年代,它基本上陷于废弃状态。或许,环境质量委员会应作为既存的经济顾问委员会(CEA)的平衡物存在,经济顾问委员会建立的时间更长,也更具有影响。二者都是直接向总统报告,但环境质量委员会从未拥有经济顾问委员会那样的名望。1993年,克林顿总统将环境质量委员会合并到了白宫环境政策办公室(OEP),这看上去像是升格,但实际上并没有必要。这种安排在小乔治·布什总统时期仍在持续,尽管环境质量委员会/白宫环境政策办公室的形象一直在减弱。具有讽刺意味的是,同样的机构比如1972年德国模仿美国环境质量委员会建立的环境专家委员会(CEE),却在政策制定方面获得了重要得多的地位。

英国向来有着遵从科学专家意见的传统,对于专家顾问机构也是如此。在这些机构实体中,最有名的是建立于1971年的英国皇家环境污染委员会(RCEP)。它的职责范围要比美国的环境质量委员会窄,但它的政策角色却更加重要。另外,皇家学会时常被邀请在政策制定中扮演关键性角色。这绝不意味着,英国的环境政策是由未受政治侵蚀的行政理性主义制定的,因为科学是被期望与当权者的政策优先性相一致的。鉴于这些优先性的任意一个都需要在采取实质行动前开展大量科学研究,这样就不难找到遵从政府建议的科学家了。

1.6　理性主义的政策分析技术

使行政理性主义合法的专门技术,大多以环境科学与工程的形式出现。相关的学科包括林学、海洋学、气象学、生态学、水文学、地质学、渔业生态学、生物化学和毒物学。但是,行政理性主义也包括多用途的政策分析技术的应用,它们中的大部分适合于确定给定条件下的最优政策。这些技术的很大部分是在同一环境的背景下发展起来的,其中运用最广泛的是成本—收益分析和风险分析。第2章关于生存主义的讨论中提到的计算机模型,就属于行政理性主义,只不过它仅在较小范围中应用。其他可用的技术,包括技术评价、决策分析和各种预测模型。成本—收益分析既能为政策或项目的选择提供前瞻性信息，又能对已有政策进行回顾性评价。

前瞻性成本—收益分析包括以下步骤：

* 确定政策的备选项（如果仅有一个选项，这一程序仍然有效，将其与“什么都不做”相比较）。

* 对每个选项，列出值得期望的影响（收益）和不愿意看到的影响（成本）。

* 赋予所有成本与收益以货币价值，如果该项目没有市场价值，就使用“影子定价”（shadow pricing）。

* 使用贴现率将未来发生的所有成本和收益折算成现值。[11]

* 合计货币成本与收益，给出所有选项的净收益。

* 选择净收益最高的选项（如果这个值为正）。

成本—收益分析的实质是影子定价。显然，某些项目更容易计算出货币成本。比如，如果是对建造一个大坝进行分析，那么，建造成本可以很容易地以美元进行核算。同样地，大坝产生电量的收益与建造成本的情况相类似。但是，其他的项目就有些复杂了。如何以货币形式计算河流自由流淌所损失的价值？或者即将建造的人工湖对于休闲使用者所产生的收益？一些影子定价技术可以扩展后运用。对一个消失的环境（例如一个被淹没的河谷）的估价可以通过调查和询问个人以下问题来进行，即他们获得多大补偿后才不会感到比从前的状况更差。作为替代，也可以询问他们愿意为保护被淹河谷付出多少。或者，可以观察与计算个人花费多少时间和金钱去被淹没河谷进行休闲活动，以确定个人前往被淹河谷方面的实际支出。计算拯救的生命还有很多的争议。在 2003 年美国环境保护署进行的对小乔治·布什政府《清洁天空创议》的成本—收益分析中，意味着贬低老年人价值的“老年人折扣”（senior discount）的使用，导致了一场政治风暴。[12]

成本—收益分析始于 20 世纪 50 年代美国大坝的选址和建设。主要发起人是美国陆军工程兵团（ACE）和美国垦务局（BR）。比较有名的一个成本—收益分析的案例，是 20 世纪 60 年代后期由英国罗斯基尔委员会（Roskill Commission）完成的，分析的对象是伦敦的第三大机场选址。

罗斯基尔委员会支持在白金汉郡的威英村(Wing),该结果是对多个选择进行成本—收益分析后得出的。在该委员会对每一个选择的成本和收益进行货币化的努力中,它为反对者提供了足够的弹药。比如,对于一个要被拆毁的有数百年历史教堂的定价,是由做礼拜者增加的旅途时间来确定的,因为那样的话他们将不得不去更远距离的教堂(这一支持威英的方案没有被政府接受)。

随着1981年里根总统的第12291号总统令的颁布,成本—效益分析的地位获得了较大提升。该命令规定所有重要的联邦规章,包括环境规章,必须符合由一个管理与预算办公室掌管的成本—收益分析。相对于行政理性主义,该命令更多地是出于右翼的意识形态,其想法是使成本—收益分析成为里根政府打击干预性政府的工具,从而使企业从有损其营利性的规章中解脱出来。克林顿政府重申了成本—收益分析在规制中的应用。在小乔治·布什当局中,管理与预算办公室下的信息与监管事务办公室,负责监督环境保护署和其他机构使用成本—收益分析。[13]

成本—收益分析是大量文献分析的主题,既可以针对如何去做的方式而具有技术性[14],也可以针对为何从未去做而具有批判性[15]。从话语分析者的观点来看,成本—收益分析积累的主要影响在于使得这样一种观点显得更加合理:公共政策是技术性的、专家选择的事情,而不是非专家比如被选举的官员具有正当发言权的问题,更不用说更广泛的公众。这也就是为什么,与经济理性主义相比,成本—收益分析更多地存在于行政理性主义的话语中。因为,这种市场技术运用仅仅是为了提供成本和收益的资产负债表的价格。一旦这些价格被输入,专家引导的政府行为便处于中心地位。因此,成本—收益分析对政府官员使福利最大化的品性有着固有的信任,而这是经济理性主义所缺乏的,后者相反,它希望只要有可能就应用市场机制。

风险分析包含了一组程序和技术,以确定来自危险环境的潜在危害,比如吸收污染、住在核电厂的下风处、由于同温层臭氧减少而遭受过多的紫外线照射。有时,勾画一条剂量—反应曲线,以显示处在某种危害之中的生命和健康的变化趋势是可能的。危险评估中主要的信息来源,是动物研究和流行病学。人们进行动物研究是基于这样一个假设,即动物受到高剂量污染下的状况可以带来人类受到较低剂量伤害下的信息（比如癌变率）。流行病学是对长期暴露在某种风险状态下（例如空气中悬浮微粒的数量）的人口群体与特定形式死亡与疾病（比如肺癌）的相关性进行的统计分析。两种方法都是非常愚钝的。正如威尔达夫斯基所说，“对于一个灾难的完备定义，是它的影响必须足够大以至于流行病学研究也可以观察得到”[16]。因而不必奇怪，活动分子对于来自附近邻里的有毒垃圾场的卫生危害、来自输电线的电磁辐射和来自除草喷雾剂的影响的权利要求，没有得到准许。由于这些情况下的病例数量一般比较少，所以往往不能满足流行病研究中的统计重要性的要求而进行种群层面的分析；但这并不意味着，这些活动分子是错误的。[17]马克·奥布莱恩（Mark O'Brien）指出，风险评估的一个要害是无视选择性，例如，考察一个有毒物质焚化装置的风险会在实践中导致忽视为什么有毒物质能够产生这一问题。[18]另外，风险评估并不擅长应对多种环境危害的相互影响。

风险分析还涉及对普通人观念的研究。科学证据表明，无一例外的是，人们会毫无道理地高估来自环境风险的潜在危害，比如在附近的有毒物质垃圾场[19]，并且采取与该风险非常不相称的行动。考虑到动物研究和流行病学都是不灵敏的工具，公众的怀疑主义和危言耸听就会变得有些可以理解。还有，鉴于风险分析在环境话语中的地位，它的政治功能是很明确的：真正风险的评估是专家们的事情，而普通公众往往会产生误解。

许多研究风险的心理学家对公众的怀疑主义给予了更多的证据。比如，可以通过区分两种风险来解释公众的怀疑主义：有的风险是自愿发生的，比如驾驶汽车；但有的风险是无心招致的，比如接触附近工厂的浓烟。人们对于他们自愿承担的风险是更加宽容的。但是，他们的确呈现出对小概率灾难事件（比如核反应堆的熔毁）较低的宽容，并且高估它们所造成的风险。

2. 行政理性主义的话语分析

行政理性主义寻求把科学和技术专家的意见组织到服务于国家的官僚制结构中，因而，它依赖于以下诸因素。

2.1 被承认或建构的基本实体

行政理性主义是一种“解决问题”的话语，并且以自由资本主义的现有构架为前提。在这个构架下，该话语具有一种强烈的政府观念。政府是行政国家，被视为统一的整体。因此，管治不是如何实现民主的问题，而是如何进行理性管理以服务于被清晰界定的公众利益，这种界定由可以获得的专家意见提供信息。管理者和专家在行政统一整体中有着明确定义的角色。

现实中最接近这种统一整体形象的例子可以在德国找到，它是政府的“司法组合主义”(legal corporatist)概念的庇护所，其中政府法律被视为国家权力的表达。在环境行政系统中，法律被建立在最好的科学的基础上。普鲁士行政管理传统将国家和社会看成一个有机的整体，所关注的是抽象法律意义上的公众利益，而不是各种利益集团的要求。反对法律落实的人可以被称为“妨碍者”或者“异类”，即使他们被排除在法律的形成过程之外。当这个政府系统在20世纪80年代开始解体的时候，其残存一直延续到新的世纪。[20]

行政理性主义对于其他环境话语涉及的许多实体并不熟悉，比如，那些使生存主义及普罗米修斯主义的批评者活跃异常的实体——像生态系统、有限的资源储备、人口和能源(至少是在普罗米修斯主义建构中是关键性角色)。人们在寻求解决行政理性主义的问题时会经常应用到这些观念，但它们并不处于中心地位。

2.2 对自然关系的假设

尽管并未明确关注人类与非人类世界之间关系的本质特征，行政理性主义的确假定自然理应服从于人类难题的解决，虽然它并不像普罗米修斯主义者那样公开而自信地赞美人类对自然的统治。

在人类社会中，行政理性主义假定存在两个相互补充的等级层次。第一个使人民服从于国家。第二个使国家等级制内部的专家和管理者处于一个适当的主导性地位，并以专家特长的重要性进行辩护。该话语在相当程度上拒绝任何形式的政治存在。

2.3 施动者与其动机

集体的和个体的行为者都被赋予行动能力。政府作为一个集体行为者是最主要的，但这并不意味着所有为国家工作的个体拥有相同的行动能力。技术专家和管理者比其他所有人有更大的能力。他们的行为动机被视为是总体上有公德心的，公共利益也以整体的形式被概念化。所以，公共利益的发现和应用本身是一个技术性过程[21]，这也是为什么比如成本—收益分析或风险评估比公众自己更了解公众利益的原因。

2.4 关键隐喻和其他修辞手法

行政理性主义在它的隐喻上远没有生存主义和普罗米修斯主义话语那么生动。毁灭与救赎并非它争论的议题，这便使得它的言辞相对温和。环境难题严肃得足以引起关注，但不足以要求社会组织的基本方式发生改变。因此，它的修辞将关切和放心结合成为一个混合体，两者均可以在问题解决努力的特殊舞台上被加以利用。所以，当某个特殊的环境危险浮出水面的时候(如学校出现的石棉、地下室里的氡、环境中的基因突变生命体)，政府官员可以抚慰人们没有理由惊慌。虽然通常将风险逐个对待，而不是将其看成工业社会严重错误的表现，但是，某些行为者也许会强调必须要采取相应的政策措施。

如果说存在一个刻画这一话语的隐喻，那么，它就是统一的和无所不知的行政大脑。正如人类的大脑一样，它作为一个整体体现在行政国家中。也像人类大脑控制着身体一样，行政大脑控制着国家。如陶格逊所说："行政大脑的意象是一个公正理性的意象，享有对普遍性福利的无可置疑的权威；这一意象所展现的是特定的知识与和善的权力的光环。"[22]

行政理性主义的话语分析见表 4.1。

表 4.1　　行政理性主义的话语分析

1. 被承认或建构的基本实体
   * 自由资本主义
   * 行政国家
   * 专家
   * 管理者
2. 对自然关系的假设
   * 自然从属于人类问题解决
   * 人民从属于国家
   * 专家和管理者掌控国家
3. 施动者与其动机
   * 专家和管理者
   * 被以整体界定的公众利益所驱动
4. 关键隐喻和其他修辞手法
   * 关切和放心的混合体
   * 行政大脑

3. 行政理性主义的辩护

此前我曾提到，寻找行政理性主义不应始于理论家的著述和行动者的宣言，而应始于对实际政策实践的考察。我曾经依据行政理性主义的六重技术界定了那种实践。这些技术形式绝大部分是制度性和政策性硬件，并有着切实的存在。作为硬件的组成部分，它们的某些形式可以被竞争性话语使用，至少可以被下两章谈到的其他"解决问题"话语使用。行政理性主义的本质可以在话语性的"软件"中被发现，这些话语性"软件"围绕着一个共同目的把六种技术形式连结在一起。作为一种"解决问题"的话语，行政理性主义将自由资本主义的政治经济现状视为理所当然。在不改变现行结构的条件下，它利用结合进官僚制系统并被公共利益所激发的科技专长来解决环境问题。根据这一特性，我们就可以更清晰地识别行政理性主义所借以辩护的基础了。

德国社会学家马克斯·韦伯宣称，官僚制是20世纪人类社会组织的超级理性形式。韦伯认为，借助官僚化组织而提高的社会理性化是不可避免的。[23]孤立的个人已无法应对社会和经济难题中渐增的复杂性，这些问题必须依靠大量人员的协作来解决。应对复杂难题的最好方法，是把难题变成较小的集合和更小的子集。每一个子集应该被安排给个人或小的群体去寻求解决方法。随后，这些部分的解决方法可以被整合成针对复杂难题的整体性解决方案。[24]显然，需要一些人把原始难题拆解成集合和子集；还需要一些人来监督应对每个集合的人们；还需要另外一些人来将各要素重新整合。所谓的“一些人”是组织化官僚制的顶端。对等级制的辩护基于对行政管理原则的熟悉程度和相关问题领域中的切实专长两个方面。问题拆解和解决方法整合的结构，也呈现了一个官僚制机构的标准组织图。

当韦伯从事著述时，环境难题还没有像今天这样被概念化。但当这些难题真的出现在议事日程上时，韦伯式的官僚机构被建立来应对它们。那么，一个反污染机构是如何被组织的呢？它一般分为应对空气污染、水污染、危险废弃物和固体垃圾的各种办公室。然后，每个这种办公室再被进一步分解，可能是基于地域，也可能是为了处理不同种类的污染物，还可能是应对不同的工业。例如，空气污染办公室可以被细化为针对“静态排放源”(烟囱)和“移动排放源”(车辆)的。针对静态排放源的单位可以被进一步分为应对发电和制造业的小单位。前者还可再被分为悬浮颗粒(烟尘)、温室气体排放(二氧化碳)和二氧化硫(酸雨)。每种类型的科学和工程专家会被安排到相应的单位或子单位。

实际上，政治因素常常会介入其中而使组织结构图产生混乱。这些因素包括当选官员、政治党派、说客有时甚至是大众的干涉。当这发生时，政策制定将会变得更加复杂和凌乱。结构改革者对此的回应往往是试图使政策制定非政治化和集权化。针对过于政治化的机构即美国环境保护署，沃尔特·罗森鲍姆(Walter Rosenbaum)推荐了四种应对方法：行政长官(环保署的首脑)的任期固定为五年或七年，这样他或她就不会被总统随意免职；政治任命者由专业的行政人员取代；设置监察长监督环保署及其雇员的职业行为；来自外部的对环保署政策制定中技术信息应用的科学评论。[25]

布鲁斯·阿克曼(Bruce Ackerman)和威廉·哈斯勒(William Hassler)对国会使环保署服从其政治微观管理的灾难性结果进行分析后[26]，也

推荐这种“绝缘化”的方式。这种微观管理的后果是导致了在国会平台上围绕政策方法展开的斗争——他们认为，方法问题理应是专家而非政治家或说客讨论的问题。他们分析的一个典型例子是1977年的《清洁天空法案修正案》，它要求所有新建的燃煤发电站安装昂贵的洗涤设施以清洁排放气体。这个提案得到了来自东部各州的高硫煤生产商和西部环境主义者的支持，而后者仅仅关注清新的空气和西部荒野较少受到侵袭。该提案的实施费用昂贵并且可能导致酸雨量的增加，因为它歧视西部的低硫煤矿。毫无疑问，没有专家机构会提出这样不合理的政策。针对环保署的悲哀，他们提出的解决方法是，让国会对这一机构的监管有着精确的目标——例如，在一定时期内达到的美国人平均寿命增加的年数。这种精确的规范可以防止该机构被工业所俘获，而这也是国会担心并因而对该机构采取微观管理的动机。一旦设定这些目标后，环保署的专业人员便可以独立地提出恰当的解决方案。

如果政治冲突不能被从环境行政部门中消除，那么，环境理性主义者所能做的次优的事情也许就是积极引导它。李凯(Kai Lee)认为，政治冲突的适当功能是使管理者可能遗漏的议题浮现出来。[27]李凯的理想是“生态系统管理”，在此由受过生态学训练的专业资源管理者看管整个生态系统。他将自己任职的为哥伦比亚盆地负责的美国西北能源计划理事会(NPPC)视为可效仿的，尽管它实际上并不是由生态主义者管理的。对于李凯来说，生态管理系统不能委托给政治家，因为他们没有学习的耐心，没有学习过程中承受失败的意愿，没有按照生物学周期而不是选举时间表运作的能力，或者观察他们选区内中长期利益的宽阔视野。但是，他承认政治冲突不能被消除，并建议通过建立替代性的争议解决论坛使之趋于淡化，人们可以通过各自的分歧而进行理性推断，而不是在对抗性的过程中浪费精力，那样只会产生僵局或是缺乏创造性的结论。不幸的是，哥伦比亚盆地的生态系统管理最终不得不面临环境主义者依据《濒危物种法》的法律挑战。

4. 危机中的行政理性主义

在那些反思行政理性主义的人群当中，真正想捍卫它的人正变得越来越少。这应部分归因于它与官僚制的联合。很难有人真正喜欢官僚机构，对它的辩护一般是基于必需而不是有吸引力的理由。尽管如此，一种话语即使没有反思的拥护者也能够坚持下去——事实上，独特性的话语正好可以因为没有人对它进行沉思而持续。不幸的是，行政理性主义遭到了反思，而且其中许多是批判性的。

尽管有些乏味和缺乏灵感，但只要它能够带来好处，行政理性主义就可以持续下去。这些好处包括更清洁的空气和水，更少的在人类环境中流通的毒素，一个环境安全的未来，不断改善的城市、郊区、乡村和荒野的审美质量，更安全的生态系统和物种。但是，行政国家依据这些标准的表现招致了质疑。这些质疑经常被置于“执行赤字”的标题下——立法与高层执行决定宣称要达到的和现实生活中实际达到的之间的一个巨大鸿沟。[28]执行赤字最初是一种德语表述。德国始终是环境政策中行政理性主义的典范，但它只是在20世纪80年代其行政系统变得开放后才成为环境领域的领导者。[29]

行政国家也许正在环境舞台中失去势头，或者正在经历努力的收益递减的过程。这或许与其他政策领域相一致，比如犯罪、公共卫生、工业发展和教育等。实现最初的收益相对比较容易，因为最早的和最可视的难题最先被处理。但一旦最初的收益已经获得，要展现任何一个尺度上的持续改进则非常困难。例如，在空气污染控制中，城市中的悬浮颗粒往往被首先应对：它们是更为可见的，并且易于通过技术调整来补救（例如使用无烟燃料）。更隐蔽的污染物如汽车尾气中的铅，要经历更长时间才能引起人们注意并得到解决——但最终是，它们以无铅汽油的形式得以解决。更复杂的、无形的和有争议的议题（例如酸雨）在现实中走向前台，但被证明更难以进行概念化，难以定义面临的难题，并且难以找到解决的方法。如查尔斯·林德布洛姆(Charles Lindblom)所说，中央集权的行政系统只有“强壮的拇指，但没有其他手指”(strong thumbs, no fingers)。[30]

那么，这些问题的根源是什么呢？首先，行政理性主义意味着基于专家意见的等级制，存在着集中于顶点的权力和知识。那些在顶点的人被认为比下一层次的人了解得更多，这样才可以安排任务和协调业务。但

是，任何复杂性的难题都会向这种中央集权提出挑战：所有人都不可能做到对一个议题的各个方面都有足够的了解，比如酸雨、全球气候变暖、臭氧层破坏或者城市空气污染物的相互混合，更不用说这些议题的社会与经济方面。这对于那些位于权力顶端的人来说也不例外。正如哲学家卡尔·波普尔（Karl Popper）和弗里德利希·冯·哈耶克（Friedrich von Hayek）所长篇论证的（虽然从未在环境难题的背景下），相关的知识总是分散和零碎的。[31]行政理性主义封闭的、层级的风格，不可能以明智的形式整合这些信息块。波普尔的解决方法是自由民主主义的平等交流，而哈耶克的是市场。波普尔的批判是尤具破坏性的，因为它植根于可效仿的问题解决行动的科学模型。对于波普尔来说，科学共同体的特点不是基于专家特长的权威，而是自由、开放、平等的批判和其他科学家对猜想的检验。就像层级制和对专家意见的顺从只能阻碍科学问题的解决一样，行政等级制及其对专家意见的顺从只能阻碍政策和政治问题的解决。

韦伯式的难题拆解和将难题块交给组织内不同单位的方法，需要以明智的形式进行。这里的主要原则是，所界定的不同子集内部的相互作用应该是丰富的，而不同子集之间的相互作用是很弱的。[32]但真正复杂的难题往往具有大量而多样性的因素和相互作用，因而明智的拆解几乎是不可能的。因为，保守性的拆解要求将这些难题间的相互作用最小化，而高度的复杂性意味着无论分解进行得多么明智，这种作用总是在发生。当这种情况发生时，难题的真正解决将会变得很少，取而代之的是难题被大量转移。[33]这种难题转移发生在一个空气污染难题被以创造另一个水污染难题的方式解决时——例如，禁止燃烧废弃物也许会导致一个公司转而向水道中释放废弃物。当企业建造高的烟囱以缓解工厂附近的空气污染时，难题转移也发生了，因为它导致排放气体降落到别处。在燃煤发电厂的例子中，二氧化硫在大气中停留时间足够长从而构成酸雨。大部分反污染机构在单一介质法案下运转，比如清洁空气和清洁水法案，这无形中促进了通过介质实现的难题转移。

这种转移难题已经被行政理性主义认识到，但很少被认真回应。美国环保署已经对污染物试验过以“群”（cluster）对待的方法，试图协调针对（比如）一个工业的不同立法法案。[34]环保署也曾尝试针对特定地理条件下污染热点的“统一性环境管理”[35]。但是，这些努力并未能超越单一介质法案所造成的分裂。

在英国，统一的污染检察署已经建立起来。这在某种程度上整合了反污染的力量，从而有利于确定不惜任何代价减少环境破坏的行动方针。但是，这个新机构仍然由单一介质单位组成，分别应对工业空气污染、“废弃物”、放射和水质。许多年来，它的水业务面临着单一介质的国家河流管理局的竞争，尽管这些竞争者最终合并到了环境部。法律上的变化允许检察署及其后继者努力以整体主义的方式运作，但进展实在过于迟缓。因此，英国所实现的政策整合是有限的。[36]

迄今为止，最有效的政策整合实例是瑞典，最初是在工厂层面上。[37]随后，瑞典通过成立由负责农业、环境、教育、劳工以及税收的部长组成的生态可持续发展代表团(DESD)，率先整合了与环境密切相关的诸多领域，而这些领域在传统上都是被分别加以对待的。但是，这种整合还残存着传统上相互分离的政府部门之间的斗争。[38]

一个有助于解释行政理性主义下“执行赤字”的更直观的理由，是对政策制定顺从的难题。这种顺从体现在两个层次上：首先，最基层官员必须遵循立法导向和他们上级的期望；第二，排污者、开发者和资源使用者必须遵从行政机构发出的指示。但是，这两种顺从都是成问题的。正如阿伯特·威尔(Albert Weale)所指出的，后一类型的顺从极少是行动者由行政官员告知如何去做并去做的；更多的情况是，顺从是经过协商而实现的。[39]所以举例来说，污染减少的程度、要达致目标的期限以及要安装设备的类型，都是可以协商的。协商的顺从对于最基层的官僚们是可以理解的，因为他们必须达成与排污者之间的工作上的理解，并且他们有充分的理由来断定应责备谁和就长期而言什么样的协商策略更有效。中央制定的政策对于最基层的官僚制所处的当地环境并不敏感。

要想知道什么政策在实践中有效，最容易在这种最基层水平做到。环境背景下的行政学习以生态系统的“适应性管理”的形式进行，它要求首先从某些面向特定生态系统的当局开始(与生物中心主义有些关联，参见第10章)。最为理想的是，这种权威的学习应当采取一种在“实践中学习”的模式，该方法是对科学实验方法的模仿并借以培养对高度不确定性的认识。“适应性管理”已经进入了美国林务局等的政策词汇，但目前还很少见到它的贯彻实施。[40]虽然它对于科学家具有吸引力，但如果那样的话，将会把那些对于适应性管理要求的长期尺度不耐心的政治家和那些对于明确承认不确定性感到不安的行政人员排挤到一边。

行政结构往往随着行政层级的上升而阻碍学习沟通。当个体行政官员沿着层级攀升的时候，其有限的时间和信息加工资源意味着很多信息会不可避免地丢失。所以，行政理性主义面临一个难以克服的难题：一个组织越是有纪律，其能够不断学习的可能就越小。[41]它学习得越多(通过建立开放的和分散的结构)，就越不容易维持行政手段中的纪律，并且会有更多的执行赤字。

5. 从统治到管治？

行政当局既可以本地化学习，又可以通过忠诚于核心目标与原则而保持协同吗？查尔斯·萨贝尔(Charles Sabel)等提出，这可以通过他们称之为“滚动的规则体制”(rolling rule regime)的调节来实现。[42]在其中，一个核心性机构负责设定准则，而遵从要通过与当地的活动分子和公司的协商来实现。核心机构对地方机构负总责，但又乐于根据地方的反馈来调整标准。萨贝尔等提及美国的例子，认为其中该方法发挥了作用，比如切萨皮克海湾(Chesapeake Bay)流域的保护和马萨诸塞州的有毒污染物管理。这种方法与“国家标准、地区解决方案”和“协作、而不是极化”的原则相一致，这些原则在2004年得到了环保署署长迈克·列维特(Mike Leavitt)的签名支持。[43]行政理性主义衰弱了。怀疑论者会说，还存在着另一种趋势即公众权威的退却，以便那些未被代表的、但又足够强大的私有利益能够在对话中取得一席之地，而这会增加原有的被工业界俘获的忧虑。

这种“滚动的规则体制”的方法，还与人们普遍寄予热情的“管治”原则相一致，而“管治”通常在公共政策中与“政府”相对立。管治被认为是分散的、非正式的和网络化的，而政府被认为是自上而下的和韦伯式的。从这个意义上说，与行政理性主义相比，管治更多地与民主实用主义相联系，这将在下章中谈到。

任何从统治到管治的整体性转变，都预示着行政理性主义的终结。但是，行政理性主义的生命力还未耗尽。戴维·沃格尔(Vogel)指出，在美国伴随着对调节者的更多信任，对成本—收益分析、风险评估和技术决定论的政策制定的运用实际上呈上升趋势。[44]他认为，行政理性主义的这种回归，来源于对过分规制行动的回应——这一回应与公众风险恐慌相联系。对有毒地点的清除和从学校转移石棉的基金计划非常昂贵，并且会增加风险(通过移动那被安全放置的危险物质)。1996年，国会修订了长期以来禁止在食物中使用一切有致癌作用的物质的德莱尼修正案(Delaney Clause)，支持采用风险—收益评估方法。沃格尔指出，当诸如疯牛病的丑闻导致公众对政府规制者的不信任并要求更多的公众参与政策制定时，欧盟正好转向相反的方向。沃格尔对美国的看法并不完全有道理，因为它意味着，当规制过度消退时，技术统治论会回归。但是，规制过度本身常常被技术地管理。因此，我们应当谨慎看待他关于行政理性主义回归的推测。它所强调的只是，面对"新治理"的大趋势，行政理性主义的某些方面是很顽强的。

鉴于行政官员实现顺从的地方性多变与协商的方式，行政理性主义的市场取向反对者还试图给规制政策贴上难看的和不民主的"命令和控制"标签，并依此来指责行政理性主义，这是具有讽刺性的。这最多只是修辞意义上的成就，事实上，环境规章的实施过程中仅有很少的命令和控制。

无论好坏，行政理性主义曾经在环境舞台上发挥了重要的影响。如今，它或许已失去了势头并面临着危机，甚至也许会让位于管治，但它过去的成就不应当被忘记。发达世界的国家之所以能够拥有一个更洁净、更安全和审美上更加令人愉悦的环境，应部分归功于过去四十年中的行政理性主义。这个评价并不意味着，行政理性主义是针对环境危机的最有效的甚或充分的反应。同样，过去取得的成就也不是未来成功的任何保证。所以，让我转向另外两种"解决问题"话语，它们被其拥护者描述成当代行政理性主义缺点的有效弥补。

【注释】

[1]对于美国，塞缪尔·海斯认为，20 世纪 60 年代末 70 年代初高度可视性的冲突性环境政治，让位于 70 年代末的环境行政机构和管理，是一种环境管理职业化意义上的提升。但笔者认为，行政管理机构在这一时期一直存在，只不过由于在 70 年代末政治变得相对柔和，才留给了专业人员更为宽松的活动空间。从那以后，政治冲突也出现了一些恢复。

[2] Samuel P. Hays, *Conservation and the Gospel of Efficiency: The Progressive Conservation Movement*, 1890-1920, Cambridge, Mass.: Harvard University Press, 1959.

[3] Bruce A. Ackerman and William T. Hassler, *Clean Coal, Dirty Air or How the Clean Air Act Became a Multibillion-Dollar Bail-Out for High-Sulfur Coal Producers and What Should Be Done about It*, New Haven, Conn.: Yale University Press, 1981, pp. 4-6.

[4] Walter A. Rosenbaum, "The bureaucracy and environmental policy," in James P. Lester(ed.), *Environmental Politics and Policy: Theories and Evidence*, Durham, NC: Duke University Press, 1995, pp. 206-241.

[5] J. B. Opschoor and H. Vos, *The Application of Economic Instruments for Environmental Protection in OECD Member Countries*, Paris: OECD, 1998.

[6] Tim Gray, "A discourse analysis of UK contaminated land policy," paper presented at the Conference of the Political Studies Association, London, 10-13 April 2000.

[7] David Vogel, *National Styles of Regulation: Environmental Policy in Great Britain and the United States*, Ithaca, NY: Cornell University Press, 1986.

[8] Maarten A. Hajer, *The Politics of Environmental Discourse: Ecological Modernization and the Policy Process*, Oxford: Oxford University Press, 1995, pp. 144-145.

[9] Albert Weale, *The New Politics of Pollution*, Manchester: Manchester University Press, 1992, p. 80.

[10] Lynton K. Caldwell, "The environmental impact statement: A misused tool," in Ravinder Jain and Bruce Huthcings(eds.), *Environmental Impact Analysis*, Urban: University of Illinois Press, 1978; Lynton K. Caldwell, *Science and the Na-*

tional Environmental Policy Act: *Redirecting Policy through Administrative Reform*, Tuscaloosa: University of Alabama Press, 1982.

[11] 贴现率类似于利息率，区别仅在于它按照从未来到现在的顺序发挥作用。所以，如果贴现率为5%，一年之后的100美元现值为95美元。贴现率的选择是很有争议的，并且不同的贴现率可以影响分析的不同结论。

[12] Charles W. Schmidt, "Subjective science: Environmental cost-benefit analysis," *Environmental Health Perspectives*, 110/10(2003), pp. 530-532.

[13] Charles W. Schmidt, "Subjective science: Environmental cost-benefit analysis," pp. 530-532.

[14] Robert Sugden and Alan Williams, *The Principles of Practical Cost-Benefit Analysis*, Oxford: Oxford University Press, 1978.

[15] Davis B. Bobrow and John S. Dryzek, *Policy Analysis by Design*, Pittsburgh, Pa.: University of Pittsburgh Press, 1987, pp. 27-43; Mark Sagoff, "The politics of regulatory reform: 'New' environmental policy instruments in Finland," *Environmental Politics*, 12/4(1988), pp. 24-48.

[16] Aaron Wildyavsky, *But Is It True? A Citizen's Guide to Environmental Health and Safety Issues*, Cambridge, Mass.: Harvard University Press, 1995, p. 254.

[17] Sylvian Tesh, *Uncertain Hazards*: *Environmental Activists and Scientific Proof*, Ithaca, NY: Cornell University Press, 2000.

[18] Mary O'Brien, *Making Better Environmental Decisions*: *An Alternative to Risk Assessment*, Cambridge, Mass.: MIT Press, 2000.

[19] Aaron Wildyavsky, *But Is It True? A Citizen's Guide to Environmental Health and Safety Issues*.

[20] John S. Dryzek et al., *Green States and Social Movements*: *Environmentalism in the United States*, *United Kingdom*, *Germany*, *and Norway*, Oxford: Oxford University Press, 2003, pp. 35-42.

[21] Bruce A. Williams and Albert R. Mathenyy, *Democracy*, *Dialogue*, *and Environmental Disputes*: *The Contested Languages of Social Regulation*, New Haven, Conn.: Yale University Press, 1995, pp. 11-17.

[22] Douglas Torgerson and Robert Paehlke, "Environmental administration: Revising the agenda of inquiry and practice," in Robert Paehlke and Douglas Torgerson (eds.), *Managing Leviathan*: *Environmental Politics and the Administrative State*,

Peterborough, Ontario: Broadview, 1990, pp. 120-121.

[23] H. H. Gerth and Mills C. Wright, *From Max Weber: Essays in Sociology*, London: Routledge and Kegan Paul, 1988.

[24] Herbert A. Simon, *The Sciences of the Artificial*, Cambridge, Mass.: MIT Press, 1981.

[25] Walter A. Rosenbaum, *Environmental Politics and Policy*, Washington, DC: Congressional Quarterly Press, 1985, pp. 299-300.

[26] Bruce A. Ackerman and William T. Hassler, *Clean Coal, Dirty Air: or How the Clean Air Act Became a Multibillion-Dollar Bail-Out for High-Sulfur Coal Producers and What Should Be Done About It*.

[27] Kai N. Lee, *Compass and Gyroscope: Integrating Science and Politics for the Environment*, Washington, DC: Island Press, 1993.

[28] Albert Weale, *The New Politics of Pollution*, pp. 17-18.

[29] John S. Dryzek et al., *Green States and Social Movements: Environmentalism in the United States, United Kingdom, Germany, and Norway*.

[30] Charles E. Lindblom, *Politics and Markets: The World's Political-Economic Systems*, New York: Basic Books, 1977.

[31] Karl R. Popper, *The Open Society and Its Enemies*, London: Routledge and Kegan Paul., 1966; Friedrich A. von Hayek, *Law, Legislation, and Liberty: The Political Order of a Free People*, Chicago: University of Chicago Press, 1979.

[32] Christopher Alexander, *Notes on the Synthesis of Form*, Cambridge, Mass.: Harvard University Press, 1964.

[33] John S. Dryzek, *Rational Ecology: Environment and Political Economy*, New York: Basil Blackwell, 1987.

[34] Daniel J. Fiorino, *Making Environmental Policy*, Berkeley, Calif.: University of California Press, 1995, p. 210.

[35] Laurence Mosher, "Distrust of Gorsuch May stymie EPA attempt to integrate pollution wars," *National Journal*, 15(1983), pp. 322-324.

[36] Albert Weale, *The New Politics of Pollution*, pp. 104-107.

[37] Albert Weale, *The New Politics of Pollution*, pp. 98-99.

[38] William M. Lafferty and Eivind Hovden, "Environmental policy integration: Towards an analytical framework," *Environmental Politics* 12/3(2003), pp. 1-22.

[39] Albert Weale, *The New Politics of Pollution*, pp. 18-19.

[40] Kai N. Lee, "Appraising adaptive management," *Conservation Ecology*, 3/2(1999), online at www. consecol. org/vol3/iss2/art3/.

[41] Douglas Torgerson and Robert Paehlke, "Environmental administration: Revising the agenda of inquiry and practice," in Robert Paehlke and Douglas Torgerson (eds.), *Managing Leviathan: Environmental Politics and the Administrative State*.

[42] Charles Sabes, Archon Rung, and Bradley Karkkainen, "Beyond backyard environmentalism: How communities are quietly refashioning environmental regulation," *Boston Review*(2000), online at sabel. html.

[43] See http://www. epa. gov/adminweb/leavitt/enlibra. htm.

[44] David Vogel, "Comparing environmental governance: Risk regulation in the EU and US," paper presented at the Conference on Environmental Policy Integration and Sustainable Development, National Europe Centre, Australian National University, 19-20 November 2003.

第五章　交给人民:民主实用主义

我们处在一个民主的时代。对于世界任何地方的任何人而言,宣称自己是民主人士已不再是一种时尚。与此相对应的是,人们很难声称自己对官僚制和行政理性主义的信奉。行政机器作为一种理想已不再受欢迎;相反,它仅仅是一群人和一些制度,实质上是无所作为——甚至从事该工作的人也很少承认喜欢它。民主的情况则大不相同,每个人都想成为一个民主人士。他们是否真的是民主人士是另外一个问题,而民主的内涵和模式的多样性使得这一问题更难以回答。

在这一章中,民主被看作解决问题的方式,而不是一组制度(选举、议会和政党等等)。我对民主的关注,基于它是承认自由资本主义现状前提下的一种"解决问题"话语。这是现今世界特别是 1989 年革命摧毁了某些马克思主义的替代性选择后对民主的主导性看法。其他形式的民主话语确实存在,其中一些还挑战自由资本主义的现状,比如提倡激进的参与性选择。[1]我将在后面的章节论及其中的某些观点。

民主实用主义也许可以描述成在自由资本主义民主的基本制度框架下相互影响的问题解决。术语"实用主义"有两种不同含义,而我在此都会用到。第一种是指这个词在日常语言中的使用方式,表明一个对世界的实际的、现实主义的取向,从而有别于幻想的理想主义。第二种是表示一种哲学思想学派,与威廉·詹姆斯(Williams James)、查尔斯·皮尔斯(Charles Peirce)和约翰·杜威(John Dewey)等名字相联系。对于实用主义哲学家来说,生活主要是在一个充满不确定性的世界中解决难题。解决生活中难题的最理性的方法,正如在科学中一样,是通过实验进行学习。由于有关任何较为复杂的难题的相关知识不可能集中于任何个人或是任何国家行政机构的手中，因此，问题的解决应该是一个充满灵活性的过程，其中包括多种意见和观点之间的合作。实用主义者乐于参与的程度，基本上与在既存自由民主制中的经验发现相符合（即使某些实用主义者提倡更多的和更好的参与），所以，在社会难题解决的理性需求和民主价值之间，存在着实质上的一致。

随着“环境实用主义”的到来，实用主义哲学经历了一种明确的环境转向，“环境实用主义”将哲学辩论中的某些方面带到了环境伦理中。环境实用主义与所有主张用道德绝对性来引导环境事务的努力作斗争，认为环境实用主义应当被看作是成熟的尝试性问题解决努力，尽管其中道德观点的多数总是重要的。[2]在本章中，我将较少地关注环境实用主义哲学的精致观点，更多地关注民主和实用主义的话语在现实的环境事务中的展现方式。这种问题解决的风格可以在行政架构中、在政党间涉及法律争论的协商中、在国际谈判中、在非正式的网络中以及立法中找到。

1. 行动中的民主实用主义

民主实用主义常被看作是对前一章中论述的行政理性主义的危机的补救。依据这种阐释，适量的民主不能修补行政机构的缺陷不足为奇。因为，这种民主并不是要把问题解决从行政机构中移走并把它交给代议制制度诸如立法机关；相反，这是一个使行政机构本身更加民主的问题。这个任务可以以多种方式完成，而它们的许多已经在环境政策中被应用（并被扩展到了其他政策领域）。

我在前一章中指出，环境行政正处于危机中，该危机以行政努力的收益减少为标志。民主实用主义可以直接面对这个危机，之后我将评价它的绩效如何。民主实用主义的许多动力，来自于一种使行政机构对各种情况变得更加灵活、更加敏感的渴望。[3]但是，环境行政机构民主化的主要理由，是通过更广泛的大众参与确保决策合法性的需要。全国性立法危机导致环境利益团体参与的最生动事例，发生在1970年前后的美国。尼克松政府感到了由公民权利运动中的激进部分组成的反战运动和一般意义上的反文化运动的围攻。政府向最不激进的反文化运动中的环境主义者提供援助，并使他们接近政府。[4]

如下所述，民主实用主义者有多种政策工具。

1.1　公众咨询

行政理性主义手段中的一个重要内容是环境影响评估，通过该过程可以准备一份详细描述一个项目(如高速公路、管道工程或土地使用规划)对于环境的预期影响的报告(参见第4章)。影响评估被设计用来促使行政官员考虑环境价值和科学证据，否则的话，他们可能会忽视或不注意这些方面。但是，这些评估总是伴随着公众对于所形成文件进行评论的机会。有时，如果没有强制力迫使相关部门在其随后关于建议的决策中考虑公众评论的实质性内容，这种评估便仅仅是象征性的。不仅如此，政策制定者必须期望评论并对评论作出回应。在美国由1970年的《国家环境政策法》所设定的程序中，负有责任的联邦机构必须制作一份报告草稿，该报告要公开以征集评论，然后搜集反应(这些反应来自其他政府机构、其他层次的政府、环境和社区团体、利益相关企业、资源使用者和普通市民)，并在最终版本的报告中对于这些评论作出回应。来自各方面立场的信息对机构决策没有直接的、可追踪的影响，但是，它会改变政策决定与落实周围环境的话语，使得环境和民主价值更具合法性和可见性。正如罗伯特·巴特利特指出的，环境影响评估可以构成行政国家的“大脑中的蜗杆”(worm in the brain)，使之同时走向更民主和更加环境敏感的方向。[5]

如果没有依赖于诸如环境评估报告这样的特定文件，公众咨询也可以继续下去。例如，许多欧洲国家(瑞典、荷兰和奥地利)在20世纪70年代末启动了关于核能未来的广泛性公众咨询努力。[6]这些做法并没有太多涉及权力从国家向公民转移的方式。但是，它们确实产生了实质性效果:例如，1979年瑞典政府决定不再建造任何核反应堆，并且着手逐步淘汰核能源。

现在，公众咨询已被许多国家看作环境政策制定的必要伴随物，并且没有哪个议题比农业中的转基因有机物更具代表性。2003年，英国政府发起了“转基因国家”活动——一个关于转基因农作物和食物的为期六周的咨询运动。这一活动包括了全国600多个公众会议，以及关于转基因有机体的成本及收益的科学评论和分析的宣传。[7]大约36000份调查问卷被回收，而且人们还可以通过一个网站提交意见。其想法是为了吸纳普通公民，尽管参与者的自我选择意味着活动分子的比例比较高。形成的报告概要说，公众的不安主要来自健康和环境方面的担心，以及对于政府和生物工程公司的广泛不信任。2004年，环境大臣玛格丽特·贝克特(Margaret Beckett)宣布了政府的回应：转基因农作物应当按照预防的原则被逐项评估，而转基因食物必须贴上明显的标签。

1.2 替代性纠纷解决机制

公众评论的机会并没有使非政府参与者的任何特定角色正式化。承认和包含利益相关方的一个方法，是借助替代性纠纷解决机制(ADR)。替代性纠纷解决机制产生于法律体制中——特别是在美国——作为对拖延不决的诉讼导致的昂贵僵局的替代。该方法是让纠纷双方在中立的第三方(往往是一个职业协调人)的协助下进行争论，这样他们可以表达各自的分歧。目的是使双方达成一种比没有达成协议的情况稍好的共识。[8]20世纪70年代，替代性纠纷解决机制在环境调解的标题下进入了环境领域，自那以后，涉及广泛范围的和十分复杂的议题纠纷被调解。这些议题包括水坝、灌溉设施、矿井、大型购物中心和道路的建设，水域管理，危险废弃物处理加工的定点，现有危险废弃物场所的清理，生态修复，反污染措施等。调解功能不只是对法院的替代性选择。政府机构也可以在它们的提议遭到抵抗时利用和发起调解。相关的参与者可以包括社区代表、环境团体、企业开发商或污染者、政府有关部门。因此，调解可以在政策制定——而不仅仅是在狭义的纠纷解决中发挥重要作用。李凯认为，这是将政治冲突引导到行政决策中的有效方式。[9]尤其是，他认为替代性纠纷解决机制在有效的生态管理中具有关键性作用——它通过学习而非一方胜利和另一方失败的形式，为冲突解决提供创造性的方式。其他评论家持一种更为怀疑的态度，他们主要从麻烦制造者的同化和中立化来看待替代性纠纷解决机制。[10]比较可靠的看法是，替代性纠纷解决机制具有模棱两可的潜能。至少，它表明了决策必须经过参与性程序来取

得合法性。这些程序可能会导致中立和同化，但也可能会导致民主原则对行政国家的侵蚀，并迫使行政国家走向开放。所以，它有赖于民主实用主义者甚至是更激进民主的支持者，来克服行政国家及其法律伴随物堡垒中的缺陷。[11]

1.3　政策对话

环境调解和其他形式的替代性纠纷解决机制，往往是针对个例和特定区域的。即便如此，定位于达成共识的理性讨论原则同样可以应用于更具战略性的政策议题，虽然它的成功率（依据达成共识并付诸政策实践而言）比更具体情况下的比例要低。一个较早的例子是20世纪70年代末美国的国家煤炭政策项目，它召集多个国内环境团体和煤炭生产商为煤炭开采和燃烧提出策略。[12]环境主义者同意了针对新燃煤发电厂的简化的一站式许可程序，作为回报，煤炭生产商同意为这种发电厂的环境反对者建立公共基金。尽管如此，该项目的建议未能进入政策实践，部分是由于利益相关的政府官员没有被纳入到协商程序（煤炭工人及其工会同样也没有）。

公众政策对话中一个更明确地与政府相联系——政府发起且给予资金支持——的例子出现在澳大利亚，其生态可持续发展（ESD）进程由总理鲍勃·霍克（Bob Hawke）在1990年发起。生态可持续发展始于邀请主要的环境团体和相关产业代表参与涉及许多领域的战略政策建议的讨论：农业、能源、渔业、林业、制造业、采矿业和旅游业。每一个领域都建立一个工作组，并产生一份报告。四个受邀请的环境团体是澳大利亚保护基金会（ACF）、世界自然基金（WWF）、绿色和平组织（Greenpeace）和澳大利亚荒野协会（AWS）。荒野协会很快就撤出了，主要是因为它对于政府其他有悖于可持续性的政策不满。之后，绿色和平组织也撤出了。虽然如此，这两个组织与继续参与的另两个组织保持着联系。当生态可持续发展团体进行汇报的时候，霍克被一位更信奉对抗而非共识的总理取代，后者对于环境议题给予了较少的优先性。随着经济衰退的出现，环境议题也从公众关注的显著位置减弱下来。因此，很少有建议能够在公众政策中得到实施。

政策对话向政策实践的更有效转化出现在加拿大的阿尔伯达省，它是北美地区第一个解决“不要放在我家后院”(NIMBY)危险废弃物难题的地区。没有哪个人愿意将处理危险废弃物的设备放在他们后院。鉴于每一个地点都是某些人的后院，鉴于在加拿大和美国的政治系统中行使否决权相对容易(在美国由于法院的显著角色而被强化)，这一议题政策的正常情况就是一个僵局。认识到这个问题后，阿尔伯达政府在20世纪80年代末发起了与当地社区团体和产业的对话，他们最终对建设和施工的地点和原则达成了共识。这一过程包括对选址的基本思想进行公投、为雇用专家的社区提供基金、常规性的研讨会和公众聚会。当天鹅山被选定并且处理厂建成时，附近的社区获得了更多的资助和监督官方报告与专家意见的权力。[13]不幸的是，天鹅山的运作被证明是有问题的，并重新陷入了环境主义者和本地居民反对该选址运营者之间的分歧僵局。

本地化政策对话已经在“地方21世纪议程”(Local Agenda 21)创议下出现于全世界，它源于1992年旨在鼓励各地政府创建可持续发展规划的联合国环境与发展大会。虽然大多数对话为公民参与提供了机会，但它们的实际进程和真实覆盖范围有着很大的不同。[14]

1.4 非专业公民审议

替代性纠纷解决机制和其他的政策对话通常包括利益相关方，无论他们是环境主义者还是开发商。无利害关系的非专业公民之间更容易进行反思性的审议，因为他们对于争论和说服更具开放性。这种能力有助于解释建立在非专业公民参与基础上的审议活动的增加。[15]这方面的实例包括共识会议(创制于丹麦)、公民陪审团(始于美国但在英国得到最大范围的应用)、审议式民意调查(由詹姆斯·菲希金创设)和规划单元(发明于德国)。参与者的数量从陪审团的十五人左右到民意调查或规划单元的数百人。参与者通过随机选择或分层取样的程序征募，并集合两天或以上来审议所关注的议题。他们有机会询问专家和拥护者，并且获得充足的信息。最后的结果一般是政策建议(虽然在民意调查中，参与者最终仅仅是填写一份问卷)。非专业公民审议围绕着许多国家中的农业转基因有机体、澳大利亚的集装箱立法、美国得克萨斯州的能源政策、德国

的城市规划和英格兰的湿地保护等议题而展开。

1.5　公众质询

公众质询类似于针对特定项目建议的影响评估。但不仅仅是制作一个文档并允许公众检查与评论，公众质询包括一个可视的讨论会，在此支持者和反对者可以宣誓作证并进行辩论。这在很大程度上取决于受权调查的范围和质询主持人对于这一范围的解释。受权调查的范围及其解释可以是狭窄的并偏向项目的支持者，而这正是英国关于核装置提议公众质询中的情况。雷·凯姆普(Ray Kemp)记录了1977年英国西北部温斯凯尔热氧化物再处理厂(THORP)议案的质询。[16]作为项目的支持者，英国核燃料有限公司被允许提出有关热氧化物再处理厂经济效益的证据，但反对者却不被允许拿出反对它的经济证据。质询的法律规则有利于资金雄厚的支持者，而不是资源较少的反对者；支持者可以在关键点上使用《公务员保密法》。并不令人惊讶的是，帕克法官在主持热氧化物再处理厂质询的时候倾向于支持这一建议。与此形成对照的则是，由托马斯·伯格法官主持的对于建造从北极到加拿大南方市场的石油和天然气管道的质询。伯格尽力保证资源较少者的利益团体，特别是本地居民，能够有资金支持、可以获得专家意见以及在他们比较随意的条件下在讨论会上作证的能力(质询被安排在偏远的村庄)。伯格宽泛地解释了受权调查的范围，包括加拿大北部的发展战略，而不仅是管道应否被建造。从这个意义上讲，这次质询更像一个政策对话。伯格的报告建议，加拿大北部的振兴应基于一种可再生能源的经济，石油和天然气的发展应在其中占有较次要的地位。[17]伯格将民主实用主义推向了极限——或许已超越了它的极限，达到了绿色激进主义者所支持的参与性进程。

加拿大另一个类似于伯格的例子，以“科学小组”(scientific panel)而非“公众质询”的形式出现在20世纪90年代中期的不列颠哥伦比亚省的格里夸湾，所涉及的议题是木材采伐的政策。组建科技小组的目的是解决伐木公司和环境主义者以及本地居民之间的僵局。科学被宽泛地解释以包含和整合努查奴尔斯(Nuu-Chah-Nulth)人的传统生态知识，而且一位努查奴尔斯酋长主持该小组。该小组将政策关切从经济效率转向了生态完整性。[18]尽管伯格和格里夸湾的例子为生态民主主义者提供了鼓励，但这种事例的稀少(即使在加拿大)足以让人深思。

1.6　知情权立法

政府之外的个体如果要成为民主过程的有效参与者，就必须有获得相关信息的途径。有时，这些途径需要信息自由法律的推动，因为政府一般都要遵循它们而运作。当然，政府之间也有差异。例如，英国《信息自由法》的对应物长期以来是《公务员保密法》。它假定，任何与国家安全有细微联系的事物都是秘密的(例如，当涉及与核动力有关的任何事情时)。与环境政策更相关的是知情权立法，它详细规定企业必须披露与特殊化学产品工人相关的风险、有害物质运输的路线和时间表以及被贮存、运输和倾倒的废弃物的毒性等有关信息。这类法律在加拿大的一些省份和美国的一些州中存在。

这六个方面的进展体现了民主实用主义向行政国家的注入。在每一个例子中，经验都是混合性的，而且存在着大量的疑虑，特别是来自那些信奉环境和民主价值的更激进形式的人们的怀疑。但在某些事例中，尤其是在伯格和格里夸湾的例子中，我们可以看见更激进的参与和话语民主的可能性。概括地说，这六个方面的进展显示了在过去四十年的环境政策制定中更多吸纳的公开性和参与的程度。正如帕尔克指出的，这与生存主义者的悲观预言有着很大不同，因为生存主义者认为只有集权的和专制的政府才能对抗环境的极限。[19]当然，生存主义者也许会争辩说，过去四十年中所有的政策努力并没有正面应对环境极限的议题，我们还依然处于通往过渡和崩溃的进程中。

2. 作为统治和管治的民主实用主义

民主实用主义展示了一种依据其整体性进行统治的取向，而不只是着眼于前面谈到的各种形式的特殊性改革和做法。这种取向所强调的是包括政府机构内外人士参与的交互影响式问题解决。这种交互影响可以发生在委员会会议、立法辩论、听证、公众演讲、法律争论、规则制定、项目发展、媒体调研和政策落实与推行等的背景下；它可以使用游说、争辩、建

议、战略制定、谈判、通告、发布、曝光、欺骗、形象塑造、侮辱和质疑等手段。就此而言,我们很难从宪法及其责任分工中找到政府在这方面的角色;相反,它存在于只受到正式规则的松散束缚的交互作用中。酒吧里的从容交谈或许与议会中的演说一样重要。

无论宪法、法律、规则和组织章程是否有这方面的规定,这些交互作用都将会发生。因此,民主实用主义很容易吸纳第四章中作为行政理性主义的一种矫正讨论的那种分散化网络治理形式。"统治"具有一种自上而下的意象,行政理性主义的目标与原则在其中被设定;相反,"治理"无需一个权威的中心点,并得益于非正式的交互影响。行动者可能包括政府官员,但也可能是非政府组织成员、说客、活动分子、新闻记者、公司、国际组织或具有不同权限的政府部门。结果,网络的意象替代了等级的意象。[20]一个网络具有多个穿越参与者的交互作用的节点和复杂路径,而等级制中的沟通只有围绕着顶点的上行和下行。在一个网络中,即使没有任何顶点的赞同也可以达成某种公众成果,甚至即使没有任何政府机构的批准也可以做到。这种情况发生于消费者联合抵制并迫使一个厂家改变生产方式(例如,捉金枪鱼时不要危及海洋哺乳动物和海龟),或者发生于激进分子和商家对运营行为守则达成一致时。马丁·耶尼克(Martin Janicke)将这些行动称为"超政府的"行动。[21]

在20世纪90年代,由副总统阿尔·戈尔领导的重塑政府特别工作小组(负责监督政策落实的结构),对环境保护署的规制系统依据"治理"原则提出了改革建议,强调发展公私合作伙伴关系和规范者、社区和工商界之间的协作关系。国会中期望从联邦层面下移权力的共和党人,对此是支持的。但鉴于或许在联邦系统中较高层次的政府才会更信奉环境价值,环境主义者并不是那么热心。尽管如此,美国在90年代出现了走向更灵活的、更分散的和更协作的环境规制的各种动力。[22]

在美国和欧盟,网络化的管治变得与所谓的"新环境政策工具"(NEPIs)相联系。[23]这些工具中的有一些是基于市场的(这将在第六章中谈到),而其他一些更接近于协作管治的措施。这其中包括规制者与公司之间和环境管理与审计系统之间的自愿协议。在这些协议下,公司主动地为它们的环境影响设定目标并监控其进展,而一旦达到目标后就会得到一种正式承认。这种承认不一定要由政府授予。针对木材产品的跨国森林认证就由一个非政府组织(包括热带雨林联盟和世界自然基金会)和公司组成的网络进行管理,并与成立于1993年的森林认证委员会合作。[24]这种协作的管治在自然资源管理中也可以看到。朱迪斯·英尼斯(Judith Innes)和戴维·布赫(David Booher)描述了萨克拉门托水论坛的例子,该论坛试图使生态退化地区内的工商业、环境主义者、农民和当地政府达成共识。[25]

怀疑论者很可能从中看到的是在这些冒险中公众权威向个人权势的让位,因为工商业有大量的机会参与它们的“洗绿”活动。那些不信任工商业权力的人会强调,需要对企业进行管治,而不是仅仅与它们一起治理。依此,约翰·布雷斯维特(John Braithwaite)和皮特·德拉豪斯(Peter Drahos)阐述了激进主义者、非政府组织和国家如何共同建立了一个全球化管治网络,通过它可以在民族国家之上的层面和传统行政理性主义所能达到的范围之外管治商业。[26]

政治的交互影响涉及到复杂的沟通途径。对于行政理性主义者来说,这也许听起来像混乱和颠覆。但可以认为,这种表面上的混乱有着它自己的合理性,查尔斯·林布隆(Charles Lindbrom)将其称为“应付过去的科学”(the science of muddling through)或“民主的明智”。[27]这种“科学”是行政科学的对立面,它沉湎于不明确的责任分工和政治冲突,使正式的规则屈服以便达到某种结果,并且用日常知识代替科学分析。它一般通过涉及某议题的不同参与者的一系列妥协,使难题得以渐进的解决。交互影响代替了科学分析,不同参与者带来了不同的观点和关切,而这些都在某种程度上被纳入了最后的政策决定。[28]

实用主义者认为,这样的过程是应对公共难题的最好方法。卡尔·波普尔提出了关于分散化的政治交互影响合理性(虽然仅限于自由民主制国家)的一个非常著名的辩护。[29]波普尔的模型“问题解决共同体”可以在较为成功的科学中找到,其中,理性的态度是先提出可以被检验的理论,然后通过尽可能多的检验特别是试验来寻求对它们的批判。波普尔认为,这种态度也应该在政治和政策制定中加以应用。公众政策类似于试验。因为没有人知道,一个具体的政策是会成功还是失败。所以,人们

应该首先在一个有限的范围内对其进行检验，并从尽可能多的方面收集关于正面和负面影响的反馈。对此，波普尔称为“渐进的社会工程”。确保从尽可能多的方面收集反馈的唯一方式，是将政策过程设定在一个自由民主制的框架内，其中不同的利益团体和行为者（例如环境和社区团体、专业协会、不同专业的科学家、被选举的代表、公司及其官员、工会和新闻记者）都能够无所顾忌地提出他们的意见。现实世界的自由民主制和治理网络，仅仅是波普尔的“开放社会”理想的不完善的近似物，但它们的捍卫者会说目前还找不到比这更接近的政治形式。

这种交互影响式的政策制定适合于生态的背景吗？渐进的、交互影响式政治的表面混乱也许会让一个激进的组织感到失望，即使在这一系统中没有人察觉到或者真正理解该组织为何以及如何产生。交互影响式政治在某种程度上类似于生态系统，因为二者都是一种自组织系统。[30]也就是说，秩序的复杂结构在没有任何设计者的情况下发生进化，是单独有机体的相对简单和短视的选择与行动的结果。就此而言，民主实用主义的真正秩序不是体现在宪法中，而是出现在非正式的、交互影响的过程中。当然，任何自组织系统中的精确秩序结构关系重大。毫无疑问，一个环境主义者不太会质疑生态系统自身进化过程中产生的秩序。自由民主制和管治网络是自组织系统（比如资本主义市场）并不意味着，它们依据生态学标准是足够的。

生态系统是充满着消极性反馈装置以矫正干扰的自组织系统。例如，森林火灾之后发生的一般是在燃烧区域内大量涌现的先锋植物种类，而它们又为更成熟的森林物种提供了生长条件。消极性反馈的观念同样也可以界定自动调温器的隐喻。那么，民主实用主义拥有什么样的“自动调温器”呢？答案在于个体、组织、政党和运动的多样性，它们可以带来政治交互作用的压力，以便对环境所受到的干扰作出反应。例如，可以设想荒野拥护者会密切监视古老的森林，一旦采伐超出某种限度而变得失去控制，他们就会抗议、游说、召开记者招待会和提出法律挑战，等等。或者，如果在临近郊区设置有毒物质焚化装置的提议危害到了生命和健康，当地社区就可以组织起来反对它。虽然生存主义组织像“零人口增长”(ZPG)也参与了自由民主政治，但生存主义者会争辩说，上面这类行为是回应性的，因而不可能预期到我们还未达到的极限。

这些消极性反馈装置在生态上是不是足够的，主要取决于这些装置发挥作用所依赖的人们的价值观。如果人们对于现实物质利益的估价超过任何其他事物，那么反馈将会受到削弱(即使这些个人也许会抗议任何对他们生命和健康的直接的环境威胁)。那么，民主实用主义中有任何内在地有益于生态价值的事物吗？两种论点声称是有的。

民主实用主义包括谈话和书面交流，而不只是制定战略和权力游戏，并且这类交流在以公众利益而不是个人利益的语言进行表达时最为有效。史蒂文·凯尔曼(Steven Kelman)相信，这类谈话并非是无足轻重的，因为人们借以使公众利益的动机内在化。[31]阿道夫·甘德森(Adolf Gundersen)将这类分析应用于有关环境事务的公众审议。[32]审议对于民主实用主义作用的发挥是必要的。不要忘记，民主实用主义问题的解决，从来不是个体孤立地或在其他人的命令下采取行动；相反，难题常常需要加以讨论。甘德森认为，关于议题的讨论或审议的行动，可以激活人们对于环境价值的信奉，或者更准确地说，"集体的、整体主义的和长期性的思考"。甘德森的证据，是他与很多人共同完成的多达四十六次的系列性"审议面谈"(deliberative interview)，而那些人最初并不是环境主义者。但到面谈的最后，所有人都更加坚定地赞同环境的价值。依据这种解释，每个人都具有潜在的积极的倾向，所需要的只是激活他们对特定政策的承诺。民主框架中的讨论，迫使人们以促进这种激活的方式审视他们自己的立场。

马克·萨戈夫(Mark Sagoff)也持有民主框架下的参与会激活环境价值的观点。[33]萨戈夫认为，每个个体都有两种类型的偏好：作为消费者和作为公民。这些偏好也许会把同一个个体引向十分不同的方向。他使用的例证是加利福尼亚州内华达山脉的矿物国王山谷，在此，沃尔特·迪斯尼公司打算建立一个滑雪胜地。他使学生们面临这个可能性，结果，他们中的许多人喜欢到这样一个滑雪场滑雪和享受随后的夜生活，而很少有人对背包进入现存的矿物王国荒野感兴趣。但当被问到是否赞成建造滑雪场时，却没有人表示赞成。回答是虽然作为消费者他们喜欢去那里滑雪，但作为公民他们反对破坏荒野。公民的偏好更多地与集体、社会导向的价值有关，正好对立于作为消费者价值的自私物质主义。也许人们会质疑这种公共精神动机在现实自由民主政治中的主导性程度，萨格夫对应用于环境政策的经济理性和市场理性的批判是彻底的。他还使用这一论点来为他的令人厌恶的个人习惯申辩：驾驶着到处漏油的汽车，却张贴一个写着“为了生态而行动起来”(ecology now)的保险杠贴纸。[34]这个贴纸展示的是他的公民偏好，而他车下的浮油则表明他的消费者偏好。作为公民的他也许希望政府严厉取缔作为消费者的他。

3. 民主实用主义的话语分析

3.1　被承认或建构的基本实体

如同行政理性主义一样，民主实用主义将自由资本主义的结构现状视为理所当然。虽然如此，民主实用主义对政府的看法是非常不同的。它没有把政府和管治看成一个整体，而是将其视为大量公民参与其中的多维决策过程。它对公民参与估价很高，而对官僚机构的作用评价甚低。民主实用主义几乎没有怎么谈到生态系统和自然世界，这一缺陷导致辩论中容易使用十分不同的概念。

3.2　对自然关系的假设

行政理性主义和民主实用主义都把自然置于人类解决难题努力的从属地位。无论自然是包含自动调节机制的生态系统还是仅仅作为原始物质和能量的存储库，在此都没有多少差别。但是，两种话语设定的人类社会中的自然关系是大不相同的。民主实用主义赞同公民之间的平等(当然，自由民主制中的现实也许是非常不同的)。每个人都有权利施加政治压力，无论他们是科学家、当选的官员、压力团体的领导者、普通投票者还是普通的非投票者。在这些基本的平等之外，政治关系被看作是交互影响的，并且远比官僚层级制中的政治关系要复杂得多。交互作用以竞争和协作的混合为特征。合作性的难题解决当然会发生；但是，竞争性利益团体之间的政治冲突也会发生(例如环境主义者和开发者)。

3.3 施动者与其动机

民主实用主义中的行动能力是面向所有人的，他们可以是个体公民和政治活动分子，或集体行为者，比如企业、工会、环境主义团体、社区组织和政府机构。他们的行为动机是混合性的，始于理论而非实践。玛塞尔·威森伯格(Marcel Wissenburg)认为，绿色自由主义的基石存在于那将“生态责任”作为其基本社会责任组成部分的机构中。[35]个体也必须接受“约束原则”，依此他们所导致的任何环境破坏也要求他们作出恢复或补偿。但是，这种原则规定避开了它们如何出现的问题(安德鲁·多布森进一步发展了伴随生态公民权的义务[36]，他强调人们强加在地球上的生态足迹的可持续性)。

很多行为者在大部分时间内追求自私的物质利益，比如利润、不断增加的房产价值、更高的薪水、更安全的职位或者得到补贴的到喜爱的自然景区旅游。但是，民主实用主义的话语强调，在关键时刻行动者可以被公共利益激励，并且承认存在着超越个人利益的共同体利益(例如生态整体性)。[37]在第一个例子中，公共利益必须以复数的形式来定义。所以，荒野协会所认为的公共利益很可能与商会理解的公共利益并不一致。一些实用民主主义者，特别是那些与网络化管治相协调的人，会让它顺其自然，并认为在这里多数是不可简约的，我们只能期待在持不同观点的参与者间达成渐进的妥协。但是，其他人像柯尔曼、甘德森和萨戈夫希望，理性的公众对话可以导致一种在共同的公共利益概念基础上的聚合。[38]如果单个的公共利益的确能够通过对话形成，那么，它是一个与民主实用主义者相信存在的统一的公共利益非常不同的东西；对于后者来说，公共利益只能是由分析家去发现而不是由公众去争议的事物。因此，“环境的可持续性”可以被看作是一个需要管理的科学的概念，或是可以在民主争论中加以探究的事物。[39]

3.4 关键隐喻和其他修辞手法

民主实用主义的反思性拥护者提出了两种科学的隐喻。第一种取自于物理学，将公共政策看作是来自不同方向的各种力量作用的结果。这些力量在它们希望引导公众政策的方向上和各自的相对力量上都不相同。这样一个隐喻,可以被那些认为不存在整体公共利益的人使用。这种隐喻长期以来是由美国政治学家建立的对美国政治系统的多元论解释的主要依据。

第二种隐喻是科学的整体性。正如我们已看到的,波普尔主义者认为,公共政策与科学试验相似,因而,对科学家和政策制定者来说,唯一正确的态度应该是开放的、批判性的和民主的。

此前我曾提到的另一种隐喻是自动恒温器,它被设计用来在温度超出适当范围时触发干预(加热或变冷)。民主实用主义者既关注类似于温度的很多目标变量(经济的、政治的和环境的),也关注产生消极反馈的许多方式。这其中最重要的是,权利受到侵害的公民和团体在他们察觉环境滥用时组织动员的可能性。

最后,网络本身也是一种隐喻,特别是强调我们所生活的是信息社会的人使用该隐喻时。与此相关的是网络化的信息技术(特别是因特网)和网络化的管治。这两者都在没有任何中心控制的情况下运作。

民主实用主义的话语分析可概括为表 5.1。

表 5.1　　民主实用主义的话语分析

1. 被承认或建构的基本实体
   * 自由资本主义
   * 公民
2. 对自然关系的假设
   * 公民间的平等
   * 交互影响政治关系、混合性的竞争和协作
3. 施动者与其动机
   * 许多不同的行动者
   * 物质性自我利益和多重公共利益概念相混合的动机
4. 关键隐喻和其他修辞手法
   * 作为多重力量竞争结果的公共政策
   * 类似于科学试验的政策
   * 自动恒温器
   * 网络

4. 民主实用主义的局限

民主实用主义就其本身而言有很多是值得讨论的。它接受了许多困惑行政理性主义的难题。这种论题转移，常常是为了满足使政策制定在更广泛公众的视野下合法化的需要，但它也可以依据更有效地解决问题来辩护。环顾当今世界，我们会发现，在环境保护和污染控制方面取得最大进展的国家都是民主实用主义最普遍的国家：资本主义民主制（虽然最资本主义的并不是最好的表现者）。但是，这种证据并未能为民主实用主义提供应有的慰藉。环境事务中公认的领导者，包括如德国和日本等[40]，在哪些人以及在什么条件下可以接近政策制定方面存在着局限。因而，在日本政策被商业和政府精英所垄断；而在德国，工会领导人有着话语权。在这些例子中——通常被描绘成组合主义，参与是通过高度正式化的渠道实现的，且只允许极少的被民主实用主义赞美的自组织弹性。此外，一些落实最好的国家正在采用与民主实用主义非常不同的话语，而这我们将在第8章中讨论。

普罗米修斯主义者认为，发达资本主义民主的繁荣使得它们比其他国家能更好地应对环境难题，而这不同于民主实用主义者所理解的民主制固有的问题解决特性。并且，总是存在着一种可能性，即这些国家也许已经将它们的环境难题转移到了较贫穷国家。因此，日本清洁而舒适的环境部分地是通过把制造业中较脏的部分转移到其他东亚国家来实现的，更不用说东南亚国家为了满足日本的木材需求而进行的森林砍伐。

民主实用主义的主要局限，是政治权力的天然存在（而这没有被像甘德森和萨戈夫这样的迷恋者所认识到）。资本主义民主制框架下的政治，很少是关于无私的和有公德心的难题解决，其中许多不同的观点得到同等程度的尊重与对待。实际情况往往是，那些经济资源雄厚的利益团体极力使政策辩论和决策制定过程的结果偏向有利于它们的方向。[41]在某些情况下，该方向也许会与生态价值相一致；但在更多情况下，结果是消极的，因为拥有大量资源和强烈动机去实施的都是工商业利益团体。

工商业利益团体可以通过制作富丽堂皇的广告材料来吹捧其产品对环境的友善，从而影响争论的内容。它可以赞助地球日庆典，还可以制作电视广告以提高企业的环境形象：在美国，惠好公司曾经以一个秃头鹰飞

越一片森林的影片来促销其作为“植树公司”的绿色形象，而对古森林的滥砍乱伐，这也是惠好公司的行为之一，却并未被提及。企业行为者在公众质询中可以更容易利用专家咨询手段。他们及政府中的同情者还可以通过操纵替代性纠纷解决来同化和中立化来自社区和环境团体的麻烦制造者。替代性纠纷解决机制可以造成一种假象，即那些进展中的项目是“负责的发展”，或者环境价值与工商业的物质利益得到了平等对待。[42]环境主义者在影响评估中的参与也许会消耗本可以更好地用在别处的能量，如果这些过程仅仅是使得别处基于经济价值或企业利润所制定的决策合法化的话。[43]企业甚至可以为环境活动分子提供工作。例如，英国绿党最主要的人物乔纳森·波利特就签约做了食物零售业巨头塞恩斯伯里(Sainsbury)的顾问。

环境压力并不总是沿着同一种方向；公众意见确实不只是工商业公共关系部门的创造物，而且公共利益团体可以动员起专家和大众支持，甚至是资金。另外，只要资本主义市场经济的结构现状被视为理所当然，工商业在政策制定中就会处于“享有特权的”地位，因为政府在很大程度上依赖工商业实现其最基本的功能，例如雇用人们工作和组织经济。[44]当环境保护、保存或污染控制的措施威胁到工商业信心时，它们立即就会受到被撤回投资的惩罚。这种可能性在政策审议中投下了巨大的阴影，尽管它们也许是民主的。[45]一旦工商业公共关系专家认识到这一点，他们就会很好地利用撤回投资的威胁，即使并没有真正撤回的意图。正如我们将在第四部分中看到的，可持续性的话语通过消除经济和环境价值间的冲突来化解这类难题。

作为一种话语，民主实用主义承认公民是基本的实体和公民间平等的自然的关系。但实际上，这种平等的理性辩论的形象被权力和策略的广泛使用和政府维持经济信心的主导性需要所严重扭曲了。当进一步考虑行为者及其利益时，从生态学的立场看人们会产生更多的疑虑。民主实用主义的拥护者强调它的一个优点，即它可以使政策建议来自于不同的方向。某些方向确实代表的是公共利益的概念。但是，这些概念是可变的：对一些人来讲，公共利益指的是经济效率；而对其他人来说，公共利益指的是社会中的分配公平。此外，它既可以是生态整体性，也可以是社会的和谐。当生态迷恋者如甘德森和萨戈夫——以及更一般意义上的杜威和波普尔——想到民主辩论时，上述方面内容大概就是他们所思考的。[46]但是，其他介入方在很大程度上是被它们自身的物质利益所激励的：企业和产业协会关心的是利润最大化和避免它们的运营遭受环境法规控制，工会关心的是收入及其成员的就业，即使那意味着在不可持续活动（包括滥砍乱伐古森林）中的雇用。民主实用主义的多元论观点，把所有这些利益和关切都看作平等合法的。[47]自由民主制框架下的参与这一事实，并不会导致行为者放弃他们作为消费者和生产者的动机，从而支持更有公德心的公民偏好，或者认识到他们对于经济利益的追逐应当被限制在市场中而不应当被允许扩展到政治。

更狡猾的是那些伪装成一般原则代表的特殊利益团体。例如，20 世纪 90 年代美国西部的“明智使用”运动，名义上意指对资源明智使用的信奉，但事实上，它是在为当地社区和企业寻求一种体制，从而为它们在这一地区的公共土地上获得矿物、畜牧权和木材等提供津贴。

民主实用主义中的政治理性意味着，所有的行为者都必须做到平心静气，并具有充分的合作精神与建设性态度，无论它们是出于公共利益还是自私的物质利益的激励。这并不意味着一定与生态理性相一致，而后者关注的是自然生命支持系统的整体性。[48]因而在 1993 年，克林顿政府好不容易向生态合理性迈出了一小步，内政部秘书布鲁斯·巴比特(Bruce Babbit)提出建议改革畜牧业法，以结束对牧民进入公共土地的津贴。但很快就变得明显的是，由于担心这些改革会带来的在西部各州的选举影响——那些领受福利的牧场主和他们的支持者可以在选举日当天使政治平衡发生倾斜，政治上合乎理性的事情不得不退却。

在某些方面，民主实用主义应该获得像对行政理性主义那样的总体评价：取得了很多值得回忆的成就，但似乎日益接近效率的极限。这种类似性评价尤其适用于那些被这两种话语激励或辩护的特定政策和制度层面。但是，作为一种话语，民主实用主义有一个显著的优点：它更容易使人意识到自身制度体现的局限性并采取克服这些局限的努力。

【注释】

[1] John S. Dryzek, *Democracy in Capitalist Times: Ideals, Limits, and Struggles*, New York: Oxford University Press, 1996.

[2] Andrew Light and Eric Katz, *Environmental Pragmatism*, London: Routledge, 1996.

[3] Daniel J. Fiorino, "Flexibility," in Robert F. Durant, Daniel J. Fiorino, and Rosemary O'Leary (eds.), *Environmental Governance Reconsidered*, Cambridge, Mass.: MIT Press, 2004, pp. 393-425.

[4] John S. Dryzek et al., *Green States and Social Movements: Environmentalism in the United States, United Kingdom, Germany, and Norway*, Oxford: Oxford University Press, 2003, pp. 57-60.

[5] Robert V. Bartlet, "Ecological reason in administration: Environmental impact assessment and administrative theory," in Robert Paehlke and Douglas Torgerson (eds.), *Managing Leviathan: Environmental Politics and the Administrative State*, Peterborough, Ontario: Broadview, 1990, pp. 81-96.

[6] Dorothy Nelkin and Michael Pollack, *The Atom Besieged*, Cambridge, Mass.: MIT Press, 1981.

[7] 参见 www.gmnation.org.uk.

[8] Lawrence Susskind, Paulf Levy and Jennnifer, *Negotiating Environmental Agreements: How to Avoid Escalating Confrontation, Needless Costs, and Unnecessary Litigation*, Washington, DC: Island Press, 2000.

[9] Kai N. Lee, *Compass and Gyroscope: Integrating Science and Politics for the Environment*, Washington, DC: Island Press, 1993.

[10] Douglas J. Amy, *The Politics of Environmental Mediation*, New York: Columbia University Press, 1987.

[11]Douglas Torgerson and Robert Paehlke, "Environmental administration: Revising the agenda of inquiry and practice," in Robert Paehlke and Douglas Torgerson (eds.), *Managing Leviathan: Environmental Politics and the Administrative State*, Peterborough, Ontario: Broadview, 1990, pp. 141-145.

[12] Andrew Mcfarland, "An experiment in regulatory negotiation: The national coal policy project," paper presented at the Annual Meeting of the Western Political

Science Association, 1984.

[13] Frank Fischer, "Citizen participation and the democratization of policy expertise: From theoretical inquiry to practical cases," *Policy Sciences*, 26(1993), pp. 165-87; Barry G. Rabe, "Beyond the Nimby syndrome in hazardous waste facility siting: The Albertan breakthrough and the prospects for cooperation in Canada and the United States," *Governance*, 4(1991), pp. 184-206.

[14]Michael Mason, *Ecological Democracy*, London: Earthscan, 1999.

[15] Lyn Carson and Brian Martin, *Random Selection in Politics*, Westport, Conn. : Praegar, 1999.

[16] Ray Kemp, "Planning, public hearing, and the politics of discourse," in John Forester (ed.), *Critical Theory and Public Life*, Cambridge, Mass. : MIT Press, 1985, pp. 177-201.

[17] Thomas Berger, *Northern Frontier, Northern Homeland: Report of the Mackenzie Valley Pipeline Inquiry*, Toronto: James Lorimer, 1977.

[18] Douglas Torgerson, "Democracy through policy discourse," in Maarten A. Hajer and Hendrik Wagenaar(eds.), *Deliberative Policy Analysis: Understanding Governance in the Network Society*, Cambridge: Cambridge University Press, 2003, pp. 113-138.

[19] Robert Paehlke, "Democracy, bureaucracy, and environmentalism," *Environmental Ethics*, 10(1988), pp. 291-308.

[20] Manuel Castells, *The Rise of the Network Society*, Oxford: Basil Blackwell, 1996.

[21] Martin J nicke, "Democracy as a condition for environmental policy success: The importance of non-institutional factors," in William M. Lafferty and James Meadowcroft(eds.), *Democracy and the Environment: Problems and Prospects*, Cheltenham: Edward Elgar, 1996, pp. 71-85.

[22] Daniel J. Fiorino, "Flexibility," in Robert F. Durant, Daniel J. Fiorino, and Rosemary O'Leary(eds.), *Environmental Governance Reconsidered*, pp. 393-425.

[23] Andrew Jordan, Rudiger K. W. Wurzel and Anthony R. Zito, "'New' instruments of environmental governance: Patterns and pathways of change," *Environmental Politics*, 12/1(2003), pp. 1-24.

[24] Errol E. Meidinger, "Forest certification as a global civil society regulatory institution," in Errol E. Meidinger, Chris Elliott, and Gerhard Oesten(eds.), *Social*

and Political Dimensions of Forest Certification, Remagen-Oberwinter: Forstbuch Verlag, 2003, pp. 265-289.

[25] Judith E. Innes and David E. Booher, "Collaborative policymaking: Governance through dialogue," in Maarten A. Hajer and Hendrik Wagenaar(eds.), *Deliberative Policy Analysis: Understanding Governance in the Network Society*, Cambridge: Cambridge University Press, 2003, pp. 33-59.

[26] John Braithwaite and Peter Drathos, *Global Business Regulation*, Cambridge: Cambridge University Press, 2000.

[27] Charles E. Lindblom, "The science of muddling through," *Public Administration Review*, 19(1959), pp. 79-88; Charles E. Lindblom, *The Intelligence of Democracy: Decision Making through Mutual Adjustment*, New York: Free Press, 1965.

[28] 在政治学著作中有很多这类过程的例子,而一些经典案例可以在亚伦·威尔达夫斯基的作品中找到。See Aaron Wildavsky, *The New Politics of the Budgetary Process*, Boston, Mass.: Little Brown, 1988; Jeffrey Pressman and Aaron Wildavsky, *Implementation*, Berkeley, Calif.: University of California Press, 1973.

[29] Karl R. Popper, *The Open Society and Its Enemies*, London: Routledge and Kegan Paul, 1966; 在相信存在自然科学家和社会科学家等能够发现的自然和社会的一般规律方面,波普尔有些不同于实用主义者。实用主义仅仅相信存在着需要解决的特定难题,而不相信存在等待发现的法律。

[30] Gus Dizerega, "Unexpected harmonies: Self-organization in liberal modernity and ecology," *The Trumpeter*, 10(1993), pp. 25-32.

[31] Steven Kelman, *Making Public Policy: A Hopeful View of American Government*, New York: Basic Books, 1987.

[32] Adolf Gundersen, *The Environmental Promise of Democratic Deliberation*, Madison: University of Wisconsin Press, 1995.

[33] Mark Sagoff, "The politics of regulatory reform: 'New' environmental policy instruments in Finland," *Environmental Politics*, 12/4(1988), pp. 24-48.

[34] Mark Sagoff, "The politics of regulatory reform: 'New' environmental policy instruments in Finland," p. 53.

[35] Marcel Wissenburg, *Green Liberalism: The Free and the Green Society*, London: UCL Press, 1998.

[36] Andrew Dobson, *Citizenship and the Environment*, Oxford: Oxford Uni-

versity Press，2004.

[37] Avner De-Shalit，*The Environment Between Theory and Practice*，Oxford：Oxford University Press，2000，pp. 92-129.

[38] Bruce A. Williams and Albert R. Mathenyy，*Democracy，Dialogue，and Environmental Disputes：The Contested Languages of Social Regulation*，New Haven，Conn.：Yale University Press，1995.

[39] Manuel Arias-Maldonado，"The democratisation of sustainbility：The search for a green democratic model，" *Environmental Politics*，9/4(2000)，pp. 43-58.

[40] Lyle Scruggs，"Is there really a link between Neo-Corporatism and environmental performance? Updated evidence and new data for the 1980s and 1990s，" *British Journal of Political Science*，31(2001)，pp. 686-692.

[41] George A. Gonz lez，*Corporate Power and the Environment：The Political Economy of US Environmental Policy*，Lanham，Md.：Rowman and Littlefield，2001.

[42] Douglas J. Amy，*The Politics of Environmental Mediation*，New York：Columbia University Press，1987.

[43] Douglas J. Amy，"Decision techniques for environmental policy：A critique，" in Robert Paehlke and Douglas Torgerson(eds.)，*Managing Leviathan：Environmental Politics and the Administration State*，Peterborough，Ontario：Broadview，1990，pp. 60-64.

[44] Charles E. Lindblom，*Politics and Markets：The World's Political-Economic Systems*，New York：Basic Books，1977，pp. 171-175.

[45] Daniel Press，*Democratic Dilemmas in the Age of Ecology：Trees and Toxics in the American West*，Durham，NC.：Duke University Press，1994.

[46] 柯尔曼曾对"公共精神"在美国政治中占主导地位的程度作了更为清晰的阐述。在他看来，总统、国会议员和行政官员都主要是受到一种努力制定好的公共政策的诚实期望所激励。但柯尔曼也承认，特殊利益团体有时会颠覆这种令人愉快的局面。

[47] Bruce A. Williams and Albert R. Mathenyy，*Democracy，Dialogue，and Environmental Disputes：The Contested Languages of Social Regulation*，pp. 19-24.

[48] John S. Dryzek，*Rational Ecology：Environment and Political Economy*，New York：Basil Blackwell，1987.

第六章　交给市场:经济理性主义

当谈及作为指导公共政策的理论时,民主实用主义者是持不可知论的。他们唯一愿意接受的检验是实践性的,即一个理论激励下的政策是否在实际应用过程中有效。实用主义者所喜好的政治,往往包容着来自不同理论和观点的信徒。在过去三十年中,实用主义最突出的政策观点一般来说是关于经济的。这种观点在不同的地方被冠以不同的名称:市场自由主义、古典自由主义、新自由主义和自由市场保守主义。有时,它甚至是个性化的,在英国是撒切尔主义,在美国是里根经济学,在墨西哥是萨利纳斯式新自由经济主义(依据卡洛斯·萨利纳斯总统的名字而命名),在新西兰是罗杰经济学(来自财政部长罗杰·道格拉斯)。现在,在这些旗帜下航行的许多人是普罗米修斯主义者,他们相信,政府在环境事务中所做的唯一事情是不要给市场画蛇添足,那样人们的独创性就可以得到充分的发挥。当然,也有些其他类型的信奉市场原则的人。他们承认,无论在其他领域中的表现如何,市场在环境方面的好处并不总是存在,因而往往需要被创造出来并加以管理,有时甚至要借助税收手段。因此,它们的话语是理性主义的,需要政策制定者的大量思考、计算和设计。

经济理性主义可以界定为,信奉通过对市场机制的有效配置来实现公众目标。与行政理性主义不同,它反对政府官员在环境管理中的监管角色——当然,不包括政府创建市场的基本参数的努力。在这一关键性方面,经济理性主义变得有些依赖于行政理性主义,而在其他方面它是轻视后者的。对市场的信奉也许意味着,经济理性主义天生的政治归属在于政治右翼。在美国,“自由市场环境主义者”得益于这种连结关系而不惜损害他们所支持的政策。[1]不仅如此，一些具有左翼和/或绿色色彩的人士也被环境背景下的市场利用所吸引，而且一些偏社会民主主义政治取向的政府比如德国、新西兰和法国政府，也已率先倡导经济理性主义的环境政策工具。而一个特殊的政策方法即进城费与隶属于工党的伦敦市长肯·利文斯通(Ken Livingstone)相关。

威廉·雷利(William Reilly)——老乔治·布什总统政府的环保署长，而在那之前是保护基金会的主席——宣称，“市场的力量是改变个人与制度的行为的强有力工具。如果被正确地运用，它们能够以更低的成本和更少像传统规制方法遇到的那样的反对，来达到或超过环境目标”[2]。总统的变化并没有使这种积极性变得沮丧：1992 年，比尔·克林顿总统谈到“利用市场力量”引导公司结合“环境动机进入其日常的生产决策”。[3]在 2003 年，小乔治·布什政府的环保署长迈克·列维特宣布了他对“托管前市场”(markets before mandates)的信奉，因为“基于市场的方法和经济激励往往能以较低的成本带来更高的效率”[4]。2004 年，美国内政部长盖尔·诺顿描述了一种“新环境主义”。依据这一新思维，土地所有者可以获得保护栖息地的更大激励，尽管它最终被证明是包含了经济理性主义者所不喜欢的基金和补贴。

市场类型的政策工具经由经济合作与发展组织(OECD)这一世界发达国家的有钱人俱乐部和欧盟得到了发展。[5]欧洲环境局(EEA)已建议用一个全面的环境税收体制来替代收入所得税制，并将其作为政府收入的主要来源。[6]1987 年，布伦特兰报告即《我们的共同未来》表示赞同经济政策工具，而这一报告被普遍认为开启了国际舞台上可持续发展的时代。尽管有着如此的热情，但多少有些滑稽的是，基于市场的政策工具的应用依然是有限的。

笔者对经济理性主义的讨论，将从它最纯粹的形式开始，即强调环境资源向私有财产的转化。然后，我会转向那不太激进的立场，即强调市场刺激但并非一定是私有财产。

1. 尽可能私有化

市场是货物、服务和金融工具在其中相互交换的系统。市场平稳地

运行，以至于交易的参与者确信，他们确实拥有买卖货物的权利——换句话说，他们拥有财产权，无论它是一辆汽车、一罐豆子、一家公司、一个池塘或一块土地。因而，如果我们想要有环境商品市场，那么，我们也就需要有适当的私有财产权。根据经济理性主义的看法，这些权利的划定和执行是政府的主要工作。为何私有财产权利和市场如此值得期待呢？这是因为，与同他人共有的东西相比，人们往往更关注他们私人所有的东西。这就是为什么公园里的垃圾要比私人庭院里的多，而美国西部公用的牧场要比私人的土地更容易退化。与它在生存主义中的作用相比，公地的隐喻在经济理性主义中发挥的作用要小得多，但后者对公地的悲剧有一个清晰的解决方法：将其分成私有财产。一旦公地被分割，可以依据谁出价最高而把这些块土地出售。经济理性主义告诉我们，在一些既定条件下，市场可以使社会福利最大化，而环境商品市场也不应例外。对某一商品的财产所有权，将会被那最看重它并愿意出最高价者买走。

很容易看出，这种所有权和市场之间的逻辑适用于普通物质商品、服务、教育甚至劳动力，但很难说它如何能够成功应用于环境。但是，经济理性主义者在此应用同样的逻辑时没有发现什么实质性困难。罗杰·梅纳斯(Roger Meiners)和布鲁斯·杨德(Bruce Yandle)认为，“环境论争看起来浓缩成了关于私有权的争论”[7]。当然，这种阐释并不意味着，阐明、执行和判定一个适当的权利系列，将会是一件易事。但经济理性主义者坚定地认为，未能这样做是环境难题的核心所在；正如威廉·米切尔(William Mitchell)和兰迪·西蒙斯(Randy Siommons)所说，“环境难题应当更多地被理解为政府划定私有权的失败，而不是私人利润追逐的失败”[8]。

那么，一套适当的私有权看起来像什么呢？在土地问题上，答案很简单，私有权体系的建立，只需要将其扩展到所有的土地。实际上，这只是拥有大量公权土地的国家的政治议题，比如在美国。美国的自由市场环境主义者，一直被公共土地议题困扰着。这种土地很多都位于西部各州，而且其中大部分由联邦政府的机构控制，特别是国家公园管理局、国防部、林务局和土地管理局。除了五角大楼，它们几乎都是专业性的土地管理机构。实际上，正如经济理性主义者争辩的，这些机构经常担当一种特殊利益团体滥用土地的渠道的角色。[9]牧场主们可以以低于市场的价格在公共土地上放牧，而且很少关心这些土地的动力，因为他们并不拥有它们。伐木公司获得了巨额补贴来开采国家森林，因为森林管理局以公共支出建造了道路。森林管理局从木材租赁契约中获取的收益比修建通往出租区域道路的投资往往要少许多。因而，这相当于公然地资助破坏荒野。荒野爱好者可以自由地并且经常受资助进入穷乡僻壤，结果导致了那里的过度利用和退化。政府投入巨资修建的道路和装备，使旅游者可以到达国家公园的更多地方，而它们也被过度利用和滥用。采矿公司可以利用陈旧的19世纪的法律，从而拥有在公共土地上的矿产开采权，而实际上它们什么都不用支付。

根据经济理性主义的看法，如果土地被私人拥有，上面所述的这些滥用就不会发生。牧场主会有充分的动机不去过度放牧，而且会对土壤和植被投资保护。那些不能被经济砍伐的森林的拥有者会将它们保持成荒野区域，或者投资于野生动植物保护以吸引狩猎者或摄影爱好者，这些人的进入将被收费从而为保护性投资提供收入。如果矿物权也被私有化，那么将会有一个更加有序和有效的矿产市场，人们将不再低效率地争夺资助权。如果公园实行私有化，那么旅游者和徒步旅行者将不得不以市场价格进入公园，私有者也会有动机使用这些收入提高公园的娱乐价值。如果任何人为了荒地的价值或者为了栖息在其中的物种而希望保护荒野，而不是为了娱乐机会，那么他们可以买下来然后去做这些事情。这也正是大自然保护协会(NC)这样一个私人组织正在从事的。大自然保护协会对于市场逻辑的诚恳接受和一种联合的公司模式，最终使它允许在其土地的一些地方进行石油钻探和伐木，并向开发者出售土地建造奢侈的度假别墅(比如在马萨诸塞州的马撒葡萄园岛)。这使它们可以购买更多的土地进行保护，尽管这看起来并不像是在进行自然保护。

土地的私有化仅在北美是主要的议题，因为在其他发达国家，大部分土地已经是私有的。空气和水有所不同，在此，私有财产所有权的阐明需要更多的独创性。这种论点也对更多国家适用，因为所有这些国家都污染了空气和水。

空气是难以私有化的，因为，它以土地所不能的方式四处流动(除非

极少发生的地震、山崩和土壤侵蚀等情况)。但是,空气的可利用性质使得人们可以在其上附加私有财产权,这一权利通常与某一块土地相联系。所以,呼吸清洁空气的权利可以附加于对一块住宅和商业土地的所有权。任何通过向大气排放污染物而侵犯该权利的人,都会被法院要求或者予以赔偿或者预防对清洁空气所有权的侵犯。在这种制度中,法律系统发挥了一种扩大的作用。

一种立即会出现的难题是如何识别排污者和追踪污染对人们健康的影响。这会格外的困难,特别是当存在着多个排污者时。我的花园的空气可能不清洁,但我的咳嗽究竟是因为附近垃圾散发的沼气、本地有毒废弃物焚化装置排放的重金属、汽车排出的烟雾,还是城市燃煤发电厂排出的二氧化硫?或者是因为我的邻居正在燃烧她的垃圾?很明显,这需要检测技术的巨大改进,而且在这些技术取得成功之前,空气的所有权很难取得进展。像特里·安德森(Terry Anderson)和唐纳德·里尔(Donald Leal)这样的市场狂热者也承认了这一难题[10],这也是为什么他们幻想追踪所有的污染源,并希望改进卫星追踪大气中化学物质等技术的原因。

这些难题中的一部分也适用于水,尽管清洁水的私有权在某些情况下已经被建立起来。在英国,私人休闲钓鱼权被附加于河流或湖泊的延伸,与之相伴随的是水清洁得足以使鱼活跃的权利。所以,任何排污者,无论在上游或者湖泊中的任何地方排污,都会遭到拥有钓鱼权的个体或者钓鱼俱乐部的控告。垂钓者协会一直热心于提供反对排污者的案例。结果,英国的排水渠,虽然极少是原始纯洁的,但要比在相反的情况下清洁得多。受益者不仅包括鱼和钓鱼者,也包括在河流和湖泊中游泳的人(鉴于天气状况数量非常少)、依赖河流作为饮水源的人(数量更多一些)以及水生群落中的动植物。

在干旱地区,主要的水议题不是污染,而是供给。美国西部提供了最具争议和麻烦的案例。水的流量权一般属于第一个对它们提出要求的人。然后,“使用它或者失去它”(use it or lose it)的信条发挥作用。这意味着,当使用者不再需要水时必须浪费它。这是由于他们担心,如果不这样的话,当他们确实需要水时会失去使用它的权利。不需要多少经济天才就可以认识到,更为有效的是允许个人和企业买卖河流或小溪中特定部分的权利。美国的水政策还遭到自由市场论者的抨击，因为它为一些成问题的工程项目提供了巨额的公共补贴，而这些项目旨在建造大坝和运河以供应农业综合企业和其他少数富裕利益团体。最大的反面角色是美国垦荒局，它长期以来被视为美国政府中最强权的部门之一。[11]该局的主要任务是在荒漠上发展农业。它的工作造成的巨大生态成本包括水流的消失，在建大坝后的淤积和土地盐化。如果西部农业综合企业、城市和工业必须为它们消耗的水支付市场价格的话，那么，这些公共补贴和生态成本根本就不会发生。就此而言，福利灌溉并不比福利伐木、福利钓鱼、福利徒步旅行、福利旅游和福利采矿更容易得到辩护。所有这些活动都成本巨大并具有环境破坏性。

土地、空气和水一起，涵盖了我们平常以“环境”所要指称的很多事物，所以，如果所有这些能够被私有化，根据市场论者的看法，我们就可以更接近于解决所有的环境难题。我们可以通过私有化物种、野生动植物和鱼类走得更远，可以通过物种基因的所有权对物种进行私有化。例如，一些制药公司要求拥有濒危热带森林生态系统中某些珍贵植物的所有权，以便在生产新的药物时发挥它们实际的或潜在的作用。野生动植物可以与土地一起被私有化，或者当动物在所有者边界徘徊时，可以依靠无线项圈对其进行追踪。安德森和里尔认为，鲸鱼应当转变为私人所有：“鲸鱼也可以通过基因印章被‘打上烙印’并且被卫星追踪。”[12]打算保护鲸鱼的保护主义者可以购买它们，正如捕鲸者想要猎获它们一样。市场可以决定最合适的平衡。但需要注意的是，捕鲸人不会捕获至灭绝它们，因为一旦他们拥有了私人所有权，他们就会有动机为鲸鱼群落的兴旺投资，就像农场主为他们的动物兴旺投资一样。

市场狂热者坚持认为，环境难题的解决开始于并且结束于私有财产所有权的建立。正如罗纳德·科斯（Ronald Coase）以污染的例子论证的[13]，无论是排污者还是污染受害者，谁有权利并不重要，只要它在法律上是清晰的。因为如果法律上存在不受限制的污染的权利，受害者就会联合起来形成污染的市场解决方法，尤其是愿意向排污者支付资金以削减排放。依据受害者愿意支付的水平，或者它是否大于或小于排污者从该行为中获取的利润，削减将会以一种市场效率意义上最优的结果发生

或不发生。尽管我们没有发现世界上哪个地方的受害者表示愿意向排污者支付资金以阻止污染的事实,这并没有阻止科斯的文章被经济学家视为经典名作(斯堪的纳维亚的政府表示愿意向波兰支付资金以阻止它污染大气,但这是政府行为,而不是公民受害者向排污者出价)。[14]

那些相信无论一个事物是否会移动都应该被私有化的人,代表的是经济理性主义中的激进一翼。它的代表是美国的一些智囊团,比如位于西雅图的经济和环境研究基金(FREE)、蒙大拿州波兹曼市的政治经济研究中心(PERC)、旧金山的太平洋研究所(PRI)、加利福尼亚州奥克兰的独立学院(IR)、华盛顿特区的加图研究所(CI)以及保守机构比如美国企业研究所(AEI)。在英国的相似机构有位于伦敦的经济事务研究所(IEA),而在澳大利亚有位于墨尔本的塔斯曼研究所(TR)。即使在美国,主张私有化者对于公共政策内容的影响也是很小的。

更具影响的是另外一些经济理性主义者,他们不是提倡大规模的私有化和私有财产权,而是提倡通过市场类型的机制和经济激励来促进有利于环境的适当行为。

2. 如果不能私有化,就尽可能市场化

强硬的经济理性主义立场是,空气和水的私有财产权必须被建立和加强,没有其他选择。尽管如此,鉴于这一强硬立场实施的实质性困难,经济理性主义经常转向次优的选择:政府监管的市场,再不行的话,就准市场激励。环境领域中最流行的监管市场的建议是排污权。政府划定一个空间范围或水域,并确定排污被允许的最大限度,然后将这些权利拍卖给出价最高者。在最初的拍卖完毕之后,排污者可以与其他人买卖权利。减排比较简单和便宜的排污者将会削减而不是购买排污权,而减排比较昂贵的排污者会购买排污权。因此,政府确定的减排水平能够以成本最低的方式实现。相信可以做得更好的环境主义者还可以自行购买配额,但并不使用它们。[15]

在美国,可交易配额已经在有限程度上被引入——1979 年,联邦环保署通过在一些地方提出“气泡”(bubble)概念而启动了这一进程。但实际上,气泡仅涵盖了特定的工厂,所以排放物的“交易”仅仅在一个公司内发

生(也就是说,允许公司决定在工厂的哪一部分做到最便宜地减少排放,而不是让政府规制者决定公司在工厂的特定部分使用具体标准和技术)。环保署促动的气泡和相关交易活动,很难导致公司之间排放物权的交易,至少就经济理性主义者追求的那种类型而言是很难的。[16]

1990年,美国《清洁空气法修正案》允许在更大范围内对燃煤发电厂的二氧化硫进行排污权交易。依据该法案,始于1995年的污染信贷授予了国内最脏的燃煤发电厂中的一百一十家,它们排放的二氧化硫占到所有排放量的30%～50%。芝加哥商品交易所举行额外信贷的拍卖。但是,这依然是一种具有高度限制性的创议,与纯粹的经济理性主义者关于可交易配额的立场还有很大差别,而就美国现实中的试验来说也是如此。在一个更大的范围内,1987年签署的保护臭氧层的《蒙特利尔议定书》,对氟氯碳化物的排放为各国提供了配额交易。虽然英国在2002年开始尝试进行二氧化碳的排放交易,但欧洲国家对可交易的排污配额并不热心。

可交易的配额也可以用于鱼类资源。[17]配额可以是允许在特定时间内对特定渔场实施捕捞。需要一些政府机构来确立这种配额(而且这种配额应不断调整从而使渔场日益兴旺),然后,这些配额就可以在市场上进行交易。澳大利亚率先为其南部的金枪鱼渔场创建了这一体制,到2004年,该体制已经在二十一个渔场实施。1995年,可交易配额被引入了阿拉斯加的太平洋大比目鱼渔场。世界各地的渔场都一直在遭受着公地的悲剧,当捕捞者竞相捕捞的时候,就导致了过度捕捞、耗竭和过度投资。在这一领域中,可交易配额不如其他的规制形式使用范围广泛(例如对渔船数量、捕鱼季节、设备和允许捕捞总量的限制)。

比可交易配额应用更广泛的是准市场激励,这一做法借助相关标准和收费进行污染控制,有时它们也被称作"绿色税"(green taxes)。具体来说,这一做法是:政府设定一个周围环境的标准(例如,市区空气的一氧化碳标准),然后向威胁这一标准的行为征收税款或者费用。该税额可以根据排放行为造成污染的货物量或者污染行为本身确定。虽然欧共体对镉电池征税,几年前英国政府还提出了对步行靴征收环境税的建议(该税税额依据靴子对国家公园和其他景区道路造成的损害来征收),但一般而言,对物品征税的例子是比较少见的。根据污染本身征税的例子包括烟

囱排放的每千克二氧化硫的费用，或者河流中有机污染物的每千克生化需氧量(BOD)的费用。

经济理性主义关于绿色税体制的论点是，它们将裁置权留给了排污者，由后者来考虑削减多少排污量和运用何种技术。如果排污者选择消除污染，那么他们会寻找最具成本效用的方法。如果认为消除比较昂贵，排污者会选择缴纳费用后继续排污。所有的排污者都会寻求生产过程中降低排污的方法，因为这总会节省资金。政府应当对每单位排污量设置足够高的征费标准，以引导它们达到所要求消除的程度。[18]

绿色税在美国的联邦层面上并不怎么特别受欢迎(尽管在各州和地方政府层面上存在着数百种)。[19]阿尔·戈尔在2000年的总统竞选中放弃了他先前对于绿色税的承诺。绿色税思想在20世纪80年代末和90年代初引起了英国政策话语的注意，这段时期是环境主义与信奉市场价值的全国政府的蜜月期。撒切尔首相回忆到，因为她曾在牛津大学学习过化学，所以她可以识别她看到的化学污染。关键性文件是环境经济学家戴维·皮尔斯(David Pearce)1989年为英国环境部所作的报告，题目是《绿色经济的蓝图》[20]，其中倡导一个广泛的绿色税体制[21]。1990年英国政府颁布了题为《共同的遗产》的白皮书，并将《皮尔斯建议》作为一个附件。1992年末，政府宣布“将来会有赞成经济工具的一般性假定”[22]。这种假定对政策内容的影响是缓慢的。英国的难题在于财政部将绿色税理解为增加财政收入，并且想在不借助政府环境部门的情况下设定标准。这使得产业界感到忧虑，它们预期征收费用将会发生波动，而且由于政府税收的需要多半是会提高。这也使得环境主义者担心，因为它给予了政府在污染上的既定利益，排污越多，政府收入也就越多。[23]由于财政部在增加税收意义上看待绿色税，所以它反对使用税收体系服务于环境目的。1996年，运往垃圾填埋场的固体废物开始成为征税的对象。最著名的绿色税是2003年在英国伦敦开始征收的进城费，向进往伦敦中心的车辆征收。该项费用成功地减少了交通堵塞和空气污染。市长肯·利文斯通通过该费用把握住了他的政治前途——赢得了2004年的连任。

其他国家在运用绿色税方面取得了更大进展，特别是在水污染方面。法国、德国和荷兰在它们的环境政策工具体系中使用每单位排污量的收费。[24]在法国，收费主要用作增加收入的手段，但是费用并没有高得足以影响排污者的行为。在荷兰，收费是成功的，并且得到了环境主义者的广泛支持。在德国，绿色税仅在较传统的规制系统内发挥了次要的作用。德国市政当局对政策落实保持着实质性的控制，并经常向下游倾泻污染。在这三个国家，增加的税收被指定用于改善水质的工程。正如罗伯特·哈恩(Robert Hahn)指出的，“收费和可销售的许可计划……很少以合乎规范的形式被引入”[25]。经济理性主义倡导的政策中的大部分都是如此：文件规定上说得清清楚楚，但实际的执行却是含糊不清的。

倡导绿色税者关注的一个国际性环境难题，是全球变暖，这主要由于石油燃烧产生的二氧化碳的集结造成。丹麦、芬兰、荷兰、挪威和瑞典率先引入了二氧化碳税，以燃烧的每吨石油的排出量为单位征收。其他欧洲国家紧随其后。2001年，英国引入了气候变化费，向二氧化碳排放量较高的工业和政府机构燃烧的化石燃料征收，不过征收范围受到限定，而且还有一套复杂的豁免程序。在美国，克林顿政府曾提议征收能源税，但未能在国会获得通过。

在结束绿色税的讨论之前应该指出的是，激进的自由市场狂热者之所以反对它，主要是因为这种税要求政府管理者在设置和调整税率等方面具有适当的作用。[26]另外，这些狂热者相信，环境难题的真正原因在于政府对私有财产权不充分和不恰当的规范，在这些状况得到纠正之前，其他政策行为是无效的并且达不到预期目的，其中也包括绿色税。

向货物征收的绿色税被设计用来引导消费者进行对环境危害较低的消费。一个可以服务于同一目的的、基于市场的替代性方法，是提供关于商品对环境影响的信息，从而使绿色消费变得便利。商品“生态标签”(eco-labeling)的想法在1977年开始于德国，但该计划中最成功的应该是“北欧天鹅”(Nordic Swan)认证，它自1989年开始在北欧国家运作。生态标签计划已经涵盖了从森林产品(可以被确定为与破坏热带阔叶林无关)到有机食物的范围。绿色消费主义的批评者指出，这并没有影响到个人消费的商品的总量，而且它只是面对生态破坏的结构性原因时进行的象征性替代。[27]然而，严肃地抗拒消费从理论上说可以产生巨大的影响，因为消费模式引导着大部分的经济活动。[28]问题在于，绿色消费者的个人选择与企业资本主义的力量不相匹配，而后者推动着对环境不负责任的消费——包括“洗绿”产品。

3. 经济理性主义话语的分析

3.1 被承认或建构的基本实体

经济理性主义的世界是由经济行为体组成的。经济人作为一个消费者或者生产者而出现；并且如果生产者组织成了公司，公司仍然像个人一样运转。市场、价格以及财产具有真实性的存在。在有些方面，政府也作为类似于经济个体的集合体而存在。然而，经济理性主义话语在这一点上，是包含歧义的和容易招致麻烦的。一些经济理性主义者将政府作为全部由经济人个体充斥的所在来对待，仅仅关切他们自己的物质利益，为了自己的好处而利用大众。这就是为什么他们通常倾向于市场而非政治。[29]但是，即使这些顽固的经济理性主义者，也需要有人、在某处以公共利益的名义掌管着这一体制，否则，谁来制定他们追求的私人财产权的适当制度呢？

经济理性主义中明显缺少的是公民（民主实用主义中大量存在的那种）。同样，环境的存在并没有得到非常强烈的关注。“环境”至多是某些人的决定对另一些人产生影响的一条路径——例如通过污染。生态系统的存在——更不必说那些难以理解的、穿越私有权界限的和对人类活动构成妨碍的生态系统——并未被察觉。没有像荒野这样的事物，只有关于荒野的体验（简言之，人类对宜人荒野的感知）。在这里，它与后现代主义者有着一种奇怪的亲密关系，“自然”对于他们来说是一种人类的社会建构。这种对自然认可的缺乏，可以从安德森和里尔关于从黄石国家公园迁徙到牛牧场并潜在地传播着布鲁氏菌的野牛的评论中清楚看到：“黄石野牛的迁徙就像其他的污染例子，一方的活动——在这个例子中是国家公园局，影响了另一方——在这个例子中是蒙大拿牛牧场。”[30]因此，野牛并没有被承认为黄石生态系统中的一部分，而是被贬低为污染物，至多是一部分人（国家公园局官员）影响另一部分人（牧场主）的介质。

与普罗米修斯主义者不同，经济理性主义者承认自然资源的存在，这就是为什么创建对这些资源的财产权是至关重要的。如果进一步与普罗米修斯主义者相比较，经济理性主义者很可能未必否认有限资源所强加于人类活动的极限的存在。

3.2 对自然关系的假设

经济理性主义者假定，贯穿个体和集体行为者（例如公司）的基本关系是竞争性的。民主实用主义者寻求的合作性难题被排除在外。与它理解的政府不过是理性的自我主义者的聚集（有时是工具）以便实施对公共利益的抢劫所包含的歧义性态度相一致，经济理性主义者被政府内部等级的存在搞糊涂了。行政理性主义，正如我们在第4章看到的，欣然接受基于专家意见的层级制。而轮到经济理性主义者时，他们也不得不这样做，因为，一些专家必须处在权威的位置来规定适当的私有财产权，或者设计绿色税收。当然，专家本身必须是经济理性主义者；但是，他们不能是经济行为者，因为那样的话，他们将以自己的个人利益而不是公共利益为标准来设计方案。

隐含在经济理性主义中的其他类型的等级制是人类和自然世界之间的。经济理性主义是彻底的人类中心主义的：自然的存在只是为了给社会经济机器提供输入，满足人类的愿望和需求。由适当的专门技术来操纵这些环境输入是理所当然的。只要拥有了适当的财产权和动机，个体行为者就会有效利用专家特长并带来有益于社会整体的结果。

3.3 施动者与其动机

经济理性主义者的主要行动者是经济人，行为动机是人们物质的私利。但正如我已经指出的，豁免权被授予了少数政府部门，以便它们依据公共利益的动机来考虑问题，尽管这种公共利益是按照经济理性主义的术语来界定的。当然，那些专门制造恐怖故事的政府行为者不被授予这种旨在促进公共利益行为动机的豁免权；它们被作为理性的自我中心主义者对待，其相互作用带来各种不正当的结果。经济理性主义中最缺少的是任何一种积极公民权的概念；经济理性主义废除了公民权。我从信奉经济理性主义的维多利亚州政府那里收到一个通知——我曾经住在那里，它的地址名称是“亲爱的客户”。可见，在维多利亚州不存在公民。

3.4　关键隐喻和其他修辞手法

如同第3章中分析的普罗米修斯主义话语一样，经济理性主义的基本隐喻是机械论的。社会被作为生产产品来满足人类欲求的一个机器对待，因而可以通过诉诸其构成成分和功能加以理解。与普罗米修斯主义者不同，经济理性主义者相信，这一机器可能需要重新装配，比如通过财产权的重新界定。一旦我们划定清楚了财产权，那么，这一机器将平稳地运行。环境资源被作为向社会机器的输入来对待，它们既可以是用于生产的原材料，也可以是舒适的自然条件，比如荒野和洁净的空气。

经济理性主义者是熟练的修辞学家。政府行政部门对工商业中环境事务的干预，曾经被精确而简单地称为“规范”(regulation)。经济理性主义者反对规范，他们成功地将其污蔑为“控制式命令”。实际上，环境行政部门中很少命令和控制，更多存在的是政府官员和污染者之间的非正式合作关系(参见第4章)。因而，作为对现实世界的描述，这个术语是可笑的；但是，作为一种修辞策略，它是聪明的。随着真正依据命令和控制运作的苏联模式的垮台，谁还会喜欢这样一个体制(也许除了军事)?

另一个同样聪明的修辞，是形容词“自由的”的运用，尤其是用来描述市场。市场就是市场，为什么还需要冠之以“自由的”，尤其是考虑到市场只能在政府提供一种支持性法律环境的前提下才能正常运转？与之相关联的是，为什么是资本主义的公司被称为自由企业？答案在于，自由民主社会中的那些自由标准非常流行。在自由市场和自由企业中，强制在事实上和词汇上都已被废除。

经济理性主义中的第三个普遍性修辞策略，是政府行动总是带来不正当的、效率低下的和昂贵的结果的恐怖故事。[31]在美国，最广泛流传的环境恐怖故事之一是由布鲁斯·阿克曼和威廉·哈斯勒——他们本身并不是经济理性主义者——通过对1977年《空气洁净法修正案》的分析提供的。[32]阿克曼和哈斯勒阐明了在环境规制立法中一个特别插曲的灾难性后果。高硫煤的东部生产者和环境保护主义者一起去说服国会，命令所有新燃煤发电厂安装净化器以去除排放物中的二氧化硫，而不管燃煤的硫含量有多低以及因此排放的二氧化硫有多少。这一措施严重歧视了西部低煤的生产者，并使得需要花费上亿美元的资金才能实现这一地区的环境质量目标，而这要比通过转向低硫煤来实现这一目标所花费的多得多。不仅如此，立法允许现有的燃煤电厂不带附加控制地运行，使得旧的和脏的工厂获得了与新工厂相比的竞争优势，并可以坚持更长的运营时间，这事实上鼓励了增加污染。

其他出色的恐怖故事还有："超级基金"，它以高成本、低收益来移除有毒废弃物[33]；"水政策"，很奇怪地，它促进了荒地中的水密集型农作物的发展，比如大米和棉花；"木材政策"，它给予非经济的木材采伐以高额补贴。这些恐怖故事大部分都是真实的。它们的修辞力量伴随着经济理性主义者将这些故事的普遍化而产生，把美国政府所采取的环境行动推广到所有政府的所有环境行动。尽管，这种错误也许只属于美国联邦政府，而不是一般意义上的政府。

经济理性主义的话语分析可概括为表 6.1。

表 6.1　　经济理性主义的话语分析

1. 被承认或建构的基本实体
   * 经济人
   * 市场
   * 价格
   * 财产
   * 政府(不是公民)
2. 对自然关系的假设
   * 竞争
   * 基于专家意见的层级
   * 自然的服从
3. 施动者与其动机
   * 经济人：自私的
   * 一些政府官员必须受公共利益激励
4. 关键隐喻和其他修辞手法
   * 机械论的
   * 污蔑规章是"控制式命令"
   * 与自由相联系
   * 恐怖故事

4. 经济理性主义的评价

环境事务中的经济理性主义已存在很长一段时间了。准市场激励系统的分析和辩护，自从20世纪60年代以来一直是环境经济学的主题，而且，更激进的市场取向论点在20世纪80年代占了上风。（因而奇怪的是，这些旧政策竟被纳入了“新环境政策工具”的目录[34]。）这些论点与20世纪80年代占支配地位的政治话语十分一致，先是在英美世界风行，然后扩展到主导整个国际经济事务。参加1997年关于全球气候变化的京都谈判的美国代表团，推动制定了在二氧化碳排放上的国际可交易配额，但具有讽刺意味的是，美国已经不能在国内履行这些污染配额了。像经济合作与发展组织和欧洲环境局这样的国际组织，长期以来一直在推行这种政策。然而，经济理性主义向环境政策实践扩散的速度极其缓慢。规制政策工具仍然支配着各地的反污染政策，资源的可交易配额仍是稀少的，而且资源和环境商品的私有化更是少见。即使当政策工具被采用时，也没有出现像经济理性主义者寻求的那样的大规模制度性变化。规制机构仍然存在，并且远未被财产权体制或绿色税收的经济计算器所代替，正是这些规制机构管理着这些计划。就制度而言，经济理性主义的影响远不及行政理性主义和民主实用主义。正如我们在前两章中看到的，后两者在最近四十年中是环境制度发展的主要推动因素。经济理性主义在政策层面上影响的缺乏也许体现了它在制度层面上的失败，因为政策建议未能找到一种适合的制度渠道。结果，现实中所发生的往往只是经济政策建议的渐进的和被扭曲的应用。

毋庸置疑，对经济理性主义在环境事务方面进展缓慢的部分解释，在于纯粹的惯性和既成惯例的抗拒。但如果惯性是如此的强大，为什么经济理性主义能够在比如劳工市场非规制化、交易非规制化、国有工厂和公用事业的私有化，甚至福利国家的重新设计等领域取得较大进展？另一种解释也许会指出，经济工具的建议从未能够理直气壮地进入经济学的教科书；相反，它们的进入和它们的设计严重依赖于政治力量和主导性的政治经济背景的构型。我们已经在英国的例子中看到，例如，财政部如何根据它税收增长的潜力对待绿色税收，但这样做使得工业和环境保护主

义者都紧张。更为通常的是，工商业可能因为它们不得不支付消除污染的成本和税收而反对绿色税。[35]只要绿色税和可交易许可仅仅零星地运用，公司就不会进行重组以回应这些工具所提供的节省费用刺激。另外，管理标准设计中可能已经包含了现有公司的输入从而歧视任何新进入者——或者规定对新污染源的更严厉的标准，因此现有公司也许反对以市场为基础的选择。[36]

经济理性主义关于市场取向的政策工具论点植根于新古典主义微观经济学的仙境，它与现实世界是大不相同的。纯洁的仙女们并不对政策设计和落实负责。罗伯特·斯塔文斯(Robert Stavins)指出，在美国，环境法是由那些根本不懂经济的律师组成的国会书写的，他们是些被象征性政治所吸引的人，希望能够通过把严厉的标准与松懈的执行相结合而同时取悦双方。但是，环境领域在所有这些方面几乎都不是孤立的。[37]

要寻找经济理性主义遭到抗拒的深层原因，我们需要把其作为一种话语而不是一系列政策建议和制度来对待。由于经济理性主义所承认的基本行动者及其动机是经济人性质的消费者和生产者，因而经济理性主义中没有公民。安德鲁·多布森认为，经济激励本身不太会导致一个可持续社会所要求的实质性的和多方面的行为变化。[38]更严肃地说，这些刺激会削弱生态公民权。萨戈夫指出，所有的个人都具有消费者偏好和公民偏好，而且这些偏好指向不同的方向。[39]作为一名消费者，我也许希望利用高速公路以便更快地去工作；但作为一名公民，我会抗议高速公路的建设，因为它们破坏了生物群落和自然区域。我们一般会把公民偏好放在第一位，只要我们拥有在适当政治框架内表达它们的机会。但是，经济理性主义只看重消费者偏好，而贬低公民偏好。他们所追求的世界很难让环境公民活动分子满意，这也是环境主义者经常反对经济理性主义计划的原因。当我们参观一个国家公园的时候，这是一种公民性行为。到过那里的部分感受是，它确实是一个国家公园，这对于一个加拿大人、美国人、哥斯达黎加人或日本人来说都是一个标志、一个共同信任和共同体自豪的宝库。参观其他国家的国家公园也包含着对其他国家身份和公民权的认可和尊重。这些都是迪斯尼永远不能提供的经历。

反对意见也可能产生于经济理性主义对待——或者更确切地说，没

有对待——环境的方式。回忆一下,在经济理性主义的话语中,环境仅仅作为某些人的活动对另一些人产生影响的中介而存在,以及作为社会经济机器输入的源头。依据这种思路,安德森和里尔把迁徙的美洲野牛视为“污染”[40],因为它们可能携带的病毒会影响牛群。因而,环境本身没有价值,而且大块的环境可以随意被买卖,仅取决于最有效的人类利用。就污染来说,经济理性主义没有赋予其任何恶名:污染权就像其他日用品一样可以被买卖。正如凯尔曼指出的,这种未能在道德意义上丑化污染的失败令许多环境保护主义者感到不舒服。[41]罗伯特·古丁(Robert Goodin)将政府贩卖大块环境和中世纪天主教会贩卖特赦作对比。[42]在这两个例子中,个人只要有钱就能使他们的罪恶得到宽恕。但正像天堂中的地方不能由教堂贩卖一样(只有上帝和圣彼得能决定),大块环境也不是政府能够贩卖的。马丁·路德及其绿色税的反对者们拥有比他们想到的更多共同点。

简言之,无论这些经济处方在工具意义上——甚至对于虔诚的环境保护论者来说也是如此——多么有吸引力,它们帮助建立了一种话语和一个世界,而那些赋予公民权、民主和生态价值以更高优先性的人并不这样认为。[43]当这些处方与一种总体上右翼的市场议程相连结时,就尤其如此。比如在美国,那些“自由市场的环境保护论者”向这些处方的趋近,就损害了他们所赞成政策的政治前景。多少有些矛盾的是,某些这样的政策似乎更容易在社会民主主义的北欧国家中实行,恰恰是因为它们对右翼意识形态理论没有吸引力。

经济理性主义进一步的局限性是因为它的隐喻结构基本上是机械论的。经济理性主义含蓄地否认了如下观念,即世界充满了复杂的生态和社会系统,它们之间存在着众多变量之间的和不确定的相互作用。经济理性主义者无法应对这种相互作用,因为这总是可能会侵犯私有财产权的界限,无论这一界限如何被谨慎地划定。例如,海洋渔业可交易配额的提议将不可避免地导致把物种孤立地对待。但是,任何单一物种的理性管理都是不可能的。物种的生存或者繁盛不仅取决于每年被捕获多少吨,而且还取决于同一生态位中的捕食者、被捕食者或者竞争者等发生了什么。此外,其他因素比如污染或者开发可能会影响到物种的生存环境。

最后，作为一种话语的经济理性主义与它对待的政府的混乱态度纠缠在了一起。它对政府的态度是十分暧昧的：在一个层面上，政府是由理性的自我主义者构成的，他们只是使公共利益满足个人自利，并且完全漠视环境价值；但在另一个层面上，有公德心的政府行动又是必需的，以便把经济理性主义的处方付诸制度和政策性的实践。因此，经济理性主义在关键时刻依赖于行政理性主义。经济理性主义中的"公共选择"学派，凭借制造政府在理论和实践方面的恐怖故事而兴旺；但事实上，未被充分认识到的是：公共选择学派还论证了，如果每一个人都是理性的自我中心主义者，政治秩序就是不可能的。[44]就环境事务而言，如果每一个人都是理性自我主义者，那么，公共物品将总是被滥用，污染者将继续制造外部性，而政府将绝对不能力挽狂澜。显而易见的是，经济理性主义作为一种对环境事务的应对是不充分的。[45]就此而言，经济理性主义的真正有效性也许在于详细阐明经济人的破坏性影响，以及由更具社会性、政治性和生态关怀的人类动机控制其个人癖好性质的需要。与民主实用主义和绿色激进主义不同，经济理性主义根本不考虑人类活动的这些替代性可能。

这样就结束了环境问题解决三种话语的讨论。虽然这三种话语都存在自身的问题，但客观地说，行政理性主义和民主实用主义的现实成就要比经济理性主义的更加丰富。这一结论并不一定会使顽固的经济理性主义者感到沮丧，因为他们会强调，问题在于他们的主张没有得到公平的尝试。此外，对于行政理性主义和民主实用主义来说，它们存在的问题已通过几十年现实实践的检验而得到较为充分的揭示。但对于经济理性主义，问题的揭示是通过对现实影响缺乏的思考而实现的。这三种话语中的每一个派别都经常借助指出另外两种派别的不足来为自己辩护，但却都承认维持自由资本主义政治经济现状的难题解决的基本框架。但是，这三种话语中呈现的困难引导其他人更具创造性地寻找替代性方法。接下来，我将转向另外一些形成中的话语：它们在相对于工业主义的取向上依然是改革主义的，但在试图解决近似的悖论与僵局方面更具想象力。

【注释】

[1] Herman E. Daly, "Free market environmentalism: Turning a good servant

into a bad master," *Critical Review*, 6(1992), pp. 171-183; David Malin Roodman, "Harnessing the market for the environment," in Lester R. Brown(ed.), *State of the World* 1996, New York: W. W. Norton, 1996, pp. 168-187.

[2] Bruce Yandle, "Community markets to control nonpoint source pollution," in Roger E. Meiners and Bruce Yandle(eds.), *Taking the Environment Seriously*, Lanham, Md.: Rowman and Littlefield, 1993, p. 188.

[3] Robert H. Nelson, "How much is enough? An overview of the benefits and costs of environmental protection," in Roger E. Meiners and Bruce Yandle(eds.), *Taking the Environment Seriously*, p. 1.

[4] 参见 www. epa. gov/adminweb/leavitt/enlibra. htm.

[5] The OECD, *Economic Instruments for Environmental Protection*, Paris : OECD, 1989.

[6] The EEA, *Environmental Taxation: Recent Developments in Tools for Integration*, Copenhagen: European Environment Agency, 2000, p. 397.

[7] Rogcr E. Meiners and Bruce Yandle, "Taking the environment seriously: What do we mean?" in Roger E. Meiners an Bruce Yandle(eds.), *Taking the Environment Seriously*, viii.

[8] William C. Mitchell and Randy T. Simmonms, *Beyond Politics: Markets, Welfare, and the Failure of Bureaucracy*, Boulder, Colo.: Westview, 1994, p. 148.

[9] Terry L. Anderson and Donald R. Leal, *Free Market Environmentalism*, Boulder, Colo.: Westview, 1991, pp. 51-59.

[10] Terry L. Anderson and Donald R. Leal, *Free Market Environmentalism*, pp. 165-166.

[11] Marc Reisner, *Cadillac Desert: The American West and Its Disappearing Water*, New York: Penguin, 1993.

[12] Terry L. Anderson and Donald R. Leal, *Free Market Environmentalism*, p. 34.

[13] Ronald H. Coase, "The problem of social cost," *Journal of Law and Economics*, 3(1960), pp. 1-44.

[14] 他们有充分的经济原因不这样做。正如曼柯尔·奥尔森在他对集体行动的逻辑的经典分析中指出的,个体分享某种利益这一事实并不意味着他们将遵照它行事。因为,每个人都想在其他人的努力上"搭便车"。这一逻辑与第2章中讨论的"公地悲剧"一样,其中理性的个体决定导致了集体的坏的结果。

[15] Terry L. Anderson and Donald R. Leal, *Free Market Environmentalism*, pp. 145-147; William C. Mitchell and Randy T. Simmonms, *Beyond Politics: Markets, Welfare, and the Failure of Bureaucracy*, pp. 155-157; Bruce A. Yandle, "Community markets to control nonpoint source pollution," in Roger E. Meiners and Bruce Yandle(eds.), *Taking the Environment Seriously*, pp. 185-207.

[16] Robert W. Hahn, "Economic prescriptions for environmental policy instruments: Lessons from the United States and continental Europe," in Robyn Eckersley (ed.), *Markets, the State, and the Environment: Towards Integration*, Melbourne: Macmillan, 1995, pp. 129-156.

[17] Robert N. Stavins, "Lessons from the American experience with market-based environmental instruments," in John D. Donahue and Joseph S. Nye(eds.), *Market-Based Governance*, Washington, DC: Brookings, 2002.

[18] Frederick L. Andersen, et al., *Environmental Improvement through Economic Incentives*, Baltimore, Md.: Johns Hopkins University Press, 1977; Allen V. Knesse and Charles L. Schultze, *Pollution, Prices, and Public Policy*, Washington, DC: Brookings, 1975; Alan Moran, "Tools for environmental policy: Market instruments versus command-and-control," in Robyn Eckersley(ed.), *Markets, the State, and the Environment: Towards Integration*, pp. 73-85.

[19] Hanno Beck, Brian Kunken and Gawain Kripke, *Citizens, Guide to Environmental Tax Shifting*, Washington, DC: Friends of the Earth, 1998.

[20] David Pearce et al., *Blueprint for a Green Economy*, London: Earthescan, 1989.

[21] David Pearce and Edward R. Barbier, *Blueprint for a Sustainable Economy*, London: Earthscan, 2000.

[22] Michael Jacobs, "Financial incentives: The British experience," in Robyn Eckersley(ed.), *Markets, the State, and the Environment: Towards Integration*, p. 114.

[23] Michael Jacobs, "Financial incentives: The British experience," in Robyn Eckersley(ed.), *Markets, the State, and the Environment: Towards Integration*, p. 124.

[24] Mikael Skou Andersen, *Governance by Green Taxes: Making Pollution Prevention Pay*, Manchester: Manchester University Press, 1994.

[25] Robert W. Hahn, "Economic prescriptions for environmental policy instru-

ments: Lessons from the United States and continental Europe," in Robyn Eckersley (ed.), *Markets, the State, and the Environment: Towards Integration*, pp. 129-156.

[26] William C. Mitchell and Randy T. Simmonms, *Beyond Politics: Markets, Welfare, and the Failure of Bureaucracy*, Boulder, Colo.: Westview, 1994, p. 148.

[27] Michael F. Maniates, "Individualization: Plant a tree, buy a bike, save the world," *Global Environmental Politics*, 1/3(2001), pp. 31-52.

[28] Ken Conca et al., "Confronting consumption," *Global Environmental Politics*, 1/3(2001), pp. 1-10.

[29] William C. Mitchell and Randy T. Simmonms, *Beyond Politics: Markets, Welfare, and the Failure of Bureaucracy*.

[30] Terry L. Anderson and Donald R. Leal, *Free Market Environmentalism*, p. 27.

[31] Robert H. Nelson, "How much is enough? An overview of the benefits and costs of environmental protection," in Roger E. Meiners and Bruce Yandle(eds.), *Taking the Environment Seriously*, pp. 1-23; Richard L. Stroup and Janes Shaw, "Environmental harms from federal government policy," in Roger E. Meiners and Bruce Yandle(eds.), *Taking the Environment Seriously*, pp. 51-72.

[32] Bruce A. Ackerman and William T. Hassler, *Clean Coal, Dirty Air or How the Clean Air Act Became a Multibillion-Dollar Bail-Out for High-Sulfur Coal Producers and What should be Done about It*, New Haven, Conn.: Yale University Press, 1981.

[33] Richard L. Stroup and Roger E. Meiners, *Cutting Green Tape: Toxic Pollutants, Environmental Regulation, and the Law*, Oakland, Calif: the Independent Institute, 2000.

[34] Andrew Jordan et al., "'New' instruments of environmental governance: Patterns and pathways of change," *Environmental Politics*, 12/1(2003), pp. 1-24.

[35] Carsten Daugbjerg and Gert T. Svendsen, "Designing green taxes in a political context: From optimal to feasible environmental regulation," *Environmental Politics*, 12/4(2003), pp. 76-95.

[36] Robert N. Stavins, "Lessons from the American experience with market-based environmental instruments," in John D. Donahue and Joseph S. Nye(eds.), *Market-Based Governance*.

[37] Robert N. Stavins, "Lessons from the American experience with market-

based environmental instruments," in John D. Donahue and Joseph S. Nye(eds.), *Market-Based Governance*.

[38] Andrew Dobson, *Citizenship and the Environment*, Oxford: Oxford University Press, 2004.

[39] Rauno Sairinen, "The politics of regulatory reform: 'New' environmental policy instruments in Finland," *Environmental Politics*, 12/(4(2003), pp. 24-48.

[40] Terry L. Anderson and Donald R. Leal, *Free Market Environmentalism*.

[41] Steven Kelman, *What Price Incentives? Economists and the Environment*, Boston, Mass.: Auburn House, 1981.

[42] Robert E. Goodin, "Selling environmental indulgences," *Kyklos*, 47 (1994), pp. 573-595.

[43] John S. Dryzek, *Rational Ecology: Environment and Political Economy*, New York: Basil Blackwell, 1995.

[44] John S. Dryzek, "How far is it from Virginia and Rochester to Frankfurt? Public choice as critical theory," *British Journal of Political Science*, 22(1992), pp. 397-417.

[45] John S. Dryzek, "Foundations for environmental political economy: The search for homo ecologicus?" *New Political Economy*, 1(1996), pp. 27-40.

第四部分

寻求可持续性

环境关切的历史性坐标是在20世纪70年代初由生存主义者设定的，他们争辩说，经济增长和人口扩张将会很快达到全球环境的极限。普罗米修斯主义者否认存在这样的极限。对此，第三部分所考察的“解决问题”话语实质上是不可知论者，他们把关注的焦点放在了眼下所要做的工作上。但是，问题解决话语得到了寻求解决生态价值与经济价值之间冲突这样一种需要的推动。

假若这些冲突不存在，或者虽然存在却是可以解决的，那么生活中的麻烦肯定要少得多。生存主义者与普罗米修斯主义者之间悬而未决的争论就不用说了，更何况环境难题解决的话语还在不断地获得前进的动力，因为它相信有效地应对一系列生态和经济关切的解决方案总是可以找到的。再加上对通过消除贫穷而实现的全球正义和未来数代人福利的承诺，这种前景自然是充满诱惑的。但是，什么东西能够把生态保护、经济增长、社会公正和代际平等——不仅地方性地和立即地，而且全球性地和永久地——连结起来呢？答案就是可持续发展，它声称我们可以同时拥有它们。

自20世纪80年代初以来，作为一种涵盖从地方到全球的环境议题和大量的经济与发展关切的综合性话语，可持续发展已经变得非常流行。可持续发展在现实中意味着什么还存在争论，同样成问题的是，它究竟能兑现一些、大部分还是全部的承诺。

在这一部分阐述的第二种话语即生态现代化中，可持续性概念获得了更精确的表达。生态现代化所致力于的，是沿着更有利于环境的路线重构资本主义的政治经济。问题的关键是，这种重构过程要有利可图。在某种程度上，生态现代化是对绿色生产技术的追求。但是，这种追求也打开了激发更深刻转型的可能性之门，包括政治改变和技术改变。因此，尽管乍看起来生态现代化像是一个工业社会的救援者——尽管是富于想象力的一个，但它也指向了超越工业社会的政治与经济可能性。

第七章　环境友好的增长:可持续发展

1. 什么是可持续发展

可持续发展不是指任何一种实际结果,更不是指可以实现集体期待结果的一套结构和措施;相反,它是一种话语。自 1987 年布伦特兰委员会的报告发表以来,可持续发展可以说已成为关于生态问题的主导性全球话语。正如陶格逊所指出的(也许夸大了这一点),"有关环境的公共讨论已经首先变成了一种可持续性话语"[1]。那么,究竟什么是可持续发展呢?引用最广泛的定义是布伦特兰的,即"人类有能力使发展持续下去——既能保证使之满足当前的需要,又不危及未来后代满足其需要的能力"[2]。布伦特兰随后在报告中又宣称,"从实质上说,可持续发展是一种变化过程。在这个过程中,资源的开发、投资的方向、技术开发方向和制度的变化都是相互协调的,并将增加目前和未来的满足人类需要和愿望的能力"[3]。

可持续发展作为一个概念,其实并非始自布伦特兰。这两个单词自 20 世纪 70 年代初开始就已被偶然地连结起来,那时,可持续发展实际上是一个面向第三世界国家的激进话语。而且,它在可更新资源管理中的"最大化可持续产出"概念中有着更为长久的历史。后者是指从渔场中的最大化捕捞,或从森林中的最大化砍伐,或从狩猎中的最大化捕获,可以无限地持续下去。但是,最大化可持续产出概念从未涉及资源使用的增长(事实上排除了增长),不同资源的管理如何会相互影响,以及如何应对非再生资源。可持续发展是一个更有抱负的概念,因为它指的是生命支持系统的整体，并谋求在人类需要的总和方面的永续增长，这种需要不可能通过简单的资源储存来满足，而必须通过合理使用相互连结的自然系统和人类系统来实现。

布伦特兰的定义并未能令每个人都满意，而其他关于可持续发展的定义大量涌现。对于哪些人类需要是重要的，什么应当持续下去，持续多长时间，为了谁而持续以及用什么样的方式来持续，人们有着不同的观点。对此概念所进行的一种分析剃刀式的努力（例如安德鲁·多布森）[4]，也只是获得了部分的成功，因为它们很快就会被现实世界话语的歧义性所淹没。20 世纪 90 年代初，美国国家科学院的交通研究委员会（TRB）花了一百万美元试图提出一个权威性定义，但除了简单地汇聚委员们的不同关切外并没有取得任何新的进展。1996 年，联合国教科文组织（UNESCO）赞助了一个项目，试图通过这一努力澄清该概念在许多学科中的含意，从而把可持续发展变成一个科学上可用的概念——这意味着，它现在还不是一个科学的概念。[5]然而，联合国教科文组织的任务十分艰难，因为定义的扩展并不仅仅是那些试图增加概念精确度的分析家们的议题。它也是一个具有不同观点的不同利益团体试图在可持续发展领域提出自己的权利要求的议题。因为，如果可持续发展确实在呈现为一种支配性的话语，那么精明的行为者就会认识到，应该以对他们有利的方式来塑造这一术语。因此，环境主义者可能会努力树立一种对自然内在价值的尊重——这在布伦特兰那里是明显缺乏的。第三世界的同情者会强调对全球财富进行重新分配的需要，并突出布伦特兰所指出的穷人的需要。商业利益团体会把发展与经济增长视为等同之事，因而可持续发展主要意味着持续的经济增长。极限话语人士则用可持续性的语言重铸他们的生存主义。在赞同布伦特兰之后，生存主义领导者米都斯等人继续说到，“从系统的观点来看，一个可持续的社会就是存在着信息的、社会的与制度的机制，从而能抑制造成人口与资本指数式增长的正向反馈环的社会”[6]。对米都斯及其同事而言，可持续性意味着经济增长的终结；而对世界可持续发展工商理事会（WBCSD）来说，可持续性要求持久的经济增长。诚如该理事会在其根本性文件中所宣称的，“为了改善穷人的生活，为了支撑增长的人口，以及最终稳定人口水平，世界所有地区的经济增长都是必要的”[7]。

这种含义多样性难道意味着，我们应当把可持续发展视为一只能装入任何一个人所喜欢的任何东西的空瓶子而摒弃吗？当然不是。因为，对重要概念进行政治争论是寻常之事。比如，想一下“民主”这个词，它至少与可持续发展有着同样多的意思与定义。使“民主”概念变得有趣的部分原因，是人们对它本质的争论。恰巧是因为当今政治世界中的每一个重要人物都宣称相信“民主”，它才令人加倍地感兴趣。这与可持续发展的情况非常相像。恰如对政治组织而言“民主”是市镇当中唯一的游戏一样，可持续发展也变成了环境事务至少是全球事务中的主要游戏（但不是仅有的游戏）。像“民主”一样，可持续发展是一种话语，而不是一个能够或者应当被精确定义的概念。然而，话语本身确实有它自己的边界。可持续发展不同于生存主义，因为它虽然承认应该考虑生态极限，但认为如果政策选择正确的话，这些极限也能被延伸扩大，相应地，经济增长就能无限地继续下去。奥鲁夫·朗赫勒（Oluf Langhelle）认为，对布伦特兰而言，极限问题至少包括能源供应和气候变化[8]，尽管他也认识到涉及极限的话语中有种挥之不去的歧义性。可持续发展不同于普罗米修斯主义的话语，因为它要求以协同式的集体努力去实现目标，而不是依靠人类的自发性和创造力。而且，它也不同于前三章所考察的各种解决环境问题的话语，因为它在对环境争议内容的再概念化以及消解某些长期存在的冲突方面是更富有想象力的。

2. 可持续发展概念的演变

在20世纪80年代以前，可持续发展就已经是环境词典中的一部分了，尤其是在讨论第三世界发展中社会的背景之下。此概念被用作主流解释（即把发展当成经济增长）的替代，而把发展当作经济增长的实践并没有成功。对新兴的极限话语的争论——地球不可能再承受一个重复西方式富裕水平的第三世界，使它获得了进一步的推动。[9]这一观点的倡导者对低成本、低环境压力且与地方文化规范保持一致的适当技术和中间技术的潜力感兴趣。[10]他们更偏爱来自牛粪而不是核电站或大型水坝、来自小作坊而不是大工厂的能源生产方式。

1980 年，随着国际自然保护同盟(IUCN)的《世界保护战略》的发布，可持续发展概念的重要性增强了，而且它的含义也开始发生变化。但是，向当代可持续发展话语的真正转变应追溯到 1983 年。当时，联合国秘书长任命挪威首相格罗·哈莱姆·布伦特兰(Gro Harlem Brundtland)主持一次针对环境与发展的全球关联难题的调查。1987 年，布伦特兰的世界环境与发展委员会(WCED)发表了题为《我们共同的未来》(*Our Common Future*)的报告。该报告涵盖了有关国际经济、人口、粮食、能源、制造业、城市和制度变化的分析与建议。它的主要贡献在于把许多经常被当作孤立的、或至少相互竞争的难题系统地连结起来：发展、全球环境问题、人口、和平与安全、代内与代际间的社会公正。布伦特兰提出的整体设想是，人类对经济增长、环境改善、人口稳定、和平与全球正义等的追求可以同时进行并相互强化，而且这一过程能够在长时间内得以维持。这种主张很有吸引力，尽管布伦特兰并未证明它的可行性，或说明它所需要的实际步骤。

自 1987 年以来，可持续发展话语在国际层面上流行，尤其是在由政府间国际组织(IGOs)和非政府组织(NGOs)构成的国际社会中。1992 年在里约热内卢召开的地球峰会，更正式地说是联合国环境与发展大会(UNCED)，使这一理念达致鼎盛阶段。有许多政府首脑参加的一百七十一个国家的代表团，对可持续发展给予了支持(尽管各代表团对此术语可能坚持不同的理解)。地球峰会赞同《21 世纪议程》(*Agenda* 21)——一个对布伦特兰努力的冗长而详细的后续文件。它认为，全球环境问题的出现主要是由于富裕国家肆意消费和生产的结果，但为了解决财政问题也需要更多的经济增长。大会之后，为了落实《21 世纪议程》，特别是关于国家和地方政府如何行动、第一世界与第三世界有关发展与环境保护观点的冲突怎样解决，联合国设立了可持续发展委员会。结果，可持续发展被提升为一种面向所有人(包括北方和南方、富人与穷人)的话语，尽管富人最终还是忽略了全球正义这一布伦特兰和她更激进的先驱所关注的核心议题。[11]

2002 年在约翰内斯堡举办的可持续发展世界首脑峰会(WSSD)，是迄今为止规模最大的国际盛会。这次大会公开举行的会议种类与次数之

多，使我们很难对其进行全面评估。该大会签署了《21世纪议程执行计划》，但除了规定改善穷人的清洁水与卫生设施的目标和日期部分外，该计划对具体措施、如何落实这些措施、具体应当由谁去做等仍规定得比较模糊。[12]因而，可持续发展更多地仍是一种话语，而不是一个行动计划。该大会呈现了许多与话语相关的重要重新定位。富裕国家——始终是类似环境关切聚会的赢家，现在好像对促进可以经由全球化与自由贸易来实现的发展的好处更感兴趣了（与美国相比，欧盟的程度要差一些）；而第三世界政府——曾一度怀疑环境关切是富国的奢侈，现在也认识到它们自己环境问题的严重性了。[13]或许最成功的话语再定位是伴随着工商业的参与而实现的，它确立了工商业在可持续发展中的主要参与者地位，而不是一个需要克服的问题的根源。这种角色由在大会上成立的数百个包括工商业、政府和非政府组织在内的伙伴关系巩固了下来。

在全球峰会之外，可持续发展已经把其话语注入国际制度当中。甚至世界银行（WB）——曾长期被环境主义者指责为招致生态灾难的开发项目（比如大型水坝和高科技农业）的同谋犯，也已通过设立环境部门、任命一个可持续发展副总裁、赞助一系列有关可持续发展的出版物来努力改善其环境形象。世界银行《1992年世界环境报告》的主题就是环境管理与经济发展能够同时进行。它的《2002年世界发展报告》也是围绕可持续发展思想组织的，该报告忽略了可持续发展话语在全球正义方面的内容，建议富国通过变得更富裕和为穷国的产品提供更大的市场来更好地帮助穷国。世界银行也已赞助了有关可持续发展指标的研究，以其作为更传统的衡量国家福利手段比如国民生产总值的替代方式。[14]欧盟已把可持续发展并入到它的许多宪法性条约之中，并把可持续发展大会看作一个使自己与美国谈判者更多疑的立场区别开来的机会。作为美国与第三世界国家主张的扩大化石燃料使用的抗衡者，欧盟被证明是可再生能源的仅有支持者。[15]

虽然可持续性话语主要体现在国际层面上，但它也已侵入到了国家层面。[16]1990年，着眼于新兴的可持续生态经济所可能提供的机遇（这些机遇不会受到现有经济能源效率的损害），日本建立了一个可持续发展计划。在挪威，可持续社会研判计划（ProSus）是一个致力于可持续发展的智库。在澳大利亚，1990年联邦政府和有关农业、能源、渔业、林业、制造业、采矿、运输和旅游业的工作组一道，设立了生态可持续发展方案。每个工作组都包含了工业与环境团体的代表（连同政府和工会），象征着经济与环境可持续发展的正确路径。依据这些工作组1992年的报告，它们的努力已被纳入国家生态可持续发展战略，尽管该进程和战略由于国内政治原因随后迟缓下来。[17]

在美国，借助一个能从副总统阿尔·戈尔个人观点中获取支持的总统可持续发展委员会（PCSD），可持续发展的火把举到了克林顿政府手中。[18]然而，美国可持续发展的这一主导路径被加利·布莱纳（Gary Bryner）所简单地掌控了："对不起，这不是我们的问题。"[19]除美国以外，可持续发展至少得到了发达世界政府的口头支持[20]，尽管没有任何国家提到过它们自己对资源的过度消费和对全球生态系统所造成的压力[21]。在英国，政府最初承认了布伦特兰对可持续发展的强调，但它又令人惊讶地宣称，现行的英国经济政策是符合这些原则的，而这恰好进一步证明了可持续发展概念的可伸缩性。[22]英国政府有关可持续发展的后继步骤犹豫且小气，尽管1997年以后托尼·布莱尔（Tony Blair）的工党政府确实建立了一个检查所有政府部门实践活动的可持续发展小组。

在发达国家中，可持续发展在北欧得到了最认真的对待。研究者们为世界经济论坛（WEF）开发了一套环境可持续性指标，把芬兰评定为最可持续的国家，紧跟其后的是挪威和瑞典（截至2002年）。[23]

国际性工商业的地位正变得日益突出。以瑞士尤尼克油田服务公司（UNOTEC）总裁斯蒂芬·施米德海尼为主席的国际商会（ICC）与世界可持续发展工商理事会（WBCSD），在1992年的地球峰会上非常活跃。受该峰会秘书长莫里斯·斯特朗（Maurice Strong）的邀请，工商理事会于1990年成立。该理事会致力于经济增长，但对环境关切比较敏感。它的成员包括3M、力拓（Rio Tinto）、杜邦（DU Pont）、壳牌（Shell）、三菱（Mitsubishi）、美国铝业（ALCOA），它们都拥有展现环保意识的运营实践的成功故事，比如废弃物减少、可持续的森林以及有效能源生产所带来的重复利用和效率收益。[24]到2002年，该理事会涵盖了世界上最大的162个公司，其中大部分来自制造、采矿和能源部门（成员资格仅通过邀请确定）。

其主席由荷兰皇家壳牌公司的菲利浦·沃茨(Philip Watts)担任。当然,并非所有的一百三十多个公司都有典范性的环境记录。它们包括2002年破产以前的安然公司(Enron)、一家与小乔治·布什总统有联系的能源供应公司。

在"可持续发展商业行动"的旗帜下,该理事会在2002年世界可持续发展首脑大会上非常抢眼,它上演了一场推广并嵌入商业观点的协同努力。由查尔斯·赫里德(Charles Holliday)等在大会上发表的声明认为,通过自由贸易所产生的经济增长是世界穷人的唯一希望。[25]然而,该理事会并未主张增长可以不计任何代价,还声明公司负有社会责任,并与绿色和平组织联合起来批评美国撤出关于气候变化的《京都议定书》。该理事会成功地确立了与商业建立伙伴关系是可持续发展的主导手段的观念。讥讽者将其视为"可持续发展的私有化"[26],有把可持续性话语缩减成一连串商业项目的危险[27]。

在这些进展当中,环境主义者哪里去了?毕竟,可持续发展在很长时间内是作为他们倡导的一个概念而存在的。随着时间的流逝,环境团体已变得不再那么显著。但有一些环境主义者,比如欧洲地球之友(FoEE),试图跟上这种话语,提醒每一个人可持续发展需要大规模地缩减经济活动对环境造成的压力,还要尊重自然的内在价值。参加可持续发展世界首脑大会的环境主义者人数众多,但他们的影响却远不及商业界那样显著。

3. 可持续发展的话语分析

可持续发展话语的故事情节开始于承认世界各民族的合理发展渴望不能通过所有国家都走业已工业化国家所采取的增长道路来满足,因为这种行为将会使世界生态系统负荷过重。然而,经济增长对满足世界穷人的合理需求而言却是必需的。减轻贫困将会在某些方面消除导致环境退化的基本原因,因为贫困的人们仅仅为了生存就会被迫滥用他们当地的环境。因此,经济增长应当被促进,但需要以环境友好与社会正义为其定向。正义在这里不仅指当前一代人之内的分配,而且涉及未来数代人。可持续发展战略不仅是一个面向正处于成长中社会未来的战略,也是为了工业化社会的未来，工业化社会必须减轻它们先前的经济增长对地球所造成的过度压力。

3.1 被承认或建构的基本实体

可持续发展所涉及的范围是全球性的，它的理由是当前施加于全球生态系统的压力。但是，它并不像生存主义那样停留在全球层面上。可持续性也是一个区域和地方层面上的问题，因为解决方案只有在那两个层面上才能找到（这一点在《地方 21 世纪议程》中体现得非常清楚，其原则已被世界各国的地方政府采纳）。因而，可持续发展所强调的基本实体是从全球到地方的巢状系统。这些系统包括社会的和生物的两个方面。自然系统和人类系统是一体的：正如布伦特兰所指出的，“环境不是一个与人类雄心、活动和需求相隔离的领域……‘环境’是我们生活的地方”[28]。与普罗米修斯主义者对待自然的粗鲁方式相比，这些系统的生物构成将得到更多的尊重。生存主义者从全球极限视角看待问题并把全球管理视为解决方案，而可持续发展采取了一种更加分散化的方法。在施加有区别的环境压力的情况下，特殊的资源与系统或多或少地可以得到明智的使用和开发。

布伦特兰报告本身对极限的存在有点含糊其辞。在“就人口或资源使用的增长来说，不存在超之就会带来生态灾难的固定极限”，部分是因为“知识积累和技术发展会加强资源基础的承载能力”的陈述之后，继而又直接承认“最终的限制还是存在的”。[29]并且，这些最终的极限也会由于技术的进展而拉长。正如布伦特兰本人后来指出的，“委员会没有发现绝对的增长极限。极限实际上是由当前的技术和社会组织对生物圈的影响造成的，但我们具有改变它的创造力”[30]。生态约束应当受到尊重，一旦做到这一点，经济增长就可以无限地进行下去。一些评论家已试图通过把可持续发展区分为“强的”和“弱的”来解决这里的模糊性，前者明确承认极限，后者否认极限。[31]但是，任何这样的解决方法都只能把更多的可持续发展话语置于两极之间的某些地方，模糊地带要比极地区域大得多。

至于社会系统，可持续发展在相当程度上把资本主义经济视为理所当然（在 20 世纪 70 年代更激进的话语当中，却并非如此）。然而，政治系

统的结构并没有被视为是天然的。可持续发展所规划的在问题解决上的重新定向,可能要求在不同层次之间进行权力转移,以有效地迎接可持续性的挑战。对国际协同行动和草根参与的频繁诉求暗示着,这些转移将离开目前结构下的民族国家,转向更高(跨国的)和更低(地方的)层面上的政治组织,以及横向的商业伙伴关系。作为对自上而下的行政管理的一种替代方式,网络治理在这里相当适宜(参见第4章与第5章)。

3.2 对自然关系的假定

可持续性话语的最重要关系——被视为即使不是天然的也是可以达到的,是一种正和关系:经济增长、环境保护、分配公正和长期的可持续性是相互强化的。在可持续发展的当代世界中,人类事务中的等级制关系很少得到认可;相反,存在的是合作。然而,的确存在着一个把人类置于自然世界之上的等级。通过整合一系列议程,可持续发展把保护自然纳入了其中。例如,斯蒂芬·布里钦(Stephen Brechin)等主张,在保护穷人所依赖的生态系统中生物多样性的同时,他们的基本需求可以得到满足。[32]但是,可持续发展在更大程度上是人类中心主义的。可持续性是指人类人口及其福祉的可持续,而不是自然的可持续。竞争关系被淡化,尽管它存在于资本主义经济背景之中。可持续发展将会通过合作式而不是竞争式的努力得到实现(主导2002年可持续发展世界首脑大会的伙伴关系可以作证),这就使得这种话语与经济理性主义和普罗米修斯主义拉开了距离。

3.3 施动者与其动机

可持续发展中的关键施动者,不是生存主义者设想的全球管理人或行政理性主义者设想的等级制化的管理专家;相反,与所谓巢状的社会与生物系统的概念相一致,相关行为体在许多层面上存在。在实践中,可持续发展稍微淡化了民族国家政府和国家行为体的作用,尽管对订立国际协议以及与非政府组织和商业一起工作而言,国家仍然是必需的。20世纪80年代,可持续发展被确立为一种国际社会的话语,尤其是因为那里活跃着国际政府间组织(例如联合国与世界银行)和非政府组织(比如全球环境团体)。草根阶层也有其角色："全球性思考、地方性行动"(think globally, act locally)的绿色激进口号可以应用于此。地球峰会的《21世纪议程》要求在环境和发展决策上有更多的市民参与。而且，公司已经加入到主流当中以表明工商业也能扮演一种建设性的角色。可持续发展有时被描绘成一种全球市民社会所有、所用的话语[33]，被界定成未受国家吸纳的政治互动。但是，更传统的国家行动领域并没有被排除在外。

3.4 关键隐喻和其他修辞手法

普罗米修斯主义者与经济理性主义者等，都依靠机械论式的隐喻，把世界当成一部可以对其零件进行安排以更好地满足人类需求的机器；相反，可持续发展的隐喻结构是有机的。有机体能够成长和发展，社会也是。这里的成长不仅仅是自动发生的生理成熟，因为可持续发展也包含着自觉的进步。因此，它与强调教育和不断增加的自觉的人类个体成长概念是一致的，个人因之能够更有效地适应他或她的社会环境。这是一个日益敏感的、关爱的和明智的人类形象——当然，问题在于它是否拥有一个同样敏感的、关爱的和明智的政治经济体制，而且它所要适应的环境不仅仅是一种社会环境，还是一种自然环境。如同将人类成长描绘成终生学习的模型中一样，政治经济能力的成长也被视为无止境的。不同之处在于，人类个体最终会死去，但政治经济能力上的可持续发展成长却能永久地继续下去。

从某种程度上说，可持续发展话语确实尊重自然。但是，它主要是把自然当成为人类提供有益服务的东西。它有时还会诉诸"自然资本"的隐喻。[34]也就是，自然的资本存量值得考虑并且应当是可持续的，因为它不可能完全被人造资本所取代。这种思考自然的方式是十足的经济主义。

可持续发展在名称上将其与进步思想联系在了一起，而进步是现代世界中最强有力的观念之一。无论他们之间有什么其他不同点，维多利亚工业主义者、马克思主义者、社会民主党人、自由民主党人和市场自由主义者都相信，历史是朝着社会进步的方向运动的。可持续发展则把这种思想带入了环境时代。

可持续发展也包含着一种让人安心的修辞手法。我们可以全部拥有它们:经济增长、环境保护、社会正义,不只是在当前,而且是永久性的。没有什么痛苦的改变是必需的。这种让人安心的修辞手法,远离了生存主义所创立的世界末日及其拯救的意象,或者经济理性主义者所心爱的恐怖故事。与描述不可持续性的例子相比,可持续发展的倡导者们更喜欢彰显那些地方可持续性的成功故事。[35]

可持续性发展的话语分析见表7.1。

表7.1 可持续发展的话语分析

1. 被承认或建构的基本实体
* 巢状或网状的社会与生态系统
* 资本主义经济
* 关于极限存在的模糊性
2. 对自然关系的假定
* 合作
* 作为附属的自然
* 经济增长、环境保护、分配正义和长期可持续性一同进展
3. 施动者与其动机
* 在不同层次上有许多施动者;被公共利益所激发
4. 关键隐喻和其他修辞手法
* 有机的成长
* 作为自然资本的自然
* 与进步相联系
* 让人安心

4. 可持续发展走向何处

如果要寻找可持续发展的事实,我们在哪里可以找到呢?作为一种话语,它大概有许多东西可以说。但是,我们能够发现由可持续发展理念所激发、致力于可持续发展未来以及实现可持续发展的实践和政策吗?

如果我们把可持续发展概念化为一种话语而不是一个目标,提出这个问题也许并不完全适当。而且,“民主”也有同样的问题,但这并没有阻止政治学家开展不同性质民主的比较研究。但是,这种对照是粗糙的和有争议的。显然，我们很容易得出比方说当代加拿大比沙皇制下的俄罗斯更民主的结论，尽管很难说现在的加拿大与日本相比哪一个更民主，更难说加拿大是一个真正的民主国家。世界经济论坛曾依据可持续性指数排列了142个国家，而芬兰、瑞典和挪威占据了前三名。但芬兰位列第一并不意味着它已经达到了一个充分的可持续水平，而且，环境团体立刻指出了芬兰在森林管理方面的缺点。世界经济论坛的指数是有争议的，它实际上仅汇编了环境表现而不是可持续性本身的指标。因此，它忽略了这一等式中的“发展”部分，以至于芬兰名列第一的事实并没有给想要仿效芬兰的贫穷国家多少指导性帮助。按照可持续发展的核心理念，这个问题就变得尤其让人困惑。该理念强调的是，贫穷国家不可能沿着类似芬兰这样不给世界生态系统造成过大压力的富裕国家已经走过的增长道路前进。

因而，最好不要把可持续发展当成一个像芬兰这样的国家所采取的道路，而应主要将其作为一种激励人们从事可持续发展实践探索的话语。像民主一样，可持续性主要是关于社会学习的，包括去中心化的（decentralized）、探索性的以及各种各样的实现其追求的方法。可持续发展（不同于生存主义）是一个多层面的、多面孔的事业。不应设法强加给效仿者一个充满一系列相关精确目标的共同定义（这是生存主义者和行政理性主义者要做的事），一种去中心化的方法将会强化多元主义的和地方性的实验。[36]在这种追求过程中，人们难以就可持续发展的实质达成共识这一事实，其实是一种帮助而非障碍，因为任何道路都没有被堵塞，各种新的可能性都会被发掘出来。[37]

但是，如果可持续性追求是分散的和零碎的，那么，什么东西又能把所有这些努力归束到公共利益上去呢？答案在于对这种话语本身广泛承诺的必要性——这是唯一能够想到的可以把各种努力聚合到一起的粘合剂。据此，广受欢迎的权力关系重构就变得可以理解了。可持续发展是一个属于并面向全球市民社会而不仅仅是国家的话语。蒂莫西·卢克嘲讽式地把这种特征解释成只是服务于受政府间组织和非政府组织雇用的“生态经理人”的利益。[38]假如可持续发展的确构成了这样一种统一的方法，卢克的论点似乎就是合理的。但由于分散化和碎片化的相互交织，全

球市民社会所扮演的角色可能是民主的而不是经理人式的——对日益受市场自由思想支配并致力于减少环境控制、扩张贸易、不计成本地促进经济增长的政府的一种矫正办法。[39]但问题是，市场自由主义本身现在是国际体系中的一种强权的话语，同时又受到在可持续发展的国际政治中非常活跃的那些公司的促动。

没有什么东西可以保证可持续发展的广泛承诺以及用渐进方式追求可持续发展能够令人不失所望。经济理性主义者把这整个计划视为一长串以政治管理替代市场机制的无效努力中的最新尝试，因为它试图在人们更适合作出正确决定的市场价格体系之上强加一种约束。[40]普罗米修斯主义者则发现了一种毒化该话语的对极限的挥之不去的强调。[41]激进环境主义者否认发展(被解释为经济增长)能够永远持续，并且公开谴责该话语所暗含的人类中心主义的傲慢自大。[42]激进主义者还争辩说，在一个市场自由主义的时代，可持续发展对社会正义的允诺是虚伪的，因为20世纪90年代民族国家内部及其相互间的贫富不平等都扩大了。[43]即使是温和的环境主义者也怀疑，可持续发展是否会通过要求他们致力于所有的世界性难题——贫穷、经济发展和环境保护而转移他们的精力。[44]生存主义者攻击任何话语中对极限和承载能力的明确否认。因此，加勒特·哈丁认为布伦特兰的任务失败了[45]，批评她甚至没有追问她视为不可避免的人口增长和她认为值得期待的经济增长是否能够被地球资源所支持[46]。同样，赫曼·戴利相信，由于当前人类经济已经占用了世界“光合作用净余初级产品”(net primary product of photosynthesis)的25%[47]，布伦特兰的设想——一个比其当前规模大五到十倍的世界经济是不可能的。更为悲观的保守生物学家争辩说，资源直到崩溃发生时才会受到人们心目中可持续性观念的管理，因为只有到那时它们的过度使用才变得明显起来。[48]

尽管存在上述这些批评，威廉·拉佛蒂还是争辩说，对于追求多方面目标的环境主义者来说，没有比可持续发展更好的手段。[49]在这一背景下，由一些杰出的生存主义者所提出的不同战略选择就值得注意了。米都斯等人用可持续发展术语来掩饰他们的生存主义并且称赞了布伦特兰[50]；而哈丁认为可持续发展是胡说八道，并严厉指责了布伦特兰[51]。

可持续发展的成功或失败依赖于该话语在不同层次上的传播与被接受，并继以遵循其原则的行动和实验。但是，在可持续发展被建构成为最主要的跨国环境关切话语的过去二十年中，我们已经看到，全球、区域、国家、地方层次上的政策、实践和制度方面的大规模运动却少得多了。在这同样的二十年中我们也已看到，一个更有效的全球运动正在沿着一种非常不同的方向展开，在其中可持续发展时而沉寂，时而被人接受（以它亲商的变种）。那一方向导致了资本主义日益增加的跨国化，尤其是伴随着1994年世界贸易组织的建立。世界贸易组织加入了与国际货币基金组织（IMF）和世界银行一起的对国际经济体制的管辖。自由贸易、资本流动和世界各国都把市场自由化与传统的（非可持续的）经济增长作为第一要务的政府，正威胁着可持续发展。在世界可持续发展峰会上，并没有什么使世界贸易组织依从于可持续发展的严肃建议；相反，大量来自发达国家的代表要求在贸易议题上必须在世界贸易组织设定的框架下进行讨论。

在一个由市场自由主义支配的世界上，可持续发展的前景是暗淡的，除非它能够表明环境保护对所有地方的商业收益率和经济增长都明显是有利的，而不仅仅是这些竞争性的价值能够相互调和。正如我们可以在下一章中看到的，这正是生态现代化话语提出的看法。

【注释】

[1] Douglas Torgerson, "The uncertain quest for politics of environmentalism," in Frank Fischer and Michael Black(eds.), *Greening Environmental Policy: The Politics of a Sustainable Feature*, Liverpool: Paul Chapman, 1995, pp. 3-20.

[2] World Commission on Environment and Development, *Our Common Future*, Oxford: Oxford University Press, 1987, p. 8.

[3] World Commission on Environment and Development, *Our Common Future*, p. 46.

[4] Andrew Dobson, *Justice and the Environment: Conceptions of Environmental Sustainable and Social Justice*, Oxford: Oxford University Press, 1998.

[5] 该项目是在联合国教科文组织社会转型管理计划的支持下进行的，并且由德国法兰克福社会生态研究所负责组织。

[6]Donella H. Meadows, et al., *Beyond the Limits: Confronting Global Col-*

lapse, *Envisioning a Sustainable Future*, Post Mills, Vt. : Chelsea Green, 1992, p. 209.

[7] Stephan Schmidheiny, *Changing Course*: *A Global Business Perspective on Development and the Environment*, Cambridge, Mass. : MIT Press, 1992, p. xi.

[8] Oluf Langhelle, "Why ecological modernization and sustainable development should not be conflated," *Journal of Environmental Policy and Planning*, 2(2000), pp. 303-322.

[9] David Carruthers, "From opposition to orthodoxy: The remaking of sustainable development," *Journal of Third World Studies*, 18/2(2001), pp. 93-112.

[10] E. F. Schumacher, *Small is Beautiful*: *Economics as if People Mattered*, New York: Harper and Row, 1973.

[11] James Meadowcroft, "Sustainable development: A new(ish) idea for a new century?" *Political Studies*, 48(2000), p. 379.

[12] Ina von Frantzius, "World summit on sustainable development Johannesburg 2002: A critical assessment of the outcomes," *Environmental Politics*, 13(2004), pp. 467-473.

[13] Paul Wapner, *Environmental Activism and World Civic Politics*, Albany: State University of New York Press, 1996, pp. 4-6.

[14] World Bank, *Monitoring Environmental Progress*, Washington. DC: The Worrld Band, 1995.

[15] Ina von Frantzius, "World summit on sustainable development Johannesburg 2002: A critical assessment of the outcomes," pp. 467-473.

[16] James Meadowcroft, "Sustainable development: A new(ish) idea for a new century?" pp. 370-387.

[17] Peter Christoff, "Whatever happened to ecologically sustainable development?" *Capucchino Papers*, Australian Conservation Foundation, 1 (1995), pp. 69-74.

[18] Alert Gore, *Earth in the Balance*, Boston, Mass. : Houghton Mifflin, 1992.

[19] Gary C. Bryner, "The United States: 'Sorry-not our problem'," in William M. Lafferty and James Meadowcroft(eds.), *Implementing Sustainable Development*: *Strategies and Initiatives from High Consumption Societies*, Oxford: Oxford University Press, 2000, pp. 273-302.

[20] William M. Lafferty and James Meadowcroft(eds.), *Implementing Sustainable Development: Strategies and Initiatives from High Consumption Societies.*

[21] James Meadowcroft, "Sustainable development: A new(ish) idea for a new century?" pp. 370-387.

[22] Department of the Environment(UK), *Our Common Future: A Perspective by the United Kingdom on the Report of the World Commission on Environment and Development*, London: HMSO, 1988; Michael Jacobs, *The Green Economy: Environment, Sustainable Development and the Politics of the Future*, London: Pluto, 1991, p. 59.

[23] 对于该排序可参见网页，http://www. ciesin. org. indicators/ESI/rank. html.

[24] Charles Holliday et al., *Walking the Talk: The Business Case for Sustainable Development*, Sheffield: Greenleaf, 2002.

[25] Charles Holliday et al., *Walking the Talk: The Business Case for Sustainable Development.*

[26] Ina von Frantzius, "World summit on sustainable development Johannesburg 2002: A critical assessment of the outcomes," p. 469.

[27] Paul Wapner, "World summit on sustainable development: Toward a post-Jo'burg environmentalism," *Global Environmental Politics*, 3/1(2003), pp. 1-10.

[28] World Commission on Environment and Development, *Our Common Future*, p. xi.

[29] World Commission on Environment and Development, *Our Common Future*, p. 45.

[30] Garrett Hardin, *Living Within Limits: Ecology, Economics, and Population Taboos*, New York: Oxford University Press, 1993, p. 205.

[31] Peter Hay, *Main Currents in Western Environmental Thought*, Sydney: University of New South Wales Press, 2002, pp. 214-217.

[32] Stephen R. Brechin et al., *Contested Nature: Promoting International Biodiversity with Social Justice in the Twenty-first Century*, Albany: State University of New York Press, 2003.

[33] Ken Conca, "Peace, justice, and sustainability," *Newsletter of the Committee on the Political Economy of the Good Society*, 4/1(1994), pp. 1-7; William M. Lafferty, "The politics of sustainable development," *Environmental Politics*, 5/2(1996), pp.

185-208; Paul Wapner, *Environmental Activism and World Civic Politics*, Albany: State University of New York Press, 1996.

[34] Andrew Dobson, *Justice and the Environment: Conceptions of Environmental Sustainable and Social Justice*, Oxford: Oxford University Press, 1998, pp. 41-47; Wolfgang Sachs, "Sustainable development and the crisis of nature: On the political anatomy of an Oxymoron," in Frank Fischer and Maarten A. Hajer(eds.), *Living with Nature: Environmental Politics as Cultural Discourse*, Oxford: Oxford University Press, 1999, pp. 23-41.

[35] Charles Holliday et al., *Walking the Talk: The Business Case for Sustainable Development*; Stephan Schmidheiny, *Changing Course: A Global Business Perspective on Development and the Environment*, Cambridge, Mass: MIT Press, 1992, pp. 181-333.

[36] D. B. Brooks, "The challenge of sustainability: Is integrating environment and economy enough?" *Policy Sciences*, 26(1992), pp. 401-408; Douglas Torgerson, "Strategy and ideology in environmentalism: A decentered approach to sustainability," *Industrial and Environmental Crisis Quarterly*, 8(1994), pp. 295-321; Douglas Torgerson, "The uncertain quest for politics of environmentalism," in Frank Fischer and Michael Black(eds.), *Greening Environmental Policy: The Politics of a Sustainable Future*, Liverpool: Paul Chapman, 1995, pp. 3-20.

[37] Douglas Torgerson, "Strategy and ideology in environmentalism: A decentered approach to sustainability," pp. 310-313; Michael Thompson, "The meaning of sustainable development," paper presented to the Conference on Global Governability, London School of Economics, 1993.

[38] Timothy Luke, *Ecocritique: Contesting the Politics of Nature, Economy, and Culture*, Minneapolis: University of Minnesota Press, 1997, chapter 6.

[39] William Lafferty, "The politics of sustainable development," *Environmental Politics*, 5/2(1996), pp. 185-208.

[40]安德森和里尔认为,可持续发展与作为他们著作基本结论的自由市场环境主义构成了鲜明的对照,因而十分重要,其著作被普遍认为是对应用于环境事务的经济理性主义的最权威阐述。但是,他们错误地宣称,可持续发展包括一个零经济增长和非再生自然资源零使用的全球管理机制。换句话说,他们把可持续发展误认为是生存主义的一种极端形式。See Terry L. Anderson and Donald R. Leal, *Free Market Environmentalism*, Boulder, Colo.: Westview, 1991, pp. 167-171.

[41] Wilfred Beckerman, *A Poverty of Reason: Sustainable Development and Economic Growth*, Oakland, CA: The Independent Institute, 2002.

[42] Carolyn Merchant, *Radical Ecology*, London: Routledge, 1992; Dick Richardson, "The politics of sustainable development," paper presented to the International Conference on the Politics of Sustainable Development within the European Union, University of Crete, 1994.

[43] David Carruthers, "From Opposition to Orthodoxy: The Remaking of Sustainable Development," pp. 93-112.

[44] Paul Wapner, "World summit on sustainable development: Toward a post-Jo'burg environmentalism," pp. 1-10.

[45] Garrett Hardin, *Living Within Limits: Ecology, Economics, and Population Taboos*, pp. 204-206.

[46] Lester W. Milbrath, *Envisioning a Sustainable Society: Learning Our Way Out*, Albany: State University of New York Press, 1989, pp. 320-323.

[47] Herman E. Daly, "Sustainable growth: An impossibility theorem," in Herman E. Daly and Kenneth E. Townsend(eds.), *Valuing the Earth: Economics, Ecology, Ethics*, Cambridge, Mass.: MIT Press, 1993, pp. 267-273.

[48] Donald Ludwig et al., "Uncertainty, resource expolitation, and conservation: Lessons from history," *Science*, 260 (1993); Elinor Ostrom, *Governing the Commons*, Cambridge: Cambridge University Press, 1990.

[49] William Lafferty, "The politics of sustainable development," pp. 185-208.

[50] Donella H. Meadows et al., *Beyond the Limits: Confronting Global Collapse, Envisioning a Sustainable Future*, Post Mills, Vt.: Chelsea Green, 1992, p. 209.

[51] Garrett Hardin, *Living Within Limits: Ecology, Economics, and Population Taboos*, p. 205.

第八章　工业社会及其超越：生态现代化

1. 最清洁和最绿的

镜子，墙上的镜子啊，谁是它们所有国家中最绿的？哪个国家在 20 世纪 80 年代和 90 年代取得了最成功的环境政策成就呢？在发达国家当中，被公认的领先者包括(以字母为序)：

- 芬兰
- 德国
- 日本
- 荷兰
- 挪威
- 瑞典

当然，不同的环境政策成功指标会产生不同的排序，而且环境保护的许多维度(例如生物多样性保护)是不容易测量的。因此，任何类似的排序都可能引起争议，尤其是从不在名单前列的那些国家的视角来看。根据 68 项标准对 142 个国家最为综合的排序，已经由为世界经济论坛工作的耶鲁和哥伦比亚的研究者们完成。[1]这些指标包括了空气与水的质量、受威胁物种的数量、森林覆盖面积的变化、婴儿死亡率、可再生能源在能源利用总量中的百分比、公民自由度和民主政府(体现其制度能力)。依据综合指数的分类，芬兰、挪威和瑞典排在了前面。莱尔·斯克鲁格斯(Lyle Scruggs)的考察集中在了污染水平的历时性改变，并认定德国在 20

世纪80～90年代的十六个发达国家中位列前茅。[2]德特里夫·雅恩(Detlef Jahn)则同时强调污染水平及其改变[3]，并把荷兰列为最优秀的执行国[4]。日本并未清晰地展示出依据任何一个尺度的前列位置，但在能源效率(生产国民收入所需要的能源总量)和污染控制技术的创新方面显然处于领先地位。[5]这六个国家都非常支持环境保护的国际创议。

比较统计学只能告诉我们整个故事的一部分。假如我们挖得更深一点就会发现，这六个国家已经为应对环境问题采用了创新性的和先进的程序、政策与制度。1970年前后，环境政策创新主要开始于美国，然后在其他国家得到模仿。但自20世纪80年代起，美国在这方面已经落后了，它陷入了一个有关1970年制定的法律规章的支持者与反对者的拉锯战之中。[6]那么，让我们看看其他国家在此期间又做了些什么。

1989年，荷兰实施了一项国家环境政策计划(NEPP)，该计划把环境标准整合进了所有政府部门的运作当中。自那时起，这一计划每四年公布一次，而且每年都要有一个环境状况报告来确定其进展情况。该计划由一套附有完成时间表的环境质量目标引导，并以一个污染物是如何在人类社会系统中产生和传播的复杂理论为基础。荷兰人的计划不是在末端控制污染物，而是寻求鉴别和改变那些现场导致污染的活动。在与相关的工业、市民团体、负责任的政府官员(尤其是那些管理工业、农业和运输部门的官员)的商谈中，可以识别到这些变化。该计划依赖于合作而不是规章和惩罚，在这一计划下，二十五万个工商业组织与政府签署了协议。这一计划鼓励能效高的制造业和交通、可以在实现良好产出的同时又最小化使用除草剂和杀虫剂的农业、生物多样性的保护等。2001年，该计划又提出了荷兰环境议题的国际向度。所有这些都不是支离破碎的，而是把计划的所有目标当成了一个整体。它的主导理念是经济增长应当与环境压力的增加相脱离，尽管这一点实际上尚未实现。环境不再被当作一个可以孤立应对的政策领域；相反，环境关切被吸纳进政府的所有相关领域。国家环境政策计划也有它的政治沉浮，并且在执行过程中遭受过难以避免的挫折。然而，作为一个阿伯特·威尔所指出的“让政府变绿”的进程[7]，该计划是一个里程碑，虽然荷兰并未走得沿着更生态的路线重构经济那样远[8]。

在德国，对与早期环境政策相联系的执行赤字的关切，导致了20世纪80年代的“预防原则”(vorsorgeprinzip)的采纳。预防原则明确强调的是，科学的不确定性不能作为环境问题上不作为的理由。因此，如果存在认为一个难题可能变得严重的恰当理由，它就应当被提出，即使在缺乏科学证据的情况下。直接并廉价地解决一个难题要比等着它变得更糟糕时再处理好得多，因为它所需的资金可能会成倍上涨。

预防原则遭到了20世纪80年代英国和美国政府的强烈抵制——更不用说被理解。在美国，里根政府与老布什政府以科学不确定性为借口在酸雨问题上不作为，尤其是在有关美国的硫排放引发了破坏加拿大的湖泊与森林的酸雨的权利要求方面。当涉及气候变化议题时，小乔治·布什政府也使用了这一借口。在英国，科学证据的缺乏是政府长期以来对每一个主要的区域和全球性污染问题——其中包括酸雨、二氧化碳、氟氯化碳、海岸污染和向北海的污渣倾泻(20世纪90年代末逐渐发生了一些变化)——不作为的典型借口。德国在解决英国所否认的所有污染难题上都走在了前面。到20世纪90年代中期，环境保护被确定为德国宪法(它在一个法治国家确实是重要的)的一个目标，并附之以一套综合且复杂的环境法律体系。[9]

日本主要因其经济能效而非常突出。这种效率源自日本对进口石油的依赖，以及由此遭到20世纪70年代能源危机冲击的程度。我们可以发现，日本的环境政策是以最小化的分歧和最大化的共识为原则来制定的。在日本，在所有主要议题的政策制定当中，关键性角色是政府官员和工商业经理人员。像在荷兰一样，日本致力于减弱经济增长与污染方面的环境压力之间的联系。[10]日本政治家已经认识到出口绿色技术的经济可能性，并利用“绿色”公共工程项目来替代传统的资金区域间分配方法——导致日本被覆盖以无人需要的混凝土结构。[11]

挪威也有环境污点，最显著的就是它继续支持商业捕鲸。但是，这适合于格罗·哈莱姆·布伦特兰(可持续发展的女苏丹)的家乡，而且挪威在把环境价值纳入政策制定方面已经作出了艰辛的努力。它在诸如绿色税之类的政策工具方面处于领先地位。挪威的政策制定结构是组织合作主义的，在此结构中，经济和社会政策是由一小伙来自政府、工会和商业部门的领导者关起门来制定的。然而，在允许环境团体进入组合主义政策制定的中心方面，挪威又是独特的。因此，与挪威地球之友(FoEN)同样闻名的挪威自然保育协会(NSCN)，得到了政府通过经营补助形式所提供的大量资助。[12]这种情况与美国和英国非常不同，在那里，地球之友是一个试图从外部影响政府的运动团体。

瑞典首创了综合污染控制。[13]在大多数国家，反污染政策是围绕单一介质和单一物质的立法和规章组织起来的。结果是，一种污染物可能会减少，但另一种污染物却会增加。比如，一种被释放进水道的污染物可以借助把它作为有毒污泥收集起来而被消除，但有毒污泥然后会被烘干和焚烧，从而导致空气污染。在瑞典，只有在考虑工厂的总体排放水平以及可以做些什么将其降低到一个可接受的水平之后，政府才会为新建的制造业工厂发放许可证。与荷兰一样，瑞典也已开始把环境原则纳入所有政府部门，并通过任职于一个生态可持续发展代表团的主要内阁大臣来进行协调。[14]

芬兰——依据世界经济论坛指标排名全球榜首的国家，1990 年首先在世界上实行了二氧化碳税。结果，尽管气候较冷，该国的二氧化碳排放却相对较低。芬兰还首创了其他的环境政策手段[15]，并在降低污染水平上取得了实质性的进步。芬兰的工业界把环保表现作为一项竞争优势，因此改革能够从工业与环境团体间的共识中获得动力。

那么，德国、日本、荷兰、挪威、瑞典和芬兰之间有什么能够解释它们突出的环境成就的共同点吗？前三个国家是人口稠密、其自然生态系统(被农业生态系统和城市生态系统取代)已遭受严重破坏的国家，因此，它们有着较强的动力去寻找一条既能容纳稠密的人口同时又能使进一步的环境破坏最小化的道路。但像英国、比利时、丹麦这样的环保落后国家，情况也是如此。而且，挪威、瑞典和芬兰的人口密度相对较低(至少以欧洲标准来看是这样)，这些国家的环境运动也不比其他可比较的国家强大多少。的确，与其他类似国家相比，挪威的环境运动数量极少。[16]在德国的政策发展中，绿党部分通过迫使其他党派采用绿党的观点而扮演了一个关键性角色，因为其他政党害怕失去自己的票源。但其他五个国家都缺乏一个强有力的绿色政党(尽管芬兰绿党已经参与进本国政府之中)；

日本和挪威的绿党还没有带来任何影响。

这些国家的共同点就在于，它们都是一种其中关键行为体偏好共识关系的政治经济体制。在讨论挪威时，我曾谈到过组织合作主义或社团主义(corporatism)的思想。这些国家都是社团主义体制，尽管程度或大或小。日本可以被描述为"没有工会的社团主义"，只让政府官员和商业领导者在政策制定中进行合作。[17]因而，这六个国家都避开了对抗性的政策制定和不加约束的资本主义竞争。在这方面，它们的反面典型就是英语为主的发达国家：英国、美国、加拿大、澳大利亚和新西兰。德特里夫·雅恩研究后发现，在组织合作主义的程度和环境政策的成功之间有着一种清晰的正向关联。[18]直到20世纪70年代，组织合作主义体制都被用来强调经济增长和收入分配问题。然而，一旦环境价值被纳入议事日程，组合主义最终会确保这些价值得以表达，而且是以一种特殊的模式：生态现代化。这就是它们表现突出的关键所在。

2. 生态现代化的思想

生态现代化首先是在20世纪80年代初由德国社会学家约瑟夫·胡伯(Joseph Huber)和马丁·耶尼克(Martin Jänicke)确定的[19]，他们评论并解释了它在德国的发展情况。生态现代化指的是沿着更加有利于环境的路线重构资本主义政治经济。环境退化被视为一个结构性难题，它只能通过经济组织方式的调整得到解决，而不是通过建构一个完全不同的政治经济体制。[20]正如荷兰的国家环境政策计划那样，环境标准必须被纳入到体制的重新设计当中。

为了实现必要的改变，有意识和协调的干预是必需的。要想促进良好的环境(普罗米修斯主义者所强调的那种)，依赖于在市场中运作的任何假定的"看不见的手"徒劳无益。但是，这种干预不会采取政府强迫意义上的争议性方式。工业本身会在政策设计和执行方面进行合作。生态现代化的关键是工商业可以从其中赚得金钱。因此，工商业完全有动力去支持而不是去抵制生态现代化，只要工商业具有足够的远见而不仅仅是对即时收益感兴趣。

对工商业而言，生态现代化究竟意味着什么？第一，"污染预防有益”，它已成为一个流行的口号。污染是浪费的一个标志。更少的污染意味着更有效的生产。第二，无论对工商业还是政府而言，假如一个难题未被即时解决，将来解决它就会非常昂贵。比如，管理不善的有毒垃圾场变成了一个向地表水、土壤和空气渗漏的危险化学品的大杂烩。要清洁它是非常昂贵的(正如美国超级基金的经验所证明的)。更好且更廉价的办法，是不让此类难题在发生地发展下去。第三，一个未被污染且令人愉悦的环境，意味着更健康、更幸福且更有生产力的工作人员，他们甚至会为了环境报酬而牺牲自己的工资收入。第四，出售绿色商品和服务有钱可赚。消费者日益需求这样的商品，它们既不能过分包装，也不能含有人工和有毒的成分，并且不能用破坏环境的方式去生产。第五，制造和销售防止和降低污染的产品有利可图。

过去，人均国民收入的增加都会伴随着环境压力的增加。正如一个老约克郡格言所说，“要致富就别怕脏”(where there's muck there's brass)。成功的生态现代化将解除粪土与黄金之间的必然联系，人均收入在不必对环境施加额外压力的情况下也能继续增长。这种可能性看上去将会驱散生存主义者最深晦的恐惧。一种质的不同的增长可以不必抵达生态极限，即使这些极限真的存在。[21]屈从于政府推进经济增长的头等需要意味着环境价值现在支持经济价值，而作为交换，政府允许(温和的)环境主义者进入到政策制定的核心中来。[22]这种包容在组合主义的政治体制中是最为成功的，挪威就是最好的例子。

生态现代化有时也被当成一种单纯的技术概念，指的是沿着更加环境敏感但依旧有利可图的思路重构工业与农业。但果真如此的话，它也就没有什么真实的“生态”内涵了，因为它将不会涉及人类与生态系统的互动。[23]生态现代化更多的是一种话语，而不是狭隘的工程和技术性关切。因为，生态现代化远不是通过工商业经理和工程师自愿并独立运营他们自己的产品与过程就能实现的东西。它需要政治承诺，这种承诺指向富于远见的长期而不是心胸狭隘的短期，指向经济与环境进程的整体性分析而不是对特殊的环境滥用的零散聚焦。它所涉及的主要问题不亚于资本主义社会应该被如何导向一个环境开明的时代，因此牵涉到整个社会而不仅仅是工业界的承诺。这些承诺包括远见、在根源上解决难题、

整体主义、对稀缺自然的更高估价和预防原则。在设定标准和向工业提供激励方面,政府也要发挥作用。这有助于解释为什么生态现代化在一些国家的兴盛总是与干预主义政府相伴,而这样的政府又总是与工商业密切合作。

生态现代化与可持续发展形同一家。在马腾·哈杰尔有关此主题的经典著作里,他甚至把布伦特兰报告确定为一个关键性的生态现代化文本。[24]但与可持续发展相比,生态现代化更强烈地集中于必须对资本主义政治经济做点什么上,尤其是在发达民族国家的范围内。[25]

3. 生态现代化的话语分析

生态现代化话语的故事情节是,资本主义政治经济需要自觉的重组和有远见的行动,以确保经济发展和环境保护能够携手共进并相互强化。[26]该故事情节由下列话语元素建构而成。

3.1　被承认或建构的基本实体

生态现代化使得一种系统方法尤显必要,这种方法应当严格采取综合路径,在此路径下,消费、生产、资源耗竭和污染都是相互关联的。在荷兰国家环境政策计划中,这一点非常明确,诚如阿伯特·威尔所指出的,它立足于一般系统理论。[27]因此,有效行动的关键是预见并防止生产与消费决策的有害环境后果。这种导向与普罗米修斯主义和经济理性主义话语有很大的不同,后两者对系统综合性着墨极少。然而,生态现代化对系统概念的涵纳并不完整,因为它依旧在有限的意义上看待自然系统并将其视为人类社会的附属品。自然被当成一种资源的来源和污染物的回收器——一个庞大的垃圾处理厂,它的能力与平衡不应该负担过重。任何自然可以在我们身上爆出奇怪现象、反抗人类管理、有其内在价值和它自己不确定的发展路径之类的想法都被否定了。这种受限制的自然观,使绿色激进主义对生态现代化的怀疑有了正当理由。

像可持续发展一样,生态现代化把增长极限推到了台后。这种对极限话语的取代以罗马俱乐部1997年的报告《四倍跃进》为标志,它主张财富翻番与资源消耗减半之间存在着兼容性。[28]而1972年撰写生存主义的关键报告《增长的极限》的，也是罗马俱乐部。在生态现代化话语当中，对极限的明确否定并不及忽视来得多。的确，一旦经济增长与环境压力下的增长脱钩，极限思想就变得更加模糊起来，这似乎正在我本章开始所鉴定的那六个国家当中发生。资本主义政治经济的存在被认为是理所当然的。与可持续发展不同，经济方向调整并不必然要求不再强调国家和国际社会与政治草根阶层的协调推动。芬兰、德国、日本、荷兰、挪威和瑞典都是强势政府，而作为主动推进生态现代化的一种结果，它们会变得更加强大(但阿瑟·摩尔争论说，生态现代化会导致一种更具参与性和更加分散化的政府)。[29]

3.2 对自然关系的假定

生态现代化暗含着一种伙伴关系，在这种关系中，政府、工商业、温和环境主义者和科学家沿着更加环境友好的路线在资本主义政治经济的重构中进行合作。这种伙伴关系是一种以人类为中心的关系，自然世界在其中只是人类愿望与谋虑的从属。在人类事务中是否必然需要分出等级，仍是一个悬而未决的问题。当然，一些人想把生态现代化弄成一种针对政治经济管理人员的学说，而另一些人更强调不同行为体中更具平等主义的政治关系。另外还有一种在环境保护和经济繁荣之间的至关重要的自然关系，在这种联系中，这两者被视为可以携手并进。

3.3 施动者与其动机

生态现代化里的关键施动者是那些我刚才提到过的伙伴：政府、工商业、改良主义的环境主义者和科学家。他们的动机与公共物品或公共利益有关，从宽泛的意义上说，则包括经济效率和环境保护。生态现代化要求对其原则的广泛承诺并依照这些原则采取行动。假如它受到关键行为体的抵制，像在美国和英国所发生的那样，生态现代化就根本不会实现。

深入观察可以发现，生态现代化的行动问题确实为发达社会深刻变革其组织经济和政治体制的方式提供了通路。因为，伙伴关系是存在于一项宏大事业即资本主义的生态重构之中的。但是，伙伴关系本身可能就是一项政治生活的重大重构，因为它的范围将被延伸到经济组织问题，而经济组织问题在传统上是被挡在集体政治控制的大门之外的。随后，我就会转向这种可能性的激进后果。

3.4 关键隐喻和其他修辞手法

"经济学"和"生态学"两词都来源于希腊语的"oikos"，意味着家务。从一定意义上说，生态现代化可以让生态学与经济学都回归到它们的家务根基上，并重新确立其共同性。因为生态现代化中的含蓄隐喻，就是整洁的家务，这有助于解释其广泛的吸引力。这种家务关注的是其福利的最大化，但它同时又认识到最小化浪费也意味着有效地满足其需求，并且宽敞的环境有助于实现福利的家居意义。依此来看，生态现代化在那些以家居整洁、节俭和富有远见而著称的国家兴盛起来，并不令人感到惊奇。

表 8.1　　生态现代化的话语分析

1. 被承认或建构的基本实体
   * 复杂系统
   * 自然作为垃圾处理厂
   * 资本主义经济
   * 政府
2. 对自然关系的假定
   * 涵纳政府、工商业、环境主义者与科学家的伙伴关系
   * 自然的附属性
   * 环境保护与经济繁荣同步
3. 施动者与其动机
   * 伙伴；受公共利益激发
4. 关键隐喻和其他修辞手法
   * 整洁的家务
   * 与进步相联系
   * 让人安心

"生态现代化"一词，像"发展"一样，都意味着"进步"。因此，生态现代化是与一直受欢迎的社会进步概念相联系的。同时，像可持续发展那样，生态现代化也是一种让人安心的话语——至少对比较繁荣的发达社

会的居民来讲是如此。在经济增长与环境保护或者在当前与长久的未来之间，不必作什么艰难的选择。与可持续发展不同，它很少宣称这种价值间的完美一致会延伸到社会正义，世界上富国与穷国之间的公正依旧很少。然而，保罗·豪肯(Paul Hawken)等人却说，假如他们所提倡的技术变革被采用的话，正义也会继之而来。[30]对于什么才是第三世界社会所适宜的发展道路，生态现代化则长期沉默无语，而且，理论家们将生态现代化概念应用于这些社会的尝试往往不得要领。为了达到它们现在能够选择生态现代化的特定要求，像前面较清洁较绿的六国那样的国家在全然反生态的现代化模式上花费了很长时间。假如世界上的穷国也跟随而至，那么，那一发展道路肯定会在世界生态系统身上施加难以容忍的压力。对第三世界的发展，可持续发展比生态现代化说得更清楚。

4. 使生态现代化激进化?

在有限的技术意义上，生态现代化看起来像一种工程师和会计师的话语。然而，生态现代化也可以被当作一种政治和经济生活的重构，而不是一种单纯的工业重组。

在一个极端，我们可以发现面向工程师和会计师的生态现代化。马腾·哈杰尔指的就是这种意义上的"技术—组合主义的"(techo-corporatist)生态现代化。[31]它依靠技术手段来解决问题，并谋求一种实现这些手段的管理结构。管理是由现存的组合主义国家的行政组织提供的，并对环境科学家与工程师的发现和建议保持开放。与其相关的是，彼得·克里斯托夫提到了"弱的"生态现代化[32]，其特征是：

* 强调环境难题的技术解决方法；

* 由科学、经济和政治精英垄断的技术统治论或组合主义政策制定风格；

* 分析局限于发达国家，它们能用生态现代化巩固其经济优势，并进一步拉开自己与世界上较贫穷国家可怜的经济和环境条件的差距。

克里斯托弗指的"强的"生态现代化的特征则相反：

* 考虑对社会的制度结构和经济系统进行更广泛的变革，以便使它们对生态关注更加敏感；

* 开放的、民主的决策制定，不仅要使市民的参与机会最大化，而且要使有关环境事务的可靠和有力的沟通最大化；

* 关注环境与发展的国际向度。

对弱的与强的生态现代化的出色比较——尤其是它们在涉及技术方法与结构方法时的差异，乔治·冈萨莱兹对加利福尼亚空气污染政策的分析是一个范例。[33]为了降低排放，加利福尼亚长期实行强迫轿车发动机进行技术变革的政策。然而，总体排放量仍在继续上升，因为路上行驶的轿车数量及其年均行驶里程增加了，结果这些变革所带来的积极变化被抵消了。减少对私有轿车的依赖和控制城市扩张的计划并没有被提上议程，而这样的计划对强的生态现代化而言很关键。

与克里斯托弗的"强的"生态现代化观点相一致，哈杰尔曾提到"反思性"生态现代化的可能性。[34]哈杰尔所说的"反思"意味着，政治与经济的发展应该在一种批判性自我觉悟的基础上进行。长期以来，现代化被从非反思性意义上理解，就像免费搭乘从"传统"社会驶向"现代"社会的无可抵挡的进步之车。反思性现代化依然承认车必须坐，但引入了许多关于乘车的质量和轨道问题的忧虑，而它们必须服从于持续的监测与控制。要想知道对我们当中的其他人而言什么是最好的，就不能再仅仅听信专家和政府的一面之辞；我们再也不应该把无论什么性质的经济增长自动地当成一件好事；再也不应该禁止对经济事务和经济系统的组织进行公共审查和民主控制。专家与精英们将必须在市民面前证明其政策的正当性，而且要用能够被充分理解的语言，还不能以等级特权或专长作掩护。反思性生态现代化是面向每一个人的。

很明显，一个社会致力于这两种生态现代化版本的哪一个关系重大。弱的或技术—组合主义的生态现代化，正如哈杰尔所承认的，或许就像一种对已被生态危机牵累的资本主义经济的修辞救援。[35]它将能够减少环境主义的激进潜能并使绿色活动家的能量偏转，而不需要真正改变资本主义的政治经济系统，就能做到使其更加生态可持续和社会友善。

更为攸关的是"强的"生态现代化版本，因为它指向了工业社会的出口。乌尔利希·贝克(Ulrich Beck)认为，环境风险——尤其是与化学污染、有毒垃圾、核能以及生物技术有关的风险，已经给工业社会的根基造成了麻烦。[36]在贝克看来，在工业社会中，我们满足于把经济组织与技术变化问题交付于精英掌管而不是自觉的集体的人类控制。因此，贝克相信，目前的工业社会仅仅是“半现代的”，因为它只是部分地实现了理性社会发展的现代性信奉。贝克提出的“风险社会”(risk society)理论坚定地把这些问题置于议事日程之上。对贝克而言，工业社会的政治主要是关于社会阶级间的冲突以及体现这种冲突的资本家与工人之间的重新分配议题的；相反，正在出现的风险社会的政治是围绕工业社会所产生的环境风险加以组织的，但工业社会自己却没有能力解决环境风险。与工业社会的主要危险即贫困危险不同，富人对风险社会的危险并没有什么免疫力。正如贝克所指出的，“烟雾是民主的”[37]。

强的或反思性生态现代化的前景，因为其可以与贝克所描绘的风险剧情的融合而改善。但是，只要这些事务被依据更世俗性的污染控制和物质流管理来应对，弱的或技术—组合主义的生态现代化就会占主导地位。阿瑟·摩尔和安德鲁·布劳沃斯都相信，这种世俗性特征是难以避免的，因而否认生态现代化可以对反思现代性有所贡献。[38]奥鲁夫·朗赫勒与戴维·佩珀(David Pepper)都在可持续发展话语中看到了更多的激进潜能[39]，尽管它还有许多缺点。然而，对朗赫勒来说，可持续发展是以其日耳曼版本来实现布伦特兰精神的，而不是世界可持续发展工商理事会的版本。对佩珀来说，一个现今被边缘化的“强的可持续性”概念才是关键。

在生态现代化的弱的或技术—组合主义版本中，政府、组合资本主义和科学组织会对经济体制向环境上更加敏感的转型进行管理。但在贝克的风险社会中，这三种制度会因为它们是风险制造的共谋而同受公众厌恶。贝克把科学家看作是风险的责任人，因为他们将其劳动售卖给出价最高的人。因此，在公众的眼里，工业社会的统治制度已失去其合法性。风险社会实际上有助于一整套全新的相互连结的民主制度变革。专家们将会失去特权，并且科学将会被改革，从而使“研究主要考虑并致力于公共问题”[40]，并确保市民对技术问题达成他们自己的判断。一般意义上的权威将以穿越国家、经济和社会传统边界的网络化形式进行重组。这些网络将是一些体现反思现代性的制度。[41]它们可能会重组成一个第4章与第 5 章所讨论的管治网络的激进化版本。

5. 前途未卜的生态现代化

假如生态现代化确实能够居于主导地位，那么，它将会是哪一种呢？我们可以实现对技术变化的环境敏感的管理吗？或者，我们会看到资本主义政治经济的整体性转型并步入一种反思现代性，从而使完全控制我们命运的人类潜能在历史上第一次成为现实吗？结果尚不清楚。当谈及生态现代化的这种强势或反思性版本的时候，贝克夸大了他有关从工业社会向风险社会转型的证据。政治仍旧主要是关于物质报酬分配的，而不是关于风险的制造、配置、改进和分散的，尽管会有偶然性的风险议题，比如 20 世纪 90 年代末英国的疯牛病(BSE)或者转基因生物，也偶尔会被提到政治议程的前沿位置。此外，万一风险社会真的来临，它并不必然会有助于贝克所期望的广泛民主化。因为，风险能够沿着阶层界线扩散，恰如美国的环境正义运动所强调的那样。该运动是从鉴定通常是位于穷人和少数族群附近的有毒垃圾场和其他有害设备开始的。富人能通过购买有机食品规避疯牛病和转基因食品的风险。对富裕的国家而言，通过把风险转嫁给穷国——把污染工业设到穷国去，或者向它们出口垃圾，再或者用不可持续的方式开发它们的资源，弱的生态现代化也能够买得到。日本的生态足迹是非常大的，但其负面效果却主要在日本以外——在遭受破坏的东南亚热带森林里，在被高尔夫球场覆盖的太平洋岛屿上，在枯竭的海洋渔场里，在被重新部署到其他国家的污染企业里——才能被感觉得到。

在我所强调的六个国家中，在德国可以一睹强的生态现代化的风采。在那里，共识性的精英政治面临着强烈的反抗性社会运动。例如，像应用生态学研究所(还有八十多家其他类似机构)这样的生态研究机构，可以向公众提供贝克所说的“反专长”，并在它们对公共政策的影响上提出一些结构上的问题。加入联邦执政联盟后的绿党，曾参与谈判分阶段停止使用核能。德国的环境主义者不必抑制其激进主义就已经成为了主要行为者(尽管绿党日益温和化)，这就是在其他地方实施包容策略的代价。[42]

我在前一章结束时曾主张，在一个信奉自由贸易和市场体制的世界里，可持续发展不太容易适应(除非该话语严重屈从于市场自由主义的导向)。而生态现代化甚至面临着更大的难题，因为它主张在资本主义的生态重构中对政治经济进行自觉的集体控制。然而，沿着这一路线运作的政府可能会发现，假如在环境保护中有利可图，它们就能够在新兴的世界经济秩序中获得竞争优势。

对生态现代化的协同追求需要一种与组合主义相符的、共识性的和干预主义的政策风格。不过，这种风格对处于市场自由学说统治下的政府来说是个诅咒，这有助于解释为什么在讲英语的工业化国家里生态现代化面临着艰难的局面。乔治·冈萨莱兹指出，自19世纪末以来，由于地方的经济精英们已经为了当地的经济优势而寻求控制污染，所以至少有一种生态现代化要素已经出现在美国。[43]相类似的是，安妮·夏恩伯格(Anne Scheinberg)建议人们看看地方层面上的变化，例如再循环。[44]更富有远见的思想出现在前副总统阿尔·戈尔的著作《前途不定的地球》中，他的建议实质上与生态现代化是一致的(尽管他从未使用这个术语)。[45]副总统戈尔结果竟是作家戈尔的一个苍白影像，而且该书所开出的处方在政策制定的任何方面都未能产生影响，而在他2000年的总统竞选活动中就更少了。醒悟的环境主义者以同一个腔调"看看你的书吧"来迎候他的公开露面，是很有道理的。将目标对准美国企业而不是政府，豪肯等人在《自然的资本主义》中主张，技术方法能够保证在资源消耗和环境压力减少的同时使经济持续增长。[46]生态现代化在美国的发展仍旧是不完整的和有限的。

就英国来说，它终于在20世纪90年代末开始对生态现代化的某些内容加以考虑。费边社主任迈克尔·雅克伯斯(Michael Jacobs)勾画了"环境现代化"思想[47]，并试图把它与托尼·布莱尔工党政府的一般现代化议程联系起来。布莱尔在2000年时回应说，"一个为了环境的新联盟……会刺激消费者对更美好环境的需求，并鼓励工商业关注新技术所带来的利润"。正如约翰·巴里(John Barry)所指出的，布莱尔的"新联盟"的成员明显不包括环境主义者。[48]1998年，英国环境污染皇家委员会(RCEP)发布了一份《环境标准设定》的报告，它引人注目地(对一份英国报告而言)建议放弃既存的隐密的和非正式的规章办法，而倾向于一种更

具参与性的包括市民对公共价值进行自觉审查在内的程序方法。[49]这份报告实际上与强的生态现代化相一致，但政府的回应并不热情，而且它的建议也未被得到实行。

尽管如此，假如生态现代化者是正确的，那么，美国、英国，还有加拿大、澳大利亚和新西兰，将会落伍于向一种新的绿色资本主义时代的转型。

资本主义的未来是绿色的和组合主义的思想，遭到了普罗米修斯主义者的嘲笑。他们认为，生态现代化的预防原则等同于精神失常[50]，因为这只会使得，作为环境健康关键的财富被过多且昂贵的规章消耗掉。经济理性主义者在组合主义中只看到了一些特殊利益共谋反对公共利益的机会。然而，经济理性主义者创制的政策工具，比较显著的是准市场动力机制（这一点在第 6 章中讨论过），经常受到生态现代化者的宠爱，生态现代化者自相矛盾地发现执行它们要容易得多，因为它们能够除去其“自由市场环境主义”的意识形态负担。

绿色激进人士对生态现代化并不感到满意，因为它威胁到偏转他们对工业社会的批评。生态现代化可能为绿色团体被吸纳进政策制定当中铺平了道路，但代价是它们要变得温和一些。[51]强的反思性生态现代化版本可能会被拉伸以包容绿色激进观点，但某些更浪漫的绿色观念必须被抛弃以适应这种理性主义的话语。无论把它拉伸多远，生态现代化都难以从容地承纳如下思想，即自然可能有超越其物质功用的内在价值，或者在地球上以一种欢愉方式简朴地生活下去的绿色期望。对生态现代化而言，地球上的人类生活总是希望复杂些，而绝不是为了简朴地活着。

生存主义者、普罗米修斯主义者、经济理性主义者和绿色浪漫主义者，很可能从未打算与生态现代化相调和。而那些一直抵制共识性和组合主义政策制定的政府，也许会继续抵制生态现代化。就发展的替代模式而言，该话语迄今为止几乎没有为第三世界社会提供什么有价值的东西。因而，对于我们在全球层面上应该做些什么，它基本上保持沉默。

然而，从其弱的或技术—组合主义的意义上说，生态现代化已经在最清洁和最绿的发达国家证明了自己。与反思现代性相联系的强的生态现代化，则是更有迷惑力的和思辨性的。在所考察的话语当中，生态现代化独一无二地为工业社会向一种根本不同的、环境更友好的（但仍旧是资本主义）的替代模式转型提供了一个看似合理的战略。

【注释】

[1] 参见 http://www.ciesin.org.indicators/ESI/rank.html.

[2] Lyle Scruggs, "Is there really a link between Neo-corporatism and environmental performance? Updated evidence and new sata for the 1980s and 1990s," *British Journal of Political Science*, 31(2001), pp. 686-692.

[3] Detlef Jahn, "Environmental performance and policy regimes: Explaining variations in 18 OECD countries," *Policy Sciences*, 31(1998), pp. 107-131.

[4] 关于一项更早的比较研究，See Martin Jänicke, "Conditions for environmental policy success: An international comparison," *The Environmentalist*, 12(1992), pp. 47-58.

[5] Andrea Revell, "Is Japan an ecological frontrunner nation?" *Environmental Politics*, 12/4(2003), pp. 24-48.

[6] Gary C. Bryner, "The United States: 'Sorry-not our problem'," in William M. Lafferty and James Meadowcroft(eds.), *Implementing Sustainable Development: Strategies and Initiatives from High Consumption Societies*, Oxford: Oxford University Press, 2000, pp. 273-302.

[7] Albert Weale, *The New Politics of Pollution*, Manchester: Manchester University Press, 1992, pp. 122-153.

[8] Marie-Louise Van Muijen, "The Netherlands: Ambitious on goals-ambivalent on action," in William M. Lafferty and James Meadowcroft(eds.), *Implementing Sustainable Development: Strategies and Initiatives in High Consumption Societies*, pp. 142-153.

[9] Martin Jänicke and Helmut Weidner, "Germany," in Martin Jänicke and Helmut Weidner(eds.), *National Environmental Policies: A Comparative Study of Capacity Building*, Berlin: Springer, 1997, pp. 133-155.

[10] Brendan Barrett and Dana Fisher, *Ecological Modernization in Japan*, London: Routledge, 2005.

[11] "Green dreams: Japan," *The Economist* 362(12 January 2002), pp. 40-41.

[12] John S. Dryzek, et al., *Green States and Social Movements: Environmen-*

talism in the United States, *United Kingdom*, *Germany*, *and Norway*, Oxford: Oxford University Press, 2003, pp. 22-27.

[13] Albert Weale, *The New Politics of Pollution*, pp. 97-100.

[14] Lennart J. Lundqvist, *Sweden and Ecological Governance*: *Stradlling the Fence*, Manchester: Manchester University Press, 2004.

[15] Rauno Sairinen, "The politics of regulatory reform: 'New' environmental policy instruments in Finland," *Environmental Politics*, 12/4(2003), pp. 24-48.

[16] John S. Dryzek et al., *Green States and Social Movements*: *Environmentalism in the United States*, *United Kingdom*, *Germany*, *and Norway*, p. 24.

[17] Gerhard Lehmbruch, "Concertation and the structure of corporatist networks," in John H. Goldthorpe(ed.), *Order and Conflict in Contemporary Capitalism*, Oxford: Clarendon, 1984.

[18] Detlef Jahn, "Environmental performance and policy regimes: Explaining variations in 18 OECD countries," pp. 107-131.

[19] Joseph Huber, *Die verlorene Unschuld der Okologie*, Frankfurt am Main: Fischer Verlag, 1982; Martin Jänicke, *Preventive Environmental Policy as Ecological Modernization and Structural Policy*, Berlin: Wissenschaftszentrum, 1985.

[20] Maarten A. Hajer, *The Politics of Environmental Discourse*: *Ecological Modernization and the Policy Process*, Oxford: Oxford University Press, 1995, p. 25.

[21] 即使对于明显成功的生态现代化,生存主义者可能仍不信服。因为即使资源衰竭的增长率下降到零,衰竭还是在发生,因而资源仍然会用光。

[22] John S. Dryzek et al., *Green States and Social Movements*: *Environmentalism in the United States*, *United Kingdom*, *Germany*, *and Norway*, pp. 64-65.

[23] Peter Christoff, "Ecological modernisation, ecological modernities," *Environmental Politics*, 5/(1996), pp. 476-500.

[24] Maarten A. Hajer, *The Politics of Environmental Discourse*: *Ecological Modernization and the Policy Process*, p. 26.

[25] 生态现代化也可以被视为一种分析环境发展的社会科学理论。但作为一种理论,它经常被延伸过长,把任何一种形式的环境保护都解释成走向生态现代化道路的一个步骤。当它被应用于第三世界与后共产主义社会时,这一点尤为突出。我在本章里把对生态现代化的讨论限定为一种话语,而不是一种理论。See Arthur P. J. Mol and Gert Spaargeren, "Ecological modernisation theory in debate: A review," *En-*

vironmental Politics, 9/1(2000), pp. 17-49.

[26] 马腾·哈杰尔把生态现代化的“可信且有吸引力的剧情”界定为，环境难题管制是作为一种正和游戏出现的；污染意味着没有效率；自然的平衡应受尊重；预防胜于事后治理；可持续发展是对以前破坏式增长道路的一种替代。See Maarten A. Hajer, *The Politics of Environmental Discourse: Ecological Modernization and the Policy Process*, p. 65.

[27] Albert Weale, *The New Politics of Pollution*, p. 28.

[28] Ernst von Weizsäcker et al., *Factor Four: Doubling Wealth-Halving Resource Use*, London: Earthscan, 1997.

[29] See Arthur P. J. Mol, “Ecological modernisation and institutional reflexivity: Environmental reform in the late modern age,” *Environmental Politics*, 5(1996), pp. 302-323.

[30] Paul Hawken et al., *Natural Capitalism: Creating the Next Industrial Revolution*, Boston, Mass.: Little Brown, 1999, pp. 1-2.

[31] Maarten A. Hajer, *The Politics of Environmental Discourse: Ecological Modernization and the Policy Process*.

[32] Peter Christoff, “Ecological modernisation, ecological modernities,” pp. 476-500.

[33] George A. González, “Democratic ethics and ecological modernization: The formulation of California's automobile emission standards,” *Public Integrity*, 3 (2001), pp. 325-344.

[34] Maarten A. Hajer, *The Politics of Environmental Discourse: Ecological Modernization and the Policy Process*.

[35] Maarten A. Hajer, *The Politics of Environmental Discourse: Ecological Modernization and the Policy Process*, pp. 32-34.

[36] Ulrich Beck, *Risk Society: Towards a New Modernity*, London: Sage, 1992.

[37] Ulrich Beck, *Risk Society: Towards a New Modernity*, p. 36.

[38] Arthur P. J. Mol, “Ecological modernisation and institutional reflexivity: Environmental reform in the late modern age,” pp. 302-323; Andrew Blowers, “Environmental policy: Ecological modernisation or the risk society?” *Urban Studies*, 34 (1997), pp. 845-871.

[39] Oluf Langhelle, “Why ecological modernization and sustainable development

should not be conflated," *Journal of Environmental Policy and Planning*, 2(2000), pp. 303-322; David Pepper, "Ecological modernisation or the 'ideal model' of sustainable development? Questions prompted at Europe's periphery," *Environmental Politics*, 8/4(1999), pp. 1-34.

[40] Ulrich Beck, *World Risk Society*, Cambridge: Polity, 1999, p. 70.

[41] Ulrich Beck et al., *Reflexive Modernization*: *Politics, Tradition and Aesthetics in the Modern Social Order*, Cambridge: Polity, 1994.

[42] John S. Dryzek, *Green States and Social Movements*: *Environmentalism in the United States, United Kingdom, Germany, and Norway*, pp. 185-191.

[43] George A. González, "Local growth coalitions and air pollution controls: The ecological modernisation of the US in historical perspective," *Environmental Politics*, 11/3(2002), pp. 121-144.

[44] Anne Scheinberg, "The proof of the pudding: Urban recycling in North America as a process of ecological modernisation," *Environmental Politics*, 12/4 (2003), pp. 49-75.

[45] Alert Gore, *Earth in the Balance*, Boston, Mass.: Houghton Mifflin, 1992; Peter Christoff et al., "Uncertainty, resource expolitation, and conservation: Lessons from history," *Science*, 260(1993); Elinor Ostrom, *Governing the Commons*, Cambridge: Cambridge University Press, 1990.

[46] Paul Hawken et al., *Natural Capitalism*: *Creating the Next Industrial Revolution*, pp. 1-2.

[47] Michael Jacobs, *Environmental Modernisation*: *The New Labour Agenda*, London: Fabian Society, 1999.

[48] John Barry, "Ecological modernisation," in Edward Page and John Proops (eds.), *Environmental Thought*, Cheltenham: Edward Elgar, 2003, pp. 191-213.

[49] Albert Weale, "Can we democratise decisions on risk and the environment?" *Government and Opposition*, 36(2001), pp. 326-328.

[50] Aaron Wildyavsky, *But Is It True? A Citizen's Guide to Environmental Health and Safety Issues*, Cambridge, Mass.: Harvard University Press, 1995, pp. 427-433.

[51] John Barry, "Ecological modernisation," in Edward Page and John Proops (eds.), *Environmental Thought*, pp. 204-206.

第五部分

绿色激进主义

绿色话语的世界是一个多样化的和活跃的地方，是种类繁多的意识形态、政党、运动、团体以及思想者的家园，这一点符合其富有想象力的激进倾向。这里有绿党及其派别、动物解放主义者、生物区域主义者、生态女权主义者、深生态学家、社会生态学家、生态马克思主义者、生态社会主义者、生态基督徒、生态佛教徒、生态道教徒、生态异教徒、环境正义倡导者、绿色经济学家、批评理论家、后现代主义者，以及其他很多人。这种多样性使得对其分类非常困难。但是，绿色激进主义可以划分成两大类：一类集中在意识的改变，而另一类更明确地依赖绿色政治。对绿色意识的强调意味着，人们体验和看待他们生活于其中的世界以及他们相互看待的方式是绿色转变的关键。一旦意识已经朝着一个正确的方向转变，那么，我们就可以期待政策、社会结构、制度和经济体制随后相应。这种绿色意识的优先性在绿色运动中十分普遍，尤其在深生态学家、生物区域主义者、生态女权主义者、生态神学家和绿色生活风格活动分子当中。其他绿色活动分子则更习惯于更加直接地攻击顽拗的社会、经济、政治结构与实践。他们包括绿党、社会生态学家、生态社会主义者和致力于环境正义、第三世界与反全球化的活动家。绿色意识和绿色政治间的不同有时只是重点的差异，并且二者联合构成了一个绿色公共领域。有些绿色活动分子试图把意识变化与政治变化连结起来。在其他时候，二者间存在着一些差异。

绿色激进主义的这两个侧面，代表了任何社会运动的主要选项。社会运动一方面企望改变人们的思考和行为，另一方面则致力于社会制度和集体决策的变革。这些制度和决策首先是指政府及其政策，尽管社会运动也会把国际组织与公司当成斗争对象，甚至帮助创造政府正式结构的替代形式。

第九章　改变民众:绿色意识

改变世界的一个可行办法是改变人们思考的方式。在环境背景当中,这种改变包括人们体验世界方式的变化,以及新型的生态感知(ecological sensibility)的培育。这种感知的准确内容尚有争议。在有些例子当中,它是全新的,立足于新创的生态公民权概念。而在其他一些例子当中,它又是陈旧的,回溯到原始农业出现以前的人类社会。"地球第一!"(Earth First!)的一个口号即宣称"回到更新世!"有时候,全新的和陈旧的又以一种创造性的方式连结在一起。

1. 绿色意识种种

1.1　深生态学

作为一个运动和一个标志,深生态学(Deep Ecology)在美国最流行,尽管它的血统是挪威的,并且在加拿大、澳大利亚、新西兰以及其他地方都有许多支持者。深生态学的名称及其初始内容是由挪威的哲学家阿恩·纳什赋予的[1],他对只想改良工业社会的某些实践的"浅生态学"(Shallow Ecology)运动作了一次对照分析[2]。随后的发展主要出现在美国,尤其是在西部各州。[3]在那里,它逐渐与激进的荒野保护团体"地球第一!"以及像爱德华·艾比和巴里·洛佩兹(Barry Lopez)这样的自然作家联系起来。

依照比尔·德韦尔(Bill Devall)和乔治·塞森斯(George Sessions)的说法,深生态学的两个基本原则是自我实现和生物中心主义的平等。[4]自我实现意味着对一个更大的超越人类个体的有机"自我"的认同;或者就如他们提出的“自我中的小自我”(self-in-Self)。该思想是要培育一种深层的关于每一个体都位于其中的生态网络的有机统一和整体性质的意识与认知。沿着这些线索，沃威克·福克斯(Warwick Fox)描述了“超越个人的生态学”[5]，一种整个地承认并关照其他生命、生态系统和自然的心理情形。深生态学家重视物种、人口以及生态系统，而不仅仅是个别的动物。生物中心主义的平等意味着，没有什么物种，包括人类物种，可被视为比任何其他物种更有价值或者在任何意义上更高级。生物中心主义平等的有力对立面是人类中心主义的自大。

德韦尔和塞森斯详细阐述了这两个基本原则，主张自然及其多样性有着与人类的利用和利益无关的内在价值。[6]由于当前人类强加给了它过度的生态压力，对自然及其多样性的尊重要求减少人类人口。不像其他一些深生态学家，德韦尔和塞森斯并不厌世，他们允许自然的多样性可以为了满足“重大的”人类需要而被合理地消耗。完全可以说，他们的“重大的人类需要”的概念，并没有扩展到越野车、快艇、度假别墅或者家庭娱乐系统。

更厌世的深生态学家，最声名狼藉的《地球第一!》杂志的匿名专栏作家安·斯洛比(Ann Thropy)女士，否认特殊的人类利益的合法性。[7]在1987年的一篇文章中，安·斯洛比赞扬饥荒和疾病(例如艾滋病)，把它们看成是对人类数量的有益限制。其分支性团体“自愿人类灭绝运动”(VHEMT)，听起来是厌世的，但它的口号“我们可以长寿然后灭亡”仅暗示着，人们自愿地停止繁殖，以便生物圈可以在我们之后复原。[8]

许多深生态学家尽力与厌世者拉开距离。在对待自然世界方面，所有人都追求大幅度地减少人类的傲慢。大多数人可能会同意罗宾·艾克斯利的观点，她在界定生态中心主义(大致与生物中心主义同义)时阐明，生态中心主义“承认人类在非人类世界中的所有利益”和“非人类共同体的利益”。[9]

如何去平衡人类利益与非人类利益的问题，或许更容易在特殊的案例当中而不是在哲学抽象的层面上得到回答。关于人类和天花病毒相对价值的哲学争论，并没有妨碍那些被认可的要求——反对伐木业，保护加利福尼亚、俄勒冈、华盛顿和英属哥伦比亚的残余古森林；禁止在国家公园内开采铀矿;让科罗拉多河恢复其自由流通状态。

涉及荒野时,深生态学家非常清楚应该做些什么:保育、扩大并保护它。“较大的荒野面积不仅对灵感和一次真实的荒野体验是必需的,而且它们对保存和恢复生态完整性、本地的物种多样性与进化是绝对必要的。”[10]与对自然的社会建构主义路径相反(参见第1章),他们对荒野的真实存在要先于人类占有、荒野象征着自然唯一的本质坚信不疑。[11]关于其他的环境难题,例如城市地区的空气和水污染,深生态学家则较少涉及。城市的聚集在本质上已超出人类——自然正常的互动关系之外,因此不值得关注。在爱德华·艾比精彩的深生态小说《捣乱一族》里,英雄之一哈都克依据驾驶员需要喝的6扎啤酒来测量公路距离。[12]哈都克把空啤酒罐扔在窗子外面:假如环境已经被公路变成了垃圾场,多一些啤酒罐不会导致任何本质性区别。

1.2 生态女权主义

生态女权主义(ecofeminism)就它寻求生态意识方面的激进转变来说,是一种深哲学,尽管它总体上相当敌视深生态学。生态女权主义者攻击深生态学家,让虚构的哈都克似的猛男与现实世界中作为“地球第一!”共同创始人的戴维·福尔曼为伍。因此,深生态学是一个乡下男冒险家的学说。更糟糕的是,它的基本诊断是错误的。所有环境问题的根源,依据生态女权主义者的说法,不是人类中心主义(人类对自然的支配),而是男性中心主义(男性对所有事物的支配)。在生态女权主义者看来,随着统治妇女并同样统治着自然的父权制的出现,在人类互相对待和对待自然的方式上事情开始彻底地误入歧途。因而,妇女的解放与自然的解放有着密切的联系,两者都依赖于废除父权制。[13]父权制被视为文化的而不是自然的,并且,生态女权主义者回溯到了平等主义的母权制社会,许多人甚至找到了先于城市、王国和帝国出现的母亲女神。

生态女权主义和深生态学更进一步的区别在于它对动物解放的同情。[14]深生态学家则相反,没有对脱离自然的动物显示出多少关心——比如在工厂化农场或实验室里。对深生态学家来说,作为人类在生态系统中地位的正当体现,甚至自然中的动物被人类猎获和吃掉都是一种公平游戏。只有像生态系统这样的有机整体而非个别动物将会得到保存。另一个分歧在人口控制上。深生态学家认为，人类数量的减少是必要的。生态女权主义者则相信，这种减少只有通过男性权力结构及其技术进一步压制并控制妇女的生育力才有可能实现。[15]

尽管他们之间有上述区别，深生态学家和生态女权主义者都相信，需要培育一种根本不同的人类感知，包括对自然的一种非工具性和非支配性的、更具共生性和更明智的关系。对于倡导一种基于自然的精神性的那些人而言——信奉位于这个世界之中的神性而不是处在这个行星之外的(男性)神圣，这两个阵营又都是他们的家园。[16]精神性的生态女权主义者往往依赖异教宗教，并被母亲女神的想象所吸引。[17]

以弗朗索瓦·迪奥波尼(Francoise d'Eaubonne)的"生态学—女权主义"在1972年的形成为标志，生态女权主义兴起于法国，并于20世纪80年代在美国兴盛起来。备受争议的世界上最杰出的生态女权主义者范达娜·席瓦(Vandana Shiva)——她写作的背景来自印度，则充分展现了生态女权主义的第三世界向度。大多数当代社会与生态罪恶的根源，在席瓦看来，是启蒙运动对科学与经济增长的信奉，它们一同破坏了生命的多样性和圣洁。[18]席瓦尤其关注进口来的受全球化驱动的农业和工业技术(最新的比如转基因生物)伤害第三世界妇女的程度(比如，通过诋毁她们有关土地及其运作的传统知识)。她强调妇女在第三世界环境运动中所扮演的领导性角色，尤其是印度的"抱树运动"(Chipko Tree-protection Movement)。

生态女权主义者相信，她们所倡导的那种感知不容易被男性所采用。基于妇女有生育和养育孩子的能力的事实，她们经常被认为与自然有着更紧密的联系(尽管詹妮特·比尔批评这种二元论)。[19]关爱、同情、直觉、交往和合作是女性的美德。正如瓦尔·普拉姆伍德(Val Plumwood)指出的，许多生态女权主义者造就了一个"生态系统中的女天使"神话(普拉姆伍德她自己拒绝承认这个神话)。[20]在她看来，男性或许能够找到他们通向生态女权主义的道路，但他们从未能感觉到它。而且，首先是对理性的片面强调使人类陷入目前这种生态困境，并让男性如此自负地相信他们能够控制自然。

大多数生态女权主义是“文化的”,因为它始自对一种人类感知的谴责并结束于对另一种人类感知的倡导。更“社会性的”生态女权主义,关注社会是如何组织起来的。[21]席瓦的著作则把文化与社会两个方面结合了起来。这种分析方法的另一个例子是普拉姆伍德对民主替代模式的分析。[22]普拉姆伍德争论说,只要民主依旧处在自由主义的统治下,它就绝不会朝着一个真正生态的方向延展自己。因为,自由主义当中所固有的假设是,个体应当被适当程度地相互隔离,个体在狭隘的工具性和自我中心意义上是理性的,而且个体在物质财富和应用权力与理性的能力上是不平等的。它所造成的结果不仅是社会不公正,还有环境破坏。普拉姆伍德所主张的生态女权主义民主,将包含更加符合关爱与责任伦理的、社会的与生态的公民权,以及一个涵盖人类与自然间平等的更加平等的政治秩序。然而,对普拉姆伍德来说,文化的转变仍很重要。[23]

1.3　生物区域主义

生物区域主义(Bioregionalism)主张对人们生活于其中的地方的再定居。[24]生物区域可以通过不同方式来界定:通过水域,或者主要的植被类型。生物区域的例子是太平洋的卡斯卡迪亚——从南英属哥伦比亚到北加利福尼亚的覆盖着卡斯卡特山峰西麓的沿海森林,以及澳大利亚的默里达令河流域。作为一种运动,生物区域主义主要活动于北美。[25]生物区域主义的核心是地方感的培育。居住在一个生物区域的人们必须把它当成他们真正的家园,尊重并维持它,而这一区域则以维持人类的健康和生活相回报。[26]他们必须了解他们居住的生态系统,并把他们自己视为该生态系统的一部分,而不是去认同种族团体或国家,或者其他的跨越生态边界的人类团体。因而,生物区域意识根本不同于资本主义经济和大众媒体所反复灌输的那种意识——它在破坏着任何一种区域认同。无论深生态学还是生态女权主义都非常适合于一种生物区域背景。

生物区域主义者最终想以沿着生物区域界线组织起来的政府来替代地方的、各州的以及国家的政治制度,这种区域界线已被现行的江河流域管理机构所预示,只不过人们通常缺乏充分的意识。生物区域主义者强调了在非生物区域基础上组织起来的官僚机构应对复杂的生态系统时的无能。一个典型的例子是哥伦比亚河流域管辖区中大马哈鱼的数量——这种鱼必须通过这一地区在海洋与其产卵地间游动。有关重组政府的建议还包括欧洲绿党所主张的"区域的欧洲"，它将消解现有的国家边界。在北美，太平洋的卡斯卡迪亚或许会掌管现今的西英属哥伦比亚、俄勒冈和华盛顿，还有西北加利福尼亚的一部分。生态关切几乎肯定会被置于这种政府议程的最前沿，并贯穿所有政策领域。

那些由他们所栖息并借以谋生的生态系统聚合成的社会，将会非常小心地关照那些生态系统，而跨区域的贸易将会受到跨生物区协议的管制。如何准确地划分边界以及生物区域应该有多大等基本问题尚未解决。在规模上，生物区域可以相互重叠。而在如何划分边界方面，植被类型、地形、人类文化和水域等都可以提供答案，而且这些标准之间的妥协可能是必要的。例如，太平洋的卡斯卡迪亚是一个以温带道格拉斯杉树林界定的生物区域。但是，该生物区域的某些部分属于哥伦比亚河流域——它也包含了中陆沙漠。许多生物区域主义者会说，这种难题是次要的，因为一旦必要的意识得到足够广泛的传播，解决方案自然就会形成。

1.4 生态公民权

生物区域意识蕴含着一种生态公民权（ecological citizenship），个体要在其中学会成为一个生态地方的有礼貌的公民，而不是改变那个地方以适合他自己。这种公民权包括对生态系统如何支持生命以及生命的脆弱性的了解，包括如何从当地可获得资源中满足一个人的物质与精神需求。然而，生态公民权不必与生物区域主义和对某一地方的义务相连结。对克里斯托夫而言，这种公民权同样是一个对未来数代人和其他物种的监护伦理与义务的承诺问题，而不管他们居住在哪里。[27]安德鲁·多布森强调富人的义务，因为他们已经对"生态空间"施加了过多的需求，而对穷人而言他们的生态空间则很小。[28]这种空间延伸到一个人的消费影响能被感觉到的任何地方。那种同情其他人的伦理能有所帮助，但事实上这种义务应当是一个正义的问题，而不是施舍。与经济理性主义者相反，多布森坚持认为，一个可持续的社会只有通过生态激发的公民才能得以建立，而不是通过回应经济刺激的胡萝卜与大棒的消费者和生产者。

1.5　生活风格绿色分子

对绿色运动中的一些人来说，变绿的实质不是对深生态学家和生态女权主义者所喜爱的任何一种哲学分析的支持，更不是参与任何形式政治或者其他方面的一种集体行动，而是如何过一种绿色生活的问题。对某些人来说，它主要是一个绿色消费主义的问题：购买不在动物身上试验其化学成分的邦迪商店(Body Shop)或者艾芙达(Aveda)的化妆品，吃有机蔬菜，抵制转基因生物，购买可生物降解的清洁产品，使用循环再生纤维制成的手纸，抵制公司广告主的诱哄(尤其是当他们试图"洗绿"他们的产品时)。绿色的生活方式经常是食素的，因为素食者的能量摄入在农田上施加的压力要比肉食者所施加的小得多。再循环、混合肥料、骑自行车而不是驾驶轿车，都能发挥它们的积极作用。

这种决策可以实实在在地有益于环境，甚至会产生较好的经济效果。因此，由于环境和经济两个方面的原因，世界各地的地方委员会都已经采用了循环再生方式。然而，生活风格绿色分子所关注的要比这种决策的直接的点滴效果多得多。它不仅是一个从事绿色行动的问题，还是一个在绿色行动中变绿，并用这些行动去培育一个体验和联系世界的后工业社会方式的问题。

1.6　生态神学

我已经指出过，深生态学家和生态女权主义者同样经常被某种自然基础上的灵性所吸引。[29]不过，这两个运动并没有穷尽生态神学的全部问题(罗杰·戈特列伯曾对生态神学进行了全面的分类)。[30]生态神学家断定环境问题的根源在于精神方面，而假若问题的根源是精神性的，那么治疗的方法肯定也是这样。这方面的典型论点是历史学家林恩·怀特(Lynn White)的看法。[31]他认为，环境危机是犹太—基督教宗教传统的产物，这种传统把上帝置于自然之外和之上，然后宣称男性是以上帝的形象创造的。这种规定对人类为了纯粹的人类目标而无限制地操纵和滥用自然提供了辩护。怀特在犹太—基督教传统中确实看到了一种替代的可能性，这种可能性明显地与阿西西的圣弗朗西斯(St Francis of Assisi)相联系，怀特建议把他当作生态学的主保圣人。

其他的生态神学家更倾向于放弃犹太教和基督教，赞成东方的宗教如道教、佛教、印度教，它们都用更加谦逊的方式塑造人性，对自然采取一种默祷的、虔诚的态度。E. F. 舒马赫的《佛教经济学》即建立在以最小化的消费水平谋求福利最大化的个体的基础上。有批评者指出，在这些宗教活跃的社会里其生态破坏倾向并不比西方社会差。此外，它们似乎往往与大众的政治消极性相伴随，这种消极性更是严重妨碍着任何通过草根行动把社会扭转到一个环境更健康方向上来的努力。

生态神学也能进入到主要是对政治转变感兴趣的运动与思想家的分析和处方中来。1991 年，美国第一届全国有色人种环境领袖会议宣称，“环境正义确证了地球母亲的神圣性”。在第 2 章讨论过的两个卓越的生存主义者，罗伯特·海尔布罗纳和威廉·奥福尔斯，两人都主张他们所倡导的大规模政治转型必须伴之以某种精神的转型。因此，海尔布罗纳谈到，未来政府在其外形上将是“修道院式的”，并将使“宗教取向与军事纪律”相结合。[32]就奥福尔斯来说，他相信“心灵的转变……等同于宗教的皈依”的必要性。[33]对海尔布罗纳而言，宗教的主要价值是工具性的而不是内在性的：它只是一种管束人们的方式，以阻止他们滥用环境。对奥福尔斯来说，它有助于过渡到一个不同类型的、对大多数而言更具体可感的政治经济上来。基于这些看法，英国绿党的重要人物乔纳森·波利特认为，“没有某种巨大的精神关切的海啸”，向可持续社会的前进是不可能的。[34]

2. 浪漫情怀及其批评者

一种浪漫情怀(romantic disposition)渗透到了某些绿色意识转变的倡导者。对浪漫主义者来说，政治不是设计战略以实现明确的目标；相反，它是一个能在其中寻求和发展不同类型体验的舞台。从历史上看，浪漫主义这个术语与 18、19 世纪的知识分子运动有关，该运动反对现代科学和自由政治的兴起，并把自己置于反对启蒙运动的位置上。“启蒙运动”是对 18 世纪那一著名运动的称呼，它以理性的名义否认宗教、神话以及传统社会秩序。理性然后意味着在英国、美国和法国分别于 1689 年、

1776 年和 1789 年的革命中所建立的那种自由政治和人权。理性还意味着现代科学成为保证知识可靠性的过程，并先后确保了现代技术的增长和对自然的大规模操纵。现代社会的核心特征在于它体现了启蒙运动的原则。而正统的浪漫主义者则青睐一种艺术的和美学取向的生活与政治。对柯勒律治（Coleridge）、华兹华斯（Wordsworth）、雪莱（Shelley）这样的浪漫诗人来说，自然与人类应属于一种有机的、最好是通过感触与洞察来理解和发展的关系。在美国，拉尔夫·瓦尔多·爱默生（Ralph Waldo Emerson）和亨利·大卫·梭罗（Henry David Thoreau）于 19 世纪发展了这种浪漫主义形式。

正像 18、19 世纪的浪漫主义者，绿色浪漫主义拒绝启蒙运动的核心原则，直指人类傲慢自大地使用现代科学与技术所造成的环境破坏。[35]绿色浪漫主义寻求通过改变个人接触和体验世界的方式来拯救世界，特别是通过培育个人一种对自然与其他人更多善意且更少操纵的倾向。它是被早期浪漫主义拒绝的启蒙运动所强调的理性与进步的进一步发展。在深生态学家当中，我们也可以发现这种情怀，尽管福尔曼拒绝“浪漫幻想的空想的飞跃”。[36]此外，它也被某些生态女权主义者，尤其是被普拉姆伍德批评为迷恋“生态系统中的天使”的那些人享有，被那些把地方性的直观体验置于所有其他事物之上的生物区域主义者享有，被那些与自然合而为一的精神绿色人士享有。

其他的绿色分子对放弃启蒙价值予以警告。[37]启蒙运动确有其阴暗面，它以听命于人类中心主义傲慢的工具理性形式服务于不受控制的经济增长，忘却了自然世界所施加的约束，忘却了对社会世界的欢愉所造成的伤害。但是，启蒙运动还有着更光明的一面，这包括对等级制的毋庸置疑的反对，一个相应的对平等（至少在人类当中）的承诺，基本的人权，以及作为理性社会关系本质的自由对话的可能性。因为，启蒙理性不只是一个以人类意愿的名义操控世界的问题，就像绿色浪漫主义者所理解的那样。理性还是一个自由地和批判性地质疑价值、原则和生活方式的问题——它为批判性的生态质疑打开了大门。正如普拉姆伍德指出的，“对体现在主人身份中并使自身与自然领域相对立的支配式理性的批评，并不意味着放弃所有形式的理性、科学与个性；相反，这牵涉到以较少对抗和较少等级的方式对它们进行重新定义或重新建构”[38]。彼得·哈伊(Peter Hay)指出，当代绿色激进主义扎根于科学和美学，这是一种生态系统性的观点，而不是浪漫个人主义，它指向更加美好的未来，而不是一种对某些流金岁月的回归。[39]

3. 绿色意识转变的话语分析

绿色意识转变话语的故事情节，是工业社会导致了一个关于人类及其在世界中位置的、被歪曲了的观念。矫正这种状况所必需的是新型的人类感知，一种对自然破坏性较小的感知。虽然所需要的感知的精确内容会有所差异，但它们总体上包括一种人类对自然世界和相互之间操纵较少且更谦逊的态度。具体地说，这一故事情节是由以下要素构成的。

3.1 被承认或建构的基本实体

在绿色激进主义背后的是赋予生存主义者活力的全球生态极限，这些极限的存在与逼近显露出一种紧迫感。正如安德鲁·多布森指出的，“绿色政治的基石在于相信，我们有限的地球给我们的工业增长设置了一个极限”[40]。不过，绿色激进派也不会使用某些生存主义者所喜爱的独裁主义的政治处方。绿色的文化转变在缺少极限时仍将是连贯的、理由充分的(尽管不太紧急)。

该话语中存在的被承认或建构的基本实体是自然，它构成其真实基础。无论是内部的自然(即心理、身体和精神)还是外部的自然，都可以在这里加以讨论。绿色的文化转变通过人类感知与义务的作用使两者更密切地和谐起来。这种和谐是深生态观关于“自我中的小自我”的本质，也是文化上的生态女权主义原则的本质，这种原则关系到对自然世界及其他人的一种更明智、更善意的人类倾向。与这些自然和自然之物的概念相反的是非自然的观念。这里应包括的是现实中的核心性实践和——更为重要的——工业社会在人们心中灌输的核心性感知。具体而言，这些非自然的行为与倾向包括普罗米修斯主义者的人类中心主义的傲慢，对更多更好的消费物品的贪婪追求和经济理性主义所强调的工具性算计。而生态女权主义者则会把父权制加到这份单子上。

对意识变化的强调意味着，社会结构、制度和政策都被看成没有它们自己独立的生命，而是可被最终还原到社会成员的原初感知上来。因而，绿色意识天然地站到了唯心主义（唯物主义与之相反，强调经济力量在塑造社会方面的决定性影响）的哲学传统当中。推动社会前进的是思想，而不是物质力量：因而改变世界的关键是改变思想。

3.2 对自然关系的假定

绿色意识转变的倡导者所强调的自然关系，当然也往往是自然的关系。自然的意象以及它所包含的关系类型也许会在细节上有所差异。例如，深生态学家经常完全陶醉于一个“腥牙血爪”（red in tooth and claw）的自然当中，他们使用某些查尔斯·达尔文的追随者所喜爱的表达方式，并把掠夺和猎获赞美为自然秩序中的重要部分。生态女权主义者更可能从自然世界中看见动物与物种之间的和谐。无论竞争与合作之间如何实现平衡，自然秩序都是一种平等主义的秩序（深生态学家的生物中心主义的平等），在它内部没有等级，更没有一种把人类置于其他任何物种之上的等级。绿色激进派还相信，人类已经通过人类中心主义的自大、父权制，或者工业家的冷漠而违反了这种秩序。

这种违反经常以理性的名义出现。理性在当今世界中的支配形式是工具理性：设计、选择的能力，而效果好意味着目标的清晰与一致性。工具理性要求在主体与客体之间进行两分。只有人类的心灵才是主体。其他任何事物，包括自然世界和处于劣势的人类，构成了客体以受操纵和统治——无论为了什么样的心理期望。因而，工具理性使我们疏远自然的同时相互疏远，并带来各种惨重的后果。借助施加给我们的环境危机，自然对我们的傲慢实施了报复。

3.3 施动者与其动机

绿色激进主义在文化方面致力于培育替代类型的生态主体性。每个人都可以是施动者，具有创造他或她自己对自然世界或人类世界的适当关系的能力。因而，这种话语下存在着大量的人类主体。更为重要的是，它只包含主体。民众就是他们自己的主体，因为一种适当的生活取向的创造取决于他们自己；没有其他什么人能为他们做这件事。除了受到谴责，像政府、公司以及其他组织这样的集体行为体在很大程度上被忽视了，或许有权力在其他人身上施加其意愿的精英们也是如此。不过，该话语允许某些人类主体比其他主体更开明，这就留下了余地。因而，对绿色教育来说尚有机会。[41]

行动的属性并不仅仅属于人类。通过对几百年来自然科学以及工具理性的支配观念的重要性的拒绝，可以认为施动性就存于自然之内（或之外）。对绿色意识转变当中的浪漫情怀而言，这一点尤其正确。自然并不一定是盲目的、没有思想的和毫无感觉的；相反，它可能真的是蕴含着意义和目的的。这适用于个别的动物、物种、生态系统，甚或整个行星。詹姆斯·拉夫洛克的盖娅假说已经在绿色活动分子当中得到了广泛的接受（尽管作为一个顽固的核能狂热分子，他几乎不可能获得这种礼遇）。[42]该假说阐释了生物圈作为整体进行活动，共同地维持着地球生命的各种条件。因此，生物圈是一个自我调整的实体，能够纠正那些对它生命支持能力的威胁——比如，由太阳辐射、火山活动或者人类污染水平的增加所带来的威胁。当然，认同这种假说并不能为环境主义者的前景提供保障。因为，盖娅也许完全能够纠正我们人类所构创出的任何滥用，不管它是来自燃烧化石燃料的污染还是核毁灭。我们可以把我们自己毁灭掉，但盖娅将会永续下去，就像它已经比灭绝的数百万物种活得还要长久那样。绿色激进派则更可能认为，盖娅是脆弱的并且值得敬重。[43]

3.4 关键隐喻和其他修辞手法

意识转变的绿色倡导者不拘一格地利用了生物的、有机的隐喻。由于他们把焦点设定在培育人类主体性上，其中许多隐喻都被合并进了关于如何体验世界的劝诫当中。例如，根据罗伯特·艾特肯（Robert Aitken）的说法，“深生态学……要求对黑熊开放，变得与黑熊真正亲密无间，以至于当你赶公共汽车上班时蜂蜜滴到了你的皮外套上”[44]。对凯伦·戴维斯（Karen Davis）来说，女权主义者理解的动物解放的关键是“像小鸡那样思考”[45]。若借用深生态学的一种流行表达方式，关键则是“像大山那样思考”。戴维·福尔曼——深生态的“地球第一！”的奠基人，惯于通过让他的听众像狼一样嚎叫来结束他的政治演说。

改变人们体验世界的方式至关重要。这一点可以通过辩论来实现；并且，确实有许多详细的、代表着我所考察过的各种各样的绿色立场的辩论，其中不乏真知灼见。但从根本上说，仅有辩论可能还不够。到目前为止，理由充分的辩论也只能让我们顺着大路走。其他小路则可能需要诉诸超越理智的激情的修辞式战略。假如目标在于使听众确信一种明智并且善意地适应自然的希求，那么，我们可以通过讲述个人故事做到这一点，就好比解释宗教信仰转变以及它如何改变了故事讲述者的生活。例如，生态女权主义者茱莉亚·拉塞尔(Julia Russell)，曾讲述了她如何通过对其肥堆的凝思渐渐意识到地球是一个活的生命，因为肥堆向她表明“地球把所有呈现给它的事物纳入其自身”[46]。诉求可以并且是为直觉和感情而发。诗歌、艺术、宗教和准宗教的仪式、讲述和复述神话与创造故事，都可以发挥作用。在论及灌输一种生态公民权的意识时，安德鲁·多布森认为，“与上一年课相比，一个小时的生动体验可以产生更多的政治化”[47]。

绿色意识转变的话语分析见表 9.1。

表 9.1　　绿色意识转变的话语分析

1. 被承认或建构的基本实体
   * 全球极限
   * 自然
   * 非自然实践
   * 思想
2. 对自然关系的假定
   * 在人类与已被侵犯的自然之间存在的自然关系
   * 穿越人与自然的平等
3. 施动者与其动机
   * 人类主体，其中某些人比其他人多一些生态自觉
   * 施动性也可存于自然之中
4. 关键隐喻和其他修辞手法
   * 各式各样的生态和有机的隐喻
   * 激情
   * 诉诸情感和直觉

4. 绿色意识转变的影响

对于前几章考察过的大多数话语来说，探寻其在政府与国际实体的政策方面，以及在重建社会、经济、政治制度与实践中的具体影响是有意义的。但若以此尺度来评价绿色意识转变，就会不得要领。因为，这些绿色活动分子想让民众成为不同的人，而当他们做到这一点时，就可以期望其他事情随后发生。借助文化、伦理以及运动所诱导的民众行为方面的转变，许多社会运动的确产生了重大的实际效果。[48]例如，女权主义已经成功地改变了家庭内部以及更一般意义上的社会当中的性别之间的权力关系。在这些变化中有许多已得到诸如家庭法和平等机会措施这样的立法确认，但它们当中的很多并非是如此强制性的。同样，环境主义三十年来的一个重大影响，就在于人们开始考虑他们日常的行为方式：在水的重复利用方面，在使其房子隔热方面，在留意他们所购产品的环境友好性方面，在他们关于世界向孩子讲些什么方面。文化的转变也能影响关键决策制定者的认识[49]，尽管当那些绿色思想被接受时往往已经丧失掉很多激进的气势。

因而，我们应该在文化领域寻求绿色思想实际影响的证据。培育新的生存方法不仅是为了被启蒙的个人的利益，还是为了社会的利益，而最终是为了行星的利益。

就此而言，多少有点讽刺意味的是，绿色意识转变的主要影响到目前为止只是在改变消费者行为的层次上，以及前面所考察过的各种文化转变上。也就是说，拥有最大影响的是生活风格绿色分子。至少在工业社会中，许多人能恰当地给垃圾分类并重复利用他们的垃圾，查看超市货架上的产品标签，避免使用让臭氧衰竭的化学品和转基因生物，用食品废料和花园垃圾混合堆肥，迫使麦当劳这样的公司停止使用聚苯乙烯泡沫塑料包装，并提高他们生产方式的能效。在这里，绿色文化转变为生态现代化提供了有用且可能未曾料想到的支持，生态现代化所要求消费者的正是依此方式行动。

人们还没有做的事情——除极少数人外，是采纳深生态学家、生态女权主义者生物区域主义者或者生态神学家所寻求的那种生态意识。相关团体和网络常常是非常小的，而且不太会引起更大范围公众的关注。这种团体中最著名的可能是1980年成立于美国的“地球第一！”。它的出名不是因为它的深生态哲学，而是由于其成员的英勇举动。这些英勇举动包括躺倒在推土机前面，无票闯入科罗拉多河上的鲍威尔湖水库的周年庆祝会，占据预定伐尽(clear-cutting)的原始林树端，在格伦峡谷大坝表面放上个“炸”字，诸如此类。“地球第一！”也与捣乱或生态破坏演示相联系，即破坏环境损害活动。“捣乱”彰显了“地球第一！”支持者的措辞技巧，同样也展现了其反对者的措辞技巧。[50]可能会发生的事情包括往运土机的曲轴箱内倒金刚砂粉，往燃料桶内倾倒果汁，为了威胁砍树人往树里钉长钉子，拔掉测量桩，破坏伐木用的公路，等等。自1997年起，地球解放阵线成为其接任者，它的支持者们在1998年用火把点燃了科罗拉多州范尔滑雪场内的滑雪小屋，并且给代销商的损害环境的运动型多功能车放了把火。

小说中的捣乱更加彻底：深生态自然作家和小说家爱德华·艾比的那些作品仍然是最好的阐释。[51]其中的措辞和虚构明显地影响到了美国联邦调查局(FBI)，它投入了大量的努力渗透进“地球第一！”并诱捕了其某些成员，包括戴维·福尔曼。福尔曼在1989年阴谋炸毁输电线路。联邦调查局最终把地球解放阵线定性为美国头号恐怖团体(即使没有人曾因为地球解放阵线的活动受到过伤害)。在搜查针对深生态学的真正暴力作恶者方面，联邦调查局却很不用心，而这些作恶者几乎完全来自反生态的势力。例如，当“地球第一！”的活动家朱迪·巴瑞(Judi Bari)在她的轿车里被炸弹伤害的时候，当局首先把这件事形容成一个活动家被她自己的炸弹炸伤的案件；而当这一理由受到质疑时，当局也没有做出应有的努力抓住真正的投弹者。当1998年“地球第一！”的戴维·钱(David Chain)在加利福尼亚的河源森林里被一个伐木工杀害时，也没有任何控诉被提起。

多数拥有绿色感知的人并不属于任何团体。许多人属于更为传统的环境利益团体。在美国20世纪50年代到90年代的传统环境主义当中，戴维·布劳尔(David Brower)或许是最著名、最好战并且最有影响的人物，他领导过山峦协会，创建了保育选民联盟(LCV)、地球之友和地球岛学会(EII)。在他的演讲和作品里，绿色浪漫主义相当明确。他被称为“大德鲁伊”不是毫无根据的(大德鲁伊是古代德鲁伊教的主祭，同时又作为国王的顾问、法官、教师和哲学家等——译者注)。[52]

绿色意识也可以用道格拉斯·陶格逊称之为绿色政治的“狂欢节”要素来培育。[53]在这里，工业主义不仅受到严肃的政治活动的反对，而且也受到绿色喜剧的反对。这种喜剧也许包括了坐落于美国、加拿大和澳大利亚的“地球第一！”风格的树形物，英国的反公路活动家在高速公路行车道上挖掘并居住于其中的岌岌可危的隧道，绿色和平组织在澳大利亚总理约翰·霍华德——一个顽固的化石燃料倡导者——的房顶上安装太阳能电池板的惊人特技，阻塞了交通的伦敦夺回街道(Reclaim the Streets)事件。陶格逊的狂欢节将鼓舞人们创造性地思考他们在世界中的位置。如果没什么其他帮助的话，绿色喜剧至少会有助于防止绿色活动分子变得像他们的反对者那样：呆滞、严肃、讲究战略、精于算计和灰色。

5. 绿色意识能够拯救地球吗

绿色激进派相信，世界需要拯救。但是，意识转变能胜任这项任务吗？可能有几个原因会使它难以胜任。第一个就是要说服大众去改变他们联系世界的方式这样的实际问题。绿色卫士们如何做到使其他人信服呢？通常的答案可归结为，卫士们将教育其他人如何以一种生态友善的方式去思考和行动。但调查显示，至少在发达国家，大多数人已经把他们自己看成是环境主义者。在美国三十岁以下的人当中，这个数字高达85%。[54]但是，这种承诺往往是空洞的。与此同时，在美国高校里较为普遍的则是，环境教育并未能挑战既存的工业主义世界观，而且仅传授了一个非常虚弱的生态概念。[55]

另一个难题则与生态事物的复杂性相关。生物学家和环境活动家巴里·康芒纳(Barry Commoner)很早以前就提出，“物物相关”是第一生态法则。[56]虽然这有点夸张，但它并没有否认生态难题所固有的复杂性。[57]无论干预的动机有多好，对复杂系统的干预都可能会产生有悖常理的后果。因而，良好的意愿和感知从来都不足以安全地指导行动。例如，人们长期以来相信，保护美国西部森林的生态系统的最好方式是禁火；而生态学家后来才意识到,这些生态系统在更新上依赖于周期性的燃烧。爱地球从来都不能保证你会很好地对待它。

这里变得更复杂的是,环境事务被确定为危机。危机意味着人类与自然世界的互动严重失衡。如今,绿色感知的提高可能足以保持一种人们能在其中与自然和谐相处的均衡,但它们并不能告诉我们,如何使我们从当前的严重失衡状态达致这种和谐状态。目前并不存在一种有关的转型理论,而那几乎肯定会需要集体层面的某种政治计划与行动。这里的问题是,社会、政治和经济结构不只是一种社会大众或精英态度的反思问题,况且因此而改变的感知也并不必然导致结构性的转变。

为什么说社会结构很重要呢?主要原因在于,细节上的修修补补不可能带来根本性的改变(就政策、制度和像革命这样的事件来说)。在佛教、道教和印度教的社会里,普遍深入的环境敏感的感知能够与专制并且反环境的社会、政治和经济系统共存。关键的问题在于如何把个体层次上的偏好、态度和感知的聚集演变成宏观层次上的结果。[58]作为一个社会科学家,我想指出,社会科学之所以存在,就是因为社会的和社会—结构的现象不可减约为单纯的个体心理。因此,即使发生了沿着绿色人士所探寻路线的大规模的个体转化,在宏观层次上也完全可能不会有什么改变。假如没有结构安排来促进对旧秩序不满的表达,构建反对旧秩序的团结以及团结基础上的行动,那么旧秩序将会存活下去。大众心理上和文化上的转变也可以产生宏观层次上的结果,但是,它们绝非只是微观转型的一种简单体现。心理上的转变可能会受到很多因素的挫伤:歧视新党派的选举体系,鼓励并强化物质主义和自私自利行为的市场体系,使个体隔离并使其关切私人化的社会结构,难以满足和组织的就业结构,通过使人们太劳累没有时间参加政治活动,从而让妇女呆在家里或者强化私人化的家庭结构。

最重要的结构性限制存在于与全球自由资本主义的政治经济的联系,它比以往任何时候都更稳固、更强大。这种政治经济不仅制约着结构和制度,而且还制约着身份、主体性和话语。诚如查尔斯·林德布洛姆所指出的,市场监禁了政府政策:政府必须要做的头等大事,就是维持资本主义投资者的信心。[59]他还说,市场也监禁了大多数人思考的方式:假如在市场需要和其他价值(包括环境价值)之间存在冲突,那么其他价值必须让路,这通常被认为是理所当然的。

因而,绿色活动分子所面临的挑战是:你们所提出的替代性意识如何在一个当今注定使其受挫而建构起来、并朝着强化这种挫折的方向前进的世界中立足?世界的哪些方面有利于替代性的绿色主体性?哪些方面又对它构成了妨碍?这些促进和约束性力量的相对实力状况怎样?为了改变这些力量的平衡又应当如何改变政治和经济结构?谁或者什么将会抵制这种改变?

绿色激进主义更为明确的政治支派要设法回答的正是这些问题。

【注释】

[1] Arne Naess, "The shallow and the deep, long-range ecology movement: A summary," *Inquiry*, 16(1973), pp. 95-100.

[2] Arne Naess, *Ecology, Community and Lifestyle*, Cambridge: Cambridge University Press, 1989.

[3] Bill Devall and George Sessions, *Deep Ecology: Living as if Nature Mattered*, Salt Lake City, Utah: Peregrine Smith, 1985.

[4] Bill Devall and George Sessions, *Deep Ecology: Living as if Nature Mattered*, p. 67.

[5] Warwick Fox, *Toward a Transpersonal Ecology: Developing New Foundations for Environmentalism*, Boston, Mass.: Shambhala, 1990.

[6] Bill Devall and George Sessions, *Deep Ecology: Living as if Nature Mattered*, p. 70.

[7] 安·斯洛比女士事实上就是克里斯托弗·曼尼斯(Christopher Manes)。他对激进的环境主义作了很多阐释。See Christopher Manes, *Green Rage: Radical Environmentalism and the Unmaking of Civilization*, Boston, Mass.: Little Brown, 1990.

[8] 参见 www. vhemt. org.

[9] Robyn Eckersley, *Environmentalism and Political Theory: Toward an Ecocentric Approach*, Albany: State University of New York Press, 1992, p. 46.

[10] Dave Foreman, "The real wilderness idea," *USDA Forest Service Proceedings*, RMRS-P-15-Vol-1(2000), p. 38.

[11] Dave Foreman, "Wilderness areas for real," in J. Baird Callicott and Michael P. Nelson(eds.), *The Great New Wilderness Debate*, Athens, GA: University of Georgia Press, 1998, pp. 395-407.

[12] Edward Abbey, *The Monkey Wrench Gang*, Philadephia, Pa.: J. B. Lippincott, 1975.

[13] Irene Diamond and Gloria Feman Orenstein(eds.), *Reweaving the World: The Emergency of Ecofeminism*, San Francisco, Calif.: Sierra Club Books, 1990; Jusith Plant(ed.), *Healing the Wounds: The Promise of Ecofeminism*, Philadelphia, Pa.: New Society Publishers, 1989.

[14] Marti Kheel, "Ecofeminism and deep ecology: Reflections on identity and difference," in Irene Diamond and Gloria Feman Orenstein(eds.), *Reweaving the World: The Emergence of Ecofeminism*, San Francisco, Calif.: Sierra Club Books, 1990, pp. 128-137.

[15] Irene Diamond, *Fertile Ground: Women, Fertility, and the Living Earth*, Boston, Mass.: Beacon, 1994.

[16] 关于深生态学, See Bill Devall and George Sessions, *Deep Ecology: Living as if Nature Mattered*, p. 8, pp. 90-91, pp. 100-101; Warwick Fox, "On guiding stars to deep ecology: A reply to Naess," *The Ecologist*, 14(1984), pp. 203-204;需要注意福尔曼是一个无神论者, See Dave Foreman, *Defending the Earth: A Dialogue Between Murray Bookchin and Dave Foreman*, Boston, Mass.: South End Press, 1991, p. 46; 关于生态女权主义, See Carol P. Christ, "Rethinking theology and nature," in Irene Diamond and Gloria Feman Orenstein(eds.), *Reweaving the World: The Emergency of Ecofeminism*, San Francisco, Calif.: Sierra Club Books, 1990, pp. 58-69.

[17] 关于生态女权主义的魔力, See Starhawk, *Truth or Dare: Encounters with Power, Authority and Mystery*, San Francisco, Calif.: Harper and Row, 1987.

[18] Vandana Shiva, *Poverty and Globalisation*(BBC Reith Lecture, 2000), see www. news. bbc. co. uk/hi/english/ static/events/reith_2000/ lecture5. stm.

[19] See Janet Biehl, *Rethinking Ecofeminist Politics*, Boston, Mass.: South End Press, 1991.

[20] Val Plumwood, *Feminism and the Mastery of Nature*, London: Routledge, 1993, p. 9.

[21] Elizabeth Carlassare, "Essentialism in ecofeminist discourse," *Captalism*,

Nature, *Socialism*, 5/3(1994), pp. 1-18.

[22] Val Plumwood, "Has democracy failed ecology? An ecofeminist perspective," *Environmental Politics*, 4/4(1995), pp. 134-168.

[23] Val Plumwood, *Environmental Culture*," *The Ecological Crisis of Reason*, London: Routledge, 2002.

[24] Michael Voncent Mcginnis (ed.), *Bioregionalism*, New York: Routledge, 1998.

[25] Kirkpatrick Sale, *Dwellers in the Land*: *The Bioregional Vision*, San Francisco, Calif.: Sierra Club Books, 1985.

[26] Jim Dodge, "Living by life: Some bioregional theory and practice," *Coevolution Quarterly*, 32(1981), pp. 6-12.

[27] Peter Christoff, "Ecological citizens and ecologically guided democracy," in Brain Doherty and Marius de Geus(eds.), *Democracy and Green Political Thought*, London: Routledge, 1996, pp. 151-169.

[28] Andrew Dobson, *Citizenship and the Environment*, Oxford: Oxford University Press, 2004.

[29] Dolores La Chapelle, *Earth Wisdom*, San Diego, Calif.: Guild of Tudors, 1978; Charline Spretnack, *The Spiritual Dimension of Green Politics*, Santa Fe, N. Mex.: Bear and Co, 1986.

[30] 对生态神学的细致分类, See Roger S. Gottleib(ed.), *This Sacred Earth*: *Religion*, *Nature*, *Environment*, New York: Routledge, 1996; Peter Hay, *Main Currents in Western Environmental Thought*, Sydney: University of New South Wales Press, 2002, pp. 94-119.

[31] Lynn White, "The historical roots of our ecologic crisis," *Science*, 155 (1967), pp. 1203-1207.

[32] Robert Heilbroner, *An Inquiry into the Human Prospect*: *Looked at Again for the* 1990*s*, New York: Norton, 1991, pp. 176-177.

[33] William Ophuls, *Ecology and the Politics of Scarcity*, San Francisco, Calif.: W. H. Freeman, 1977, p. 243.

[34] Jonathan Porritt, *Seeing Green*: *The Politics of Ecology Explained*, Oxford: Basil Blackwell, 1986, p. 210.

[35] Peter Hay, *Main Currents in Western Environmental Thought*, pp. 4-11.

[36] Dave Foreman, "The real wilderness idea," p. 38.

[37] Tim Hayward, *Ecological Thought: An Introduction*, Cambridge: Polity, 1995.

[38] Val Plumwood, *Feminism and the Mastery of Nature*, p. 40.

[39] Peter Hay, *Main Currents in Western Environmental Thought*, pp. 10-11.

[40] Andrew Dobson, *Green Political Thought: An Introduction*, London: Unwin Hyman, 1990, p. 73.

[41] Andrew Dobson, *Citizenship and the Environment*, pp. 174-207.

[42] James Lovelock, *Gaia: A New Look at Life on Earth*, Oxford: Oxford University Press, 1979.

[43] Jonathan Porritt, *Seeing Green: The Politics of Ecology Explained*, pp. 206-209.

[44] Andrew Dobson, *Green Political Thought: An Introduction*, p. 61.

[45] Karen Davis, "Thinking like a chicken: Farm animals and the feminine connection," in Carol J. Adams and Josephine Donovan (eds.), *Animals and Women: Feminist Theoretical Explorations*, Durham, NC: Duke University Press, 1995, pp. 192-212.

[46] Julia Russell, "The evolution of an ecofeminist," in Irene Diamond and Gloria Feman Orenstein(eds.), *Reweaving the World: The Emergence of Ecofeminism*, San Francisco, Calif.: Sierra Club Books, 1990, pp. 223-224; Martin Ryle, *Ecology and Socialism*, London: Century Hutchinson, 1988.

[47] Andrew Dobson, *Citizenship and the Environment*, p. 211.

[48] Sylvian Tesh, "New social movements and new ideas," paper presented at the Annual Meeting of the American Political Science Association, Washington DC: 2-5 September 1993.

[49] Paul Wapner, "Horizontal politics: Transnational environmental activism and global cultural change," *Global Environmental Politics*, 2/2(2002), pp. 37-62.

[50] See Dave Foreman, *Ecodefense: A Field Guide to Monkeywrenching*, Tucson, Ariz.: Ned Ludd Books, 1985.

[51] Edward Abbey, *The Monkey Wrench Gang*, Philadephia, Pa.: J. B. Lippincott, 1975.

[52] John Mcphee, *Encounters with the Archdruid*, New York: Farrar, Straus, and Giroux, 1970.

[53] Douglas Torgerson, *The promise of Green Politics: Environmentalism and*

the Public Sphere, Durham, NC: Duke University Press, 1999.

[54] Leslie Paul Thiele, *Environmentalism for a New Millennium: The Challenge of Coevolution*, New York: Oxford University Press, 1999, p. 21.

[55] Chet Bowers, "The role of education and ideology in the transition from a modern to a more bioregionally-oriented culture," in Michael Vincent McGinnis(ed.), *Bioregionalism*, New York: Routledge, 1999, pp. 199-204.

[56] Barry Commoner, *The Closing Circle*, New York: Bantam, 1972.

[57] John S. Dryzek, *Rational Ecology: Environment and Political Economy*, New York: Basil Blackwell, 1987, pp. 28-29.

[58] James S. Coleman, "Social theory, social research, and theory of action," *American Journal of Sociology*, 91(1986), pp. 1309-1335.

[59] Charles E. Lindblom, "The market as prison," *Journal of Politics*, 44 (1982), pp. 324-336.

第十章 改变社会:绿色政治

绿色激进主义致力于实现社会结构、制度和意识变革的政治改变。这种更加鲜明的政治论调是由许多运动和思想学派共同推动的。它们的激进程度变化多样,从生态无政府主义者——寻求一种全新但现在看来非常遥远的社会,一直到现实派绿党分子——他们已经在几个国家实现了政府权力参与。

1. 绿色政治种种

1.1 绿党

政党是绿色激进主义最惯常的组织形式。绿党已经成为过去1/4多世纪以来选举风景的一部分,并在几个欧盟国家(包括比利时、芬兰、法国、德国和意大利)加入了政府联盟,而且还出任了政府部长(尤其是环境部长)。其中,德国绿党(Die Grünen)占据了一个中心位置。德国绿党并不是世界上第一个绿党——竞争第一个绿党荣誉的有澳大利亚的联合塔斯马尼亚团体(United Tasmania Group)和新西兰的价值党(Values Party),两者都建立于1972年。但是,德国绿党长期以来一直被视为世界上最重要的绿党,其原因与它无论作为一种运动还是作为一个政党的规模和成功有关。德国绿党建立于1980年,并在1983年以5.6%的全国得票率进入了联邦议院。2002年,德国绿党以8.6%的得票率达到了选举高点,而到此时,它已经和社会民主党(SDP)在联邦层次上结为执政联盟四年了。

德国绿党所必须应对的深厚的国家史,是一个浪漫主义突显的历史。

在18、19世纪的德国，浪漫主义对现代性的反抗比其他地方更为强烈，并与反动的德国民族主义密切相联。后来，这种连结在纳粹党内还跟环境潮流搭上了边，纳粹党除了使日耳曼种族理想主义化外，还使日耳曼民族的自然环境（莱茵河、黑森林、阿尔卑斯山，等等）理想主义化，认为种族与环境之间具有某种神秘的联系。正如安娜·布拉姆威尔（Anna Bramwell）所提醒我们的，20世纪前半期欧洲绿色政治的历史定位于法西斯主义的右派，而不是进步的左派。[1]考虑到这段历史，德国绿党对浪漫主义保持着警觉，尤其是对绿色灵性表示怀疑。[2]

德国绿党长期分为两个主要派别：现实派（Realos）和基本教义派（Fundis）（绿党早期最著名的人物佩特拉·凯利，一成为传媒明星就受到了两个派别的斥责）。现实派相信穿越制度尤其是穿越议会政治的行动，承认假如绿色目标要更上层楼的话就需要进行“穿越制度的进军”[3]。他们更多地关注选票最大化战略、政党组织和议会策略，并公开主张与其他进步力量特别是社会民主党结盟。这种联盟开始于市和联邦州层级的政府。基本教义派则相反，他们认为绿党完全是一种政治运动而非一个政党，而且绿色使命是要与一个非理性的政治体制对抗而不是在该体制内运作。最知名的基本教义者鲁道夫·巴罗（Rudolf Bahro），1985年抗议该党拒绝对动物实验提出整体性谴责，使得绿党纷争不休。随着现实派于20世纪90年代初在约希卡·菲舍尔（Joschka Fischer）领导下取得胜利，两个派别之间的激烈论争在很大程度上得到了解决。但即使拥有权势，菲舍尔仍公开承认，他的主要问题在于绿党的大多数成员都认为他是一个很差劲的人。这种评价并未影响到德国的所有选民。1998年绿党加入联邦执政联盟后，菲舍尔成为了一个很受欢迎的外交部长，并且选民们普遍相信，他能够在2002年联邦大选中挽救联盟。此刻，菲舍尔已在国际舞台上被尊为一流的政治家，他青年时代炽热的激进主义此时已悄然褪去。

绿党现实派想通过影响公共政策而不光是个人意识来改变世界。克劳斯·奥菲（Clause Offe）在分析德国绿党时——回应其绿色起源，认为他们是新社会运动的一个范例。[4]奥菲相信，该运动所呈现的历史意义在于它是现代社会的第三大波抗议。第一波是自由资本主义对僵化的由贵族和君主政体统治的封建社会的抗议。第二波是社会主义者对获胜的自由资本主义体制的抗议。第三波则是新社会运动的那种抗议，它不仅包括绿党，而且还有女权主义者、和平活动家以及各种各样的城市抗议。这种运动并不是对任何向着前现代岁月的浪漫主义回归都感兴趣；相反，它们致力于奥菲所说的"现代价值的选择性激进化"，特别是自由、平等和民主。因而，它们可以正大光明地安处于启蒙运动对社会进步的强调当中。很明显，绿党认为，现代性名义下所发生的很多现象——自然破坏、资源衰竭和社会关系的官僚化——都令人讨厌。但是，在改变个人感知、任何向前工业社会伊甸园的回归或者后现代的嬉戏当中，并不能找寻到解决办法。相应地，这种分析最好能够通过运动当中审议和民主的互动得到发展和实施，无论它是现实派的结构化政党组织还是基本教义派所喜爱的更不固定且非正式的聚合。

美国绿党看上去与它的欧洲同伴截然不同。与其说它是一个政党，还不如说它是一个松散的网络。而且与政治相比，它对哲学和生活风格也一样感兴趣。不过，在 2000 年的总统选举中，拉尔夫·纳德(Ralph Nader)和维诺娜·拉杜克(Winona Laduke)赢得了 2.6%的得票率，有十一个州的得票超过了 5%。纳德否认民主党人阿尔·戈尔的胜利，这使得小乔治·布什在佛罗里达选举异常的可疑情势下得以就职。美国选举制度歧视第三党派，第三党派会发现，在单议席选区(single-member constituency)和简单多数票制(simple-plurality)下，它几乎不可能有代表当选。因而，美国的大多数环境团体避开了绿党，尽管绿党在支持或反对两大党候选人的选举政治中很活跃。

1.2 社会生态学

在美国绿色派系当中，社会生态学(social ecology)是深生态学主要的生态—哲学的竞争对手。它与老练的生态无政府主义者默里·布克金(Murray Bookchin)联系在一起，并在他的众多作品中得到了细致的阐述。[5]正如它的名字所暗示的那样，社会生态学强调深生态学中常常漏掉的"社会"向度。对布克金而言，所有灾祸的根源——人类社会中的并不亚于人与自然关系中的——就是等级制度。等级制不过是在以往人类文明的六千年左右才出现的。无论是在地主对农民、男人对女人、城市对乡村、老人对年轻人、资本家对工人、国家对社会、人对自然的支配中所显现的，还是在心智对身体的支配中所显现的，等级制都是一种极不理想、极不自然的现象。因为，布克金在非人类世界中并没有看到等级制。人类所感知到的竞争或支配关系，实际上是一种互惠性的微妙事例。例如，食草动物可以从食肉动物的掠食中受益，因为这种掠食可以使其数量得到控制，淘汰那些脆弱有病的成员。自然不是战争和资本主义的辩护士所描绘的适者生存的暴力斗争；相反，自然应适当地被理解为一个合作的场所，甚至是和谐的人类社会的一个模型，是自由起源的地方。

乍看去，这像一个对原始伊甸园的浪漫回归的处方。但是，布克金对人类在事物自然体系中特殊位置的规定，把社会生态学从这种定命中拯救了出来。人类当然不是像他们在普罗米修斯主义者和经济理性主义者的人类中心主义信念里那样处于自然之上的。但无论如何，人类都应被看作是业已具备自我意识的自然中的最佳部分：是我们使自然意识到了它自身。我们不应该假以生物为中心的平等主义之名来否认我们的自然特性。人类社会的演进现在发生于布克金所谓的"第二自然"(second nature)——一个文化而非生物的环境当中。因而，我们应当接受这种思想，即存在着有如人类感知的进步这样的事情。据此，布克金认为，"我们无法避免利用传统的理性、现有的科学模式和现代科技"[6]。当然，现代性预示着为时甚久的人类等级制习性业已能采取新的更隐蔽的形式。随着官僚制理性的发展，国家已然能够完善它对社会的统治，而且资本家已然能运展科学与技术来支配工人从而进一步征服自然。但对人类而言，现代性也使其质疑等级制和体察更加开放且更为平等的相互交换——以及与非人世界的交换。因此，布克金毫不犹豫地批评后现代主义者和反现代主义者。[7]

社会生态学在现代世界中的地位进一步得到了布克金社会主义者身份的保障：除了是一个老练的生态学家外，他还是一个老练的左翼人士。因而，社会生态学关注制度和实践分析，这些制度与实践使非正义——特别是与现代国家结构和资本主义相关联的等级制与竞争——得以永续。布克金的生态无政府主义方案，即与其邻居和地方环境和谐相处的小规

模的、主要是自给自足的地方共同体，也许是乌托邦的；但是，它毕竟是基于政治经济学分析，而且提出了一个政治经济战略。布克金在其后来的作品当中以及他在新英格兰的追随者，已形成了有关“激进的市镇自治主义”(radical municipalism)的思想，它关涉到政治制度从地方层次开始的彻底更新。

社会生态学的另一侧面是宗派主义(sectarianism)，这主要是由于布克金的激进左派背景。布克金不仅对石油公司、化学公司或者它们在政府里的代理人，而且对其他环境主义者都秉持他最为严厉的抨击。在20世纪80年代，他最惯常的标靶是深生态学，他公然抨击它是犯有种族主义(racism)和生态粗野主义(eco-brutalism)罪行的反动分子提出的生态运动脸上的丑恶疣子。而在深生态学那边，爱德华·艾比则以其人之道还治其人之身：20世纪80年代末经历了这两位可爱老人间的相互攻击。艾比一度甚至威胁要用马鞭对付布克金——如果他在亚利桑那露面的话。艾比后来变得温和了，说像布克金那样的胖老妇人没有什么可怕的。到20世纪90年代，和解的气氛弥漫开来：艾比去世了，而布克金和福尔曼之间的友善论争恰恰说明了，深生态学与社会生态学之间有很多的共同基础。[8]

这并不是偶然的，在美国背景下，布克金的理想极其契合于佛蒙特的田园风景，在那里可以欣然想象到一种人类与自然间充分和谐的景象，但那里并没有荒野；相反，在美国西部，人类与自然间则呈现出猛烈且难以控制的冲突。许多荒野是保留下来了，可人类的经济活动却以砍光森林、毁坏牧场、在沙漠上采矿却不修治、修建破坏河流生态系统的大坝的形式进行着。在西部，深生态学不仅有着最热烈的支持者，而且也有着它最仇恨的反对者。这里也是强硬的具有约翰·韦恩(John Wayne)传统的反环境主义的家园。对它而言，自然只不过是作为一个要克服的挑战而存在。

1.3 红与绿

德国绿党的口号之一是，“既不是左派也不是右派，而是在正前方”。但是，并非所有的绿色活动分子都同意这一口号，德国尤其不是这样，德国绿党内部过去长期存在着一个相当大的马克思主义派别。当然，其中还有比马克思主义左得多的派别，因此也就有比生态马克思主义(eco-Maxism)左得多的绿色思想。

在20世纪70年代环境回潮的早期，马克思主义者独树一帜地公开谴责环境主义是庸俗的并且仅关注生活的快乐，是对阶级斗争的真实内容的干扰。马克思本人是一个普罗米修斯主义者，他关心自然主要是为了征服它，尽管有些当代马克思主义者想竭力恢复他的环境声誉。时代已经改变了，许多马克思主义者现在成了生态马克思主义者。因为，资本主义自己的动力学已经无法达致马克思主义者曾经预测的社会主义革命高潮，他们现在指望着生态危机成为资本主义总危机的一个先导。依据这种解释，资本主义破坏了所有人类经济活动所依赖的生态基础，并创造了一个工人阶级以及其他受污染毒害的人群。生态马克思主义有别于其他各种绿色激进主义，认为这种破坏是由资本主义的制度所决定的。因此，一个更理性的经济体制将不会受制于生态极限。乔尔·科维尔(Joel Kovel)和迈克尔·洛伊(Michael Lowy)都谈到，一种"需要的转型"将使极限无关紧要。[9]因为，新的经济体制将不再追求日益增加的物质财富数量。

生态马克思主义者把生态问题看作是对许多资本主义矛盾的揭露，并且最终会导致资本主义的死亡，尽管他们对此事将来会怎样发生以及何时发生还有一点忸怩。科维尔和洛伊设想了一个"生态社会主义国际"(EI)，它将把许多现存的仍未认识到它们之间相互联系的、对资本主义的马克思主义批评的地方性和全国性斗争联合起来。[10]任何一个备选的旨在取代自由资本主义的政治经济体制，都必须首先要避免前苏联集团国家整个的环境失败——这种失败向反马克思主义者提供了大量的军火。[11]

生态马克思主义者不仅致力于批评资本主义，而且还致力于批评包括从整体上谴责人类中心主义或现代性在内的绿色思想。生态马克思主义者认为，对生态危机的真正解释应基于物质性的经济因素。人类意识只有在它可以与这些力量相联系时才是有意义的。因而，他们蔑视深生态学家以生态为中心的建议。[12]生态马克思主义的权威人士包括美国社会学家詹姆斯·奥康纳——红—绿杂志《资本主义、自然、社会主义》的创办人[13],以及乔尔·科维尔等[14]。

生态社会主义者(eco-socialists)并不是生态马克思主义者,他们常常提议采用政府计划来纠治资本主义的生态非理性。[15]对于生态社会主义来说,并没有什么必须取代资本主义的建议,只不过资本主义必须被驯服,以便它在使用资源时少浪费而且少肆意地破坏环境。生态社会主义与我们第4章中所讨论过的行政理性主义,有时很难加以区别。生态社会主义者将乐于使用与行政理性主义者相同的一系列政策工具,尽管他们的目标会包括较广范围的社会公正问题。这种对国家计划的强调或许会使绿党的基本教义派感到担忧,因为他们的绿色政治版本将反对国家而不是利用它。坚信经济与政治分权的社会生态学家、生物区域主义者和其他绿色活动分子,同样会怀疑生态社会主义。不过对绿色激进主义来说,集权和分权都不算是它最关键性的考验。甚至连生态无政府主义者也认识到需要某种地方层次之上的权威,尽管他们更喜欢松散的共同体的邦联而不是国家。

1.4 环境正义

美国的环境正义运动(environmental justice movement)形成于1978年。当时,拉夫运河住户协会(LCHA)由一群房屋暴露在一个废弃的有毒垃圾场上的居民组建起来,该垃圾场曾一度由纽约州水牛城的胡克化学公司(HCC)使用。在经过一段时间的拖延以后,联邦环境保护署终于承认,这种情况是有害健康和危险的,并且由联邦政府出钱买下了居民的房子(让他们放弃了家园)。拉夫运河让洛伊丝·吉布斯(Lois Gibbs)跃升为明星人物,而她此前只是一个与政治无关的工人阶层的家庭主妇。此后,她继续组织并领导着全国性的"危险废弃物公民信息交流中心"(CCHW,后来改称"健康、环境与正义中心")。其他创建性的活动是1982年反对北卡罗来纳州沃伦县计划修建有毒致癌物质垃圾场的斗争,该县是一个很集中的非洲裔美国人社区。垃圾场最终被建起来了,但"环境种族主义"(environmental racism)的思想也开始凸现。

环境正义运动关注工业社会所产生的环境风险落到穷人与少数族群身上的严重程度。[16]阶级和种族问题被凸显了出来,尤其是在"环境种族主义”思想里，而该问题在传统上被主要是由中产阶级白人组成的主流美国环境运动忽视了。关注点最初集中在与有毒垃圾场有关的风险上，但这种关切不久就扩展到了核设施、垃圾焚化装置、空气与水污染、采矿作业——由于它们威胁到乡村居民的健康（尤其是土著美国人），以及杀虫剂的使用——由于它威胁到了农场移民劳工的健康。该运动由数千个在地方上组织起来与特殊的环境威胁作战的团体组成。由于被它们的反对者嘲笑为患有“邻避情结”（NIMBY，意指不要在我家后院放垃圾），地方团体很快相互取得了联系，自觉地追求一种具有“奈避效应”（NIABY，Not In Anybody's Back Yard 的第一个字母，意指不要在任何人后院放垃圾）的目标。正如洛伊丝·吉布斯所指出的，该思想是要把有毒垃圾的“厕所给堵上”（plugging the toilet），并迫使企业首先停止制造垃圾。[17]该运动因此反对我们第 4 章中所讨论过的风险管理范式，而代之以谋求防止造成风险。[18]

网络是该运动别具特色的组织形式。地方团体不用任何全国性的领导或官僚结构就可以相互联系。[19]这种结构形式与主流环境团体的结构形式有很大的不同，例如国家野生动物联盟、山峦协会、环境保护基金，它们的华丽办公室都设在华盛顿特区，都有拿高薪的首席执行官，有通往权力长廊的便捷通道。

与主流环境团体的生动比照，足以把环境正义运动称作一种替代性的环境运动。这种运动的网络积聚起了完全不同的人，例如郊区白人家庭主妇、市内黑人、保留地中的土著美国人，他们因为反对一个特定的污染者或者一系列相互关联的环境威胁而团结起来。戴维·施劳斯伯格强调了运动中所体现的“批判性的多元主义”[20]，具有完全不同特征的团体一边用彼此尊重的方式超越他们的分歧，一边与共同的敌人交战。关于策略，该运动则是折衷主义者。像主流环境运动一样，它参与诉讼和游说，但它对包括游行示威、封锁、静坐、联合抵制在内的对抗性策略也使用得很顺手。

环境正义活动家有理由怨恨主流环境团体，它们只是最近才察觉毒害问题——尤其是这些问题涉及到种族和阶级，然后才寻求基金会为这些领域的努力募集资金。在一些案例中，主流环境团体已经把延迟介入和与远未实现终止产生有毒垃圾的污染者的肮脏交易结合起来了。结果,洛伊丝·吉布斯甚至不喜欢被称作环境主义者。正如她指出的,环境主义者是吃酸奶酪的那些人,而她的人则喝百威酒、抽香烟。[21]

随着从“邻避战略”向“奈避战略”的转变,环境正义运动终于提出了结构议题。“把厕所堵上”暗示着一种转型的政治经济,在这种政治经济中,危险废弃物将不再被概念化成事后处理的副产品;相反,这些废弃物是体制中基本原则非理性的证据,需要用计划生产以消除废弃物产生的方式来纠治。在这里,我们可以发现一些与生态现代化的理念相似的东西。它们之间的主要区别在于,生态现代化论者相信,资本主义企业自己可以通过废弃物最小化寻求到效率和利润,而环境正义运动却相信,这种改变只能通过政治活动强迫不情愿的公司接受。

环境正义运动也许只是弱生态的:它很少能够领会到复杂生态系统在维持地球生命方面所扮演的角色。这种领会的缺乏甚至可能是该运动始于直接面对某些地方性健康危害的现有社区团体的一个伴随性特征。该运动很可能可以从一种对事物的生态系统性质的领会中受益,因为那将为社会和政治组织的网络形式提供进一步的辩护,并为从根本上彻底检修工业政治经济的要求提供进一步的支持。

1.5 全球穷人的环境主义

生态社会主义和环境正义都对大多数物质不济的社会成员有着特别的兴趣,但两个运动的全球性影响都还是有限的。拉马昌德拉·古哈(Ramachandra Guha)提到了“穷人的环境主义”。[22]因为,他们直接地感受到了环境退化是森林被伐、地下水位降低、土壤侵蚀和自然无序的结果,而它们是由诸如修筑大坝、工业化捕捞和高科技农业等大规模项目造成的。首先对这种威胁作出反应的环境抗议,是印度20世纪70年代反对伐木业的“抱树运动”。其他活动还有反对修建大坝、偏向富人的资源配置(例如在热带森林中作业的木材公司)、公司偷取当地关于有价值植物产品的生态知识的生物剽窃行为(甚至有时试图把知识再卖回去)、公用地私有化以及产生的债务。这类运动的活动技巧包括非暴力市民不服从、绝食、罢工、占领、游行示威、媒体披露和向国际非政府组织寻求支援。

2004年，肯尼亚环境主义者旺加里·马塔伊(Wangri Maathai)获得了诺贝尔和平奖。她领导的绿带(Green Belt)运动自1977年以来种植了三千多万棵树。其理念是用重新造林来对抗土壤侵蚀并提供燃料来源。这一运动把环境保护与社会正义连结了起来。

这些运动和活动着眼于直接的物质需要，因此乍一看与发达世界偏向生态中心主义的绿色活动分子有些差异。第三世界的许多运动并不单纯是环境的，而是与独立斗争(例如，在南太平洋的法国领地上)、反腐败、政治改革和民主政治存在联系。[23]由于环境退化和经济破坏借全球政治经济的扩张而流入他们的土地上和生活中，活动家们可以与反全球化抗议者一起致力于共同的事业。[24]假如一个第三世界运动能够赢得国际非政府组织的关注，那么它的事业就会成长壮大。尼日利亚的奥戈尼人在这方面尤其成功，他们不仅与尼日利亚政府作斗争，而且与掠夺他们土地的石油公司作斗争。结果，壳牌公司在受到由此引发的国际披露的困扰后设法改变它的做法。然而，大多数类似斗争并没有成功地引起国际关注，而且这种关注对非政府组织本身而言就是一种稀缺资源。“穷人的环境主义”有时会与环境主义者相抵触，因为环境主义者关于荒野的想法是荒野内不应有人存在。居住于这片土地并以其为生的土著人会发现，他们的利益被排挤了。[25]更为糟糕的是，他们可能会发现，自己被驱逐出了划作荒野保护区的土地。特别悲惨的是肯尼亚的例子，在20世纪90年代初，马塞、图尔卡纳和恩多罗伯人为了大象保护而受到了驱逐。[26]

1.6 反全球化与全球正义

随着1999年世界贸易组织西雅图会议外街头战斗的发生，反全球化(anti-globalization)引起了公众的注意。自那时起，世界贸易组织、世界经济论坛、国际货币基金组织以及富裕八国集团(G8)的会议，通常是与公众抗议相随。不过，这些会议在像卡塔尔这样的地方召开时则例外，因为抗议者得不到进入许可。公众抗议是一个巨大网络对其不满的明确宣示。与某些更稳定的社会运动不同，这些抗议者并不真正拥有一个一致的计划，更没有一种针对全球资本主义的替代方案。甚至“反全球化”这一语汇实际上也只是记者过分简化的称谓，因为公众抗议本身已经全球化了。

这些抗议最初受到了现存全球经济制度及其支持媒体的嘲笑，但这一制度现在却已被迫注意并开始应对一系列它以前在追求自由贸易和资本流动性时所忽视的问题。抗议者所特别关切的问题，包括跨国公司的政治权力、市场化对全球环境的影响、像血汗工厂（sweatshop）和童工这样非法的劳工雇佣、高工资社会的工作减少、富国与穷国之间不公平的贸易条款。这其中只有某些关切与环境相关。同时，各种关切开始聚结到一个更一致的对全球资本主义的批评当中。

鉴于它所体现的流动性和多样性，该运动可以从几个不同的方面加以解释。从组织角度来说，它类似于早期由环境正义运动所开拓的那种网络，对跨越国家边界的不同身份和立场采取了网络组织及其相关形式。它与环境正义运动的联系，被许多抗议者喜欢为其运动冠以“全球正义”名号的事实所强化。街头抗议狂欢似的气氛，正好与道格拉斯·陶格逊关于不再强调环境政治及其社会运动的目标导向逻辑的绿色公共领域的主张相呼应。[27]相反，这一运动可以在更温和的意义上解释为发出了一种信号，即要求将跨国资本主义及其机构（比如 WTO）置于民族国家政府的控制之下——并间接处于所有政府应该服务的社会利益的控制之下。

1.7 动物解放

逐渐地，我们已经发现应享有全部人类权利的范围在不断扩展：穷人、妇女、有色人种、儿童、残疾人、男同性恋者、女同性恋者。动物解放论者（animal liberationalist）要问的是：为什么停在那儿？为什么不把同样的权利扩展到动物？[28]所谓的动物权利包括反对为了愉悦而被杀的权利、反对被用作食物的权利、反对被关禁的权利、反对用于实验的权利——即使当这种活动会对人类产生明显益处的时候（例如，动物实验的医学获益）。最主要的动物解放论者彼得·辛格（Peter Singer）主张，应把感知标准作为我们判定的指南（他之所以吃牡蛎不光是基于美食原因）。[29]

动物解放既是一种运动也是一种哲学。[30]它的某些更为激进的活动包括从工厂化农场中释放动物、破坏动物实验室、向售卖动物制品的商店投放燃烧弹。在这方面，英国的动物解放阵线（ALF）尤为活跃。而且，动物解放论者在更传统的压力集团和党派政治中也很活跃，有的还试图使创立已久的犹如英国皇家防止虐待动物协会（RSPCA）这样的动物福利组织激进起来。彼得·辛格本人就是1996年澳大利亚参议院选举的绿党候选人。

尽管辛格具有候选资格，但动物解放有时并不太适合绿色话语，因为它是弱生态的，甚至有人会说它是反生态的。由于它关注个别动物，可能就会由此忽略更宽广的生态关联。难道生态系统的健康在某些时候就不需要让个别动物死亡吗？（比如淘汰像猫和狐狸这样的外来物种，因为它们正在消灭澳大利亚的本地物种。）我们应如何看待自然界的掠食现象？食肉动物由于其对掠食对象生存权的侵犯而应被强行变成食草动物吗？人类难道像许多深生态学家所坚持的那样不是“自然的”猎手吗？动物解放论者牵涉到绿色关切或许是因为，对野生动物权利的承诺就意味着要保存它们的栖息地的承诺。不过在英国，乡村的某些地方被保育起来以防工业化农业，不仅是为了向狐狸提供栖息地——还是为了猎狐的需要。相似的是，在西班牙，斗牛需要保存野生地以饲养公牛并使之可以漫游其中。

与生态关切更为密切的连结或许依赖于这一现实，即，为了人类目的而利用动物的终结将会提出各种结构性的政治经济问题。它将意味着对农业和农业综合企业，以及更一般意义上的权力关系的彻底重新定向——也即人类为了自我利益而使用土地和其他物种的权力。[31]

2. 绿色政治的话语分析

激进绿色政治话语的故事情节指向复杂的只能通过政治行动和结构性转变加以解决的社会和生态危机。替代性的意识形式作为该方案的一部分也是被看重的，但危机的起因以及所需要的解决路径都涉及到更多的东西。复杂的社会关系也非常重要，而且实际行动不仅必须在这些关系之内而且还要在这些关系之上进行。

2.1 被承认或建构的基本实体

通过承认生态极限（尽管生态马克思主义认为这种极限仅适用于资本主义，而在环境正义以及全球穷人的环境主义中这种极限几乎没有得到多少明确的注意），绿色激进主义对待危机的紧迫性得到了支持。自然以复杂生态系统的形式得到了承认，而这种复杂生态系统的健康则要求人类改变他们的习惯。但是，必要的改变并不单纯是文化层面上的。绿色政治强调反思和推理，但这并不意味着，人类必然是只关注他们自己直接的物质利益计算的经济人个体。人类的视野能够并且应该更为广阔。与一种更加文化性的路径相比，社会的、政治的和经济的结构被认为具有重要影响，而且这种影响不能被简约成存在于个体之内的感知。

2.2　对自然关系的假定

绿色政治把自然关系假定为个体间的平等。早已存在并被现代性所强化的等级制，都得到确认和谴责。对等级制最为详尽的分析来自于社会生态学，其政治哲学立足于一种对各种等级制的非自然性的证明。

尽管其核心是平等主义，绿色政治也愿意接受与其他类型关系比如竞争关系的妥协，尤其是在它对经济体制的考虑当中。不过，这种竞争关系应该受到更多平等主义的政治结构的制约，尽管合乎需要的政治结构的具体特征尚存争议。在社会生态学的准无政府主义与绿党现实派和生态社会主义者的国家中心主义之间，存在着一种实质性的差别。

至于对连结人类系统与自然系统的适当关系的阐释，它拥有（或应该有）一种强的复杂生态关联的概念。与深生态学不同，这个概念并不一定要归纳成任何单纯以生态为中心的平等主义。可以根据人类的推理能力而把人类从自然中分离，但这并不能为等级制和支配自然提供正当的理由。更有可能得到绿色政治认可的，是一种管理员关系。

2.3　施动者与其动机

政治施动能力被授予了多种行为体，这其中不仅有个体而且还有集体，包括运动、政党以及政府和个人。对绿色政治而言，与绿色意识转变更加强调个人主义相比，集体行为者是最重要的。除了社会生态学，自然中存在施动能力的可能性则通常受到忽视。[32]

绿色激进政治认为，人类动机的实质是多维度的，既有竞争的也有合作的，既有暴力的也有和平的，既有工具性的也有交往性的，既有自私的也有具有公德心的。政治生活主要是为了促进制度结构和政治活动，以唤醒上述每对动机中更良善的一方，并借以控制更邪恶的一方。

2.4　关键隐喻和其他修辞手法

近百年来，现代世界已根据人类社会系统与自然系统的机械论图式被建构了起来(这一点我们在前面对普罗米修斯主义和经济理性主义话语的讨论中已经看到)。绿党则拒绝这种图式。与绿色文化转变中所刻画的那些隐喻相比，绿色激进政治中所呈现的隐喻或许不太生动，不太丰富多彩，尽管它们都强调有机的隐喻。世界是依据有机平衡的语汇而被探讨的。其中，我们不能通过将整体简约成它们的构成部分来加以理解，而且有生命的事物以很难被完全理解的方式相互作用。目前，人类系统可能是非理性的(例如，迷恋于盲目地追求物质财富，并造成有毒垃圾却无处置放)，但他们在与自然系统的互动中有能力形成一种更为深刻的理性。我们可以把生态理性的标准应用于对现存系统的分析和重新设计。社会系统，像个体一样，必须被当作具有学习的能力。

绿色政治涉及到争论，而不仅是对情感的诉求。附带性的修辞手法可能是诉求于进步的理想——超越非理性的工业秩序，而不是信奉回到某种原初的伊甸园。与可持续发展和生态现代化一样，对进步的信仰是立足于一种个体的人类发展模式的基础上的。

绿色政治的话语分析可概括为表 10.1。

表 10.1　　绿色政治的话语分析

1. 被承认或建构的基本实体
   * 全球极限
   * 作为复杂生态系统的自然
   * 具有广泛能力的人类
   * 社会、经济和政治结构
2. 对自然关系的假定
   * 人类中的平等
   * 人类与自然间复杂的相互关联
3. 施动者与其动机
   * 许多的个体和集体行为者，多维度的动机
   * 尽管未必被否认但却被忽视的自然中的施动性
4. 关键隐喻和其他修辞手法
   * 有机的隐喻
   * 诉诸于社会学习
   * 与进步相联

3. 实践中的绿色政治

绿色政治行动一直谋求改变制度、实践以及政策。它的影响不仅应该从特定的党派、网络或者其他绿色组织的切实成就中找寻，还要从这一绿色话语在多大程度上已更为普遍地渗透到政治经济生活中去找寻。

自1981年法语区生态党（Ecolo）与荷语区阿加莱弗党（Agalev）在比利时议会中获得席位以来，绿党已在日渐增多的国家议会中获得议席。绿党在所有议会选举中所获得的最高得票数是2002年塔斯马尼亚（澳大利亚）州选举中的18.2%。绿党在全国性大选中的最高得票率则是由英国绿党于1989年欧洲议会选举时实现的。但是，他们15%的得票率为其赢得的席位总数却是为零，并且他们还仍在竭力争取在威斯特敏斯特议会的一个席位，尽管1992年威尔士民族主义政党（Plaid Cymru）的希诺格·达菲斯（Cynog Dafis）在绿党的支持下当选。到1996年，英国绿党在他们的年会上争论究竟是否值得参与下一次大选。他们遇到的困难说明了绿党在赢得席位方面的成功对于所实施的选举制度类型的依赖程度。"得票多者当选"或简单多数票制度，使小党处于劣势并阻碍了它们的成长，这就解释了为什么绿党在美国和英国只有较小的选举影响。这种制度是讲英语世界的标准规则，尽管在爱尔兰、威尔士和苏格兰议会、澳大利亚议会上院，以及从1996年开始的新西兰议会中也可以发现比例代表制，而且绿党在所有这些议会当中都已获得了席位。比例代表制不只是有利于绿党，还有利于所有的小党和新兴政党。绿党的议会代表权在德国联邦议院里始终很重要，而且德国绿党还在1998年第一次加入了联邦执政联盟。他们的领袖约希施卡·菲舍尔成为了外交部长，标示着该党领导层现在对社会根本转型的忽视程度。

绿色选票和绿色席位的变化轨迹显示出具有选举影响的绿党的国家数量在增加，但任何一个绿党还没有超过得票与席位的10%以上的质的跨越。这一结果初看起来有些令人惊讶，因为后工业社会中的投票人应该在原则上同情绿党所坚持的许多价值。[33]

但是，绿党的真正影响可能要从如下意义上来看，即它们在何种程度上迫使更加既存化的"灰色"政党和政治体制来主动回应绿党提出的选举威胁。第8章所详述的生态现代化话语的形成，就可以解释为以现行的政治秩序来拦阻绿色挑战的一个尝试。生态现代化已在绿党政治的欧洲中心地带发展起来了，而且已经大量借用了由绿党创造的一些思想。当然，生态现代化缺乏绿色政治的激进锐势。不过，它仍构设了一个结构转型的资本主义。具有讽刺意味的是，如果真的转型成功了，它就会通过证明出没有必要向一种完全不同的政治经济转变而夺走绿色激进主义的势焰。在这一点上，一个历史性的类似是社会主义的兴起。它在20世纪早期到中期迫使资本主义政治经济发展为福利国家并完善了雇佣制度，因而钝化了社会主义者批评资本主义的激进锐势。它们之间的区别在于，社会主义政党可以经常支配着议会，而且有时由它们自己来构成政府。

不过，绿党通常傍靠着社会民主党左派，已在几个欧洲国家的城市、州以及全国的政府里加入了执政联盟。在意大利1996年的全国大选中，绿党成了获胜的橄榄树联盟(Olive Tree Alliance)的一部分，而且，绿党已在比利时、芬兰、法国和德国加入了全国政府。从它们的执政结果看，包含了绿党的政府并不总是能够制定完全不同于不包含绿党的社会民主党政府的政策，而且也没有大规模的政治经济转型计划出自于任何这样的联盟。从绿党的政治要求变得温和来看，加入政府的代价常常是沉重的。绿党几乎不可能威胁背离中左联盟从而与一个右翼政党联盟进行联合，因此它们的社会民主党联盟伙伴有时会认为它们的支持是理所当然的。[34]

绿党在执政方面的最大成就可能是，德国绿党所争取到的1998年后核能分阶段逐步淘汰。然而，这个计划将在数十年中实行，因此它有可能被后来的政府推翻。因为它的条款是由经济部门官员和核工业执行官协商而达成的。[35]作为一种对抗性的社会运动，在阻止核电站建设方面，德国绿党在其早期实际上相当成功(例如，1989年迫使取消了计划建在瓦肯斯多夫的一个再加工工厂)。

但是，如果把注意力集中于绿党在政府内政策影响上的表面性缺乏，就会疏漏绿色话语在转变政治争论议题以及要求其他政党调整其关于环境议题和其他绿色关切的立场方面的关键性角色。德国绿党称之为灰色政党对绿色思想的偷窃(themenklau)。

并非绿色运动内的每个人都相信选举政治是绿色力量的适当聚焦点。政治生活并不仅仅是政党政治。它也可以包括酒吧和咖啡店里的讨论、社区组织、教育性努力、自助团体、联合抵制、游行示威、罢工、封锁、生态破坏演示、静坐以及各种媒体事件。绿色和平组织擅长于媒体事件——例如,在设于塞拉菲尔德的英国核燃料公司向爱尔兰海排泄放射性废弃物的管道末端插上塞子,拔掉转基因作物并阻拦捕鲸船。随着时代的进步,绿色直接行动的技巧也在扩展。在英国,"收回街道"(Reclaim the Streets)运动拓展出了封闭市区街道交通的策略,通过口口相传和互联网抢在警察到位以前就组织起来。在英国乡村,坐树人(tree-sitter)与隧道人(tunneler)挡住了高速公路建设的去路——打赢了公共关系战争,尽管每一条公路最终还是被修建起来了。[36]为避免被政府和它驯顺的法律体系抓住,这些英国活动家并没有正式地组织起来。这些尚未组织化的团体无拘无束地实施它们的行动主义(activism),而不必担心它们的财产被没收或者它们进入政府的机会受到威胁。这种担心曾吓退了更多的像地球之友这样的正规化团体,这看起来有些别扭:它们的心和抗议者在一起,但为方便起见又需要与后者保持距离。

在德国,反核抗议在绿党加入联邦执政联盟后仍在大规模地继续。2001年,这些抗议盯上了再加工用核废料的船运——在绿党领导层勉强同意将准许核废料船运作为获取核能分阶段消除的部分代价以后。在绿色政治家和绿色抗议者之间,冲突出现了。

为了运动政治而避开政府似乎是有点放弃抱负甚至说不负责任,会导致自动地流放于政治荒野之上。但是,这种认知是错误的。在离政府较远的地方,也可以施加政治压力。在这里,社会运动已拥有很多工具手段。它们包括用以改变政治争论视角的语言措辞能力,制造对政治不稳定的恐惧,构设观念,以及使政府难堪。1999年以来反全球化/全球正义运动的成功,在很大程度上可以从这些方面加以解释。该运动已经把社会正义和环境议题送入了例如世界贸易组织和国际货币基金组织这样的经济组织的议事日程上。

至于公共观念和态度的改变,我们很难把更加主流性的环境主义与绿色激进主义的影响区分开来,但至少在欧洲,既存的主流环境团体(例如英格兰乡村保护委员会、世界自然基金会和德国自然保护网络）一直相当稳重而且缺乏想象力。这些主流团体在20世纪70年代绿色政治高潮出现以前很久就已形成，但几乎没有在社会中表明任何普遍性的价值转变。正是绿色激进分子带头鼓动转变思想与态度，而且延展到那些并不投绿党的票、更不用说参加更激进的绿色行动的那些人。这些转变包括对生态极限的（朦胧的）认知，对工业社会所造成的有关化学制品、核能、生物技术危害方面的风险的感知，以及对一种与当代市场社会的过分个人实利主义（individualistic materialism）相比更愉悦的生活方式可能性的认知。在推动其与草根民主和政治经济结构性转变相关的核心价值的广泛接受方面，绿色激进主义更少成功。

绿色政治本身有助于构建一个与之并行的政治社会，其中至少某些个体可以过一种自主的社会和政治生活——对灰色政党政治主流的一种替代。[37]这种“绿色公共领域”将担当一个工业社会的路线错误的常设提醒人的角色，并且是一个可以从事批评和探究备选方案的场所。[38]这种并行政治可以定位于当时的公共政策争论上，甚至作为与主流政治明显不同的政治形式而保持下去。这种对抗性领域长期以来是德国绿色政治的标志，尤其是当环境主义者缺乏任何进入政府的门路时。缺乏门路并不必然意味着缺乏影响，尤其是在阻挠像核工厂这样破坏环境的项目方面。当20世纪90年代德国政府尚未开放的时候，在激进的公共领域中磨炼过其技能与批评的活动家们，有时也能成功地把紧要问题送到政府的政策议程上，即使未必能使之付诸实施。[39]

绿色政治也包括用一种试图从政府收回政治权力的方式来解决特殊的明确问题的行动。例如，1995年绿色和平组织的活动家们占领了布伦特斯帕，一个业已在北海终止运作的储油平台。壳牌公司打算通过把它拖到北大西洋的深海沉没来处理掉这个平台。绿色和平组织将之公开，并组织消费者在整个欧洲联合抵制壳牌，最后迫使该公司把该平台的计划和处置改在陆地。壳牌的决定让英国政府很生气，英国政府准备动用武力驱逐绿色和平抗议者。至少在这个案例当中，与英国政府相比，绿色活动家拥有了更多的相对于壳牌的政治权威。在20世纪90年代初的另一个案例中，绿色和平组织成功地说服了德国造纸公司停止使用氯来漂白纸张。该动员的关键之处在于，绿色和平组织在不用氯漂白的纸张上印制了一期盗版的《明镜》周刊（*Der Spiegel*）——德国最主要的新闻周刊，而且在质量差别上几乎不会引起注意。

再一个收回政治权威的例子，是随着“大众流行病学”（popular epidemiology）的实践或以社区为基础的风险评估研究而出现的。这方面的范例出现在美国马萨诸塞州的沃本。在那里，对政府否认存在任何问题感到恼火的市民们组织了一个称作“为了一个清洁环境”（FACE）的团体，并对白血病与出生缺陷的发生率进行了一次调查，因为其成员认为发生儿率与有毒垃圾场有关。州与联邦政府机构否定了这一努力，认为市民风险调查员没有风险评估方面的适当训练，因此他们的调查结果并不可靠。但是，“为了一个清洁环境”所搜集的材料仍被用作一场法律诉讼的证据，该诉讼最终在曾倾倒有毒物质的公司与市民团体间达成了庭外和解。[40]这个案例成为1998年的电影《公民行动》（*A Civil Action*）的蓝本，并使约翰・特拉沃尔塔（John Travolta）成为明星。

在美国，绿色政治的现实影响与环境正义运动相联系（沃本的行动也可以划归这一类）。与绿党不同，这个运动的成长不用借助任何政治或社会理论的思考，也不用就介入传统政治活动与政府的适当程度进行任何争论（尽管对如何与正式的主流环境团体建立良好的关系还是出现了争论）。相反，该运动在各条战线上展开，包括普通诉讼和游说议员，以及游行示威、封锁和联合抵制。结果却相反，该运动取得了许多胜利，阻挠了有害设施计划，并迫使公司和政府对受害者进行了补偿。自1980年以来，美国没有建造重大的有毒废弃物处理设施。“厕所”真的被很好地堵上了。但迄今为止，这种封堵并没有导致任何真正的走向一种更绿色经济（greener economy）的进步。不过，单单这种环境正义及其网络组织形式的出现本身，就是一项意义重大的政治发展，因为它指向了一种与其主流形式相比确实更民主且更鲜绿的（more green）（借用绿色激进主义的术语）政治。

环境正义已经渗透到了美国最高层的政策制定当中，并至少得到了一种象征性的回应，克林顿总统在1993年签署了一个执行令，宣布联邦环境机构自此以后必须在它们的政策制定当中贯彻环境正义原则。而它

的制度化则以环境正义办公室（OEJ）和全国环境正义咨询委员会（NEJAC）的成立为标志，两者都附属于联邦环境保护署，尽管对它们的政策影响仍要打上个问号。

全球穷人的环境主义在其内容与战略方面极其多样，因此很难对其影响进行简单化的概括。地方层面上的成功是存在的，例如迫使石油公司把其作业区清理干净，防止建设大型水坝，以及减缓森林采伐。更加积极的计划还包括农业生态学和社区控制资源的实验。但是，政治经济结构上的转变总体上仍是前景渺茫的，而且全球化政治经济的疆域仍在继续扩展。

假如环境正义和反全球化代表着没有较多理论反思的实践成就，那么，社会生态学和生态社会主义就代表了没有明显伴随着政治与经济实践的智力成就。

4. 在全球资本主义时代变绿

三十多年以来，绿色激进主义从不存在发展成为了一种对工业社会的环境、社会、政治和经济缺陷的全面批评。因此，它或许代表了 20 世纪末最为重要的意识形态发展。但面对着一个似乎是顽拗且牢固的自由资本主义政治经济——在超出了大多数民族国家政府控制的全球层次上愈发稳固，实践绿色政治的最好方式仍存有大量的不确定性。这种政治经济又被前几章所分析的几种话语加固了。普罗米修斯主义者只知道讥讽绿色批评，而它们试图应对绿色思维时又只会将其庸俗化。“解决问题”的三种话语对绿色激进主义所追求的那种大规模的结构变化似乎不具有任何必要性。可持续发展和生态现代化很可能严肃地对待这些问题，可它们相信能够创设一种结构上的主动回应且不用放弃自由资本主义的基本参量，即使是在它们对市场自由主义的全球扩张感到心神不安的时候。

那么，绿色活动分子究竟想要何种替代形式的政治经济？资本主义应当被推翻、超越或者改造吗？当然，现在所施行的资本主义被认为是不可接受的。但是，大多数绿色分子仍不确定应如何正确地对待它。甚至，生态马克思主义者和生态社会主义者也有点羞怯忸怩——无论是设想为了某种社会主义替代形式而推翻资本主义，还是逐渐将资本主义转化成这种替代形式。这些观点也许更应该被理解为一种批评的手段，其中社会主义主要是作为凸显资本主义缺陷的一种方法。

但是,要索取一种替代性社会的蓝图可能还为时过早。假如20世纪提供了一个政治教训,那就是我们应该谨防任何人兜售这种蓝图的企图,无论它们是要持续千年的法西斯主义帝国,还是在20世纪80年代流行于英美世界并在1989年后以休克疗法形式出口到数个东欧国家的自由市场乌托邦,抑或其他。无论其倡导者和支持者有什么样的学识,当面对现实世界的复杂性时,这种蓝图都必不可免地要误入歧途,并且最多只会导致那种由玛格丽特·撒切尔在英国所引入的国家集权化和权威主义(具有讽刺意味的是,它凭借着一套自由和选择的说词)。最坏的结果是,它们会导致独裁主义和警察国家。这很容易解释:现实世界中一旦出现意外事件,这些蓝图的建议者第一反应就是必须通过愈加强制的手段来拯救它,而从来不会想起蓝图本身可能就有缺陷。[41]

依此而言,绿色活动分子并没有任何定义明确并配以实现它的协调战略的新社会蓝图,这一事实对他们实际上非常有利。绿色激进主义者所富有的是思想,而它们可以被归结成一种实现更绿色社会的去中心化的方法(decentered approach)。还需要大量的实验来检验由绿色话语所确定的大致方向,而其中的细节则会在实践中有着很大差异。这种多样性是绿色公共领域的本质。[42]生物区域计划、社区活动家网络、对抗式的政治论坛、地方层面上的草根民主实验、社会生态学的激进市镇自治主义,以及在第5章所讨论的使民主实用主义创新激进化的努力等,都有其合理的成分。

这样一种分散化的方法与有关地方创议(local initiative)和社区自我控制的绿色思想相当契合。然而,面对一个与以往历史相比更牢固且更稳定的自由资本主义政治经济体系,这样一套松散协调的回应究竟够不够呢?这一体系正愈发适应于自由贸易、经济增长和跨越国家边界的投资资本的流动性。这一体系是我们这个时代主导性的政治现实。所有的国家、区域以及地方政府,如今都以适应该体系的规则、通过促进一种积极的商业氛围以让投资者高兴为第一要务。绿色创议的"去中心化"计划,似乎仅仅是对这种独断的、全球的和跨国的资本主义政治经济的隔靴搔痒式的刺激。如果绿色政治要在面对这个庞然大物时比在影剧院更有所作为的话,那么,它或许必须向其他环境话语学习一些东西。沿着这些线索，笔者将在最后一章中提出自己的一些看法。

【注释】

[1] Anna Bramwell, *Ecology in the Twentieth Century: A History*, Cambridge: Cambridge University Press, 1989.

[2] Fritjof Capra and Charlene Spretnack, *Green Politics: The Global Promise*, New York: E. P. Dutton, 1984, pp. 53-56.

[3] Herbert Wiesenthal, *Realism in Green Politics: Social Movements and Ecological Reform in Germany*, New York: St. Martin's, 1993.

[4] Clause Offe, "New social movements: Challenging the boundaries of institutional politics," *Social Research*, 52(1985), pp. 817-868.

[5] Murray Bookchin, *The Ecology of Freedom: The Emergence and Dissolution of Hierarchy*, Palo Alto, Calif.: Cheshire, 1982; *Remaking Society: Pathways to a Green Future*, Boston, Mass.: South End Press, 1990.

[6] Murray Bookchin, *The Modern Crisis*, Philadelphia, Pa.: New Society, 1986, p. 75.

[7] Murray Bookchin, *Re-Enchanting Humanity: A Defense of the Human Spirit Against Antihumanism, Misanthropy, and Primitivism*, London: Cassell, 1995.

[8] Murray Bookchin and Dave Foreman, *Defending the Earth*, Boston, Mass.: South End Press, 1991.

[9] Joel Kovel, *The Enemy of Nature: The End of Capitalism or the End of the World*, London: Zed Books, 2002, p. 156.

[10] Joel Kovel, *The Enemy of Nature: The End of Capitalism or the End of the World*, p. 1.

[11] Martin W. Lewis, *Green Delusions: An Environmentalist Critique of Radical Environmentalism*, Durham, NC: Duke University Press, 1992, pp. 163-166.

[12] David Pepper, *Ecosocialism: From Deep Ecology to Social Justice*, London: Routledge, 1993, pp. 221-225.

[13] 其专栏我也曾拜读过。See John S. Dryzek, "Ecology and discursive democracy: Beyond liberal capitalism and the administrative state," *Capitalism, Nature, Socialism*, 3/2(1992), pp. 18-42.

[14] Joel Kovel, *The Enemy of Nature: The End of Capitalism or the End of the World*.

[15] Martin Ryle, *Ecology and Socialism*, London: Century Hutchinson, 1988; Hugh Stretton, *Capitalism, Socialism, and the Environment*, Cambridge: Cambridge University Press, 1976.

[16] Andrew Szasz, *Ecopopulism: Toxic Waste and the Movement for Environmental Justice*, Minneapolis, Minn.: University of Minnesota Press, 1994.

[17] Mark Dowie, *Losing Ground: American Environmentalism at the Close of the Twentieth Century*, Cambridge, Mass.: MIT Press, 1995, p. 126.

[18] Robert Bullard, *Environmental Justice in the 21st Century*, p. 3, see www. ejrc. cau. edu/ejinthe21century. htm, 1999.

[19] David Schlosberg, *Environmental Justice and the New Pluralism: The Challenge of Difference for Environmentalism*, Oxford: Oxford University Press, 1999.

[20] David Schlosberg, *Environmental Justice and the New Pluralism: The Challenge of Difference for Environmentalism*.

[21] Mark Dowie, *Losing Ground: American Environmentalism at the Close of the Twentieth Century*, p. 171.

[22] Ramachandra Guha, "The evironmentalism of the poor," in Ramachandra Guha and Juan Martinez-Alier (eds.), *Varieties of Environmentalism*, London: Earthscan, 1997, pp. 3-21.

[23] Jeff Haynes, "Power, politics and environmental movements in the third world," *Environmental Politics*, 8/1(1999), pp. 222-242.

[24] Vandana Shiva, *Poverty and Globalisation*, BBC Reith Lecture, 2000, see www. news. bbc. co. uk/hi/english/ static/events/reith_2000/lecture5. stm.

[25] Fabienne Bayet, "Overturning the doctrine: Indigenous people and wilderness—Being aboriginal in the environmental movement," *Social Alternatives*, 13/2 (1994), pp. 27-33.

[26] Jeff Haynes, "Power, politics and environmental movements in the third world," pp. 230-232.

[27] Douglas Torgerson, *The Promise of Green Politics: Environmentalism and the Public Sphere*, Durham, NC: Duke University Press, 1999.

[28] Tom Regan, *The Case for Animal Rights*, Berkeley, Calif.: University of

California Press, 1983.

[29] Peter Singer, *Animal Liberation*, New York: Avon, 1975.

[30] Robert Garner, *Animals, Politics and Morality*, Manchester: Manchester University Press, 1993.

[31] Ted Benton, *Natural Relations: Ecology, Animal Rights, and Social Justice*, London: Verso, 1993.

[32] John S. Dryzek, "Green reason: Communicative ethics for the biosphere," *Environmental Ethics*, 12(1990), pp. 195-210.

[33] Ronald Inglehart, *Culture Shift in Advanced Industrial Society*, Princeton, NJ: Princeton University Press, 1990.

[34] Thomas Poguntke, "Green parties in national government: From protest to acquiescence," *Environmental Politics*, 11/1(2002), pp. 133-145.

[35] John S. Dryzek et al., *Green States and Social Movements: Environmentalism in the United States, United Kingdom, Germany, and Norway*, Oxford: Oxford University Press, 2003, p. 189.

[36] Brian Doherty, "Paving the way: The rise of direct action against road-building and the changing character of British environmentalism," *Political Studies*, 47(1999), pp. 275-291.

[37] John S. Dryzek, *Democracy in Capitalist Times: Ideals, Limits, and Struggles*, New York: Oxford University Press, 1996, pp. 46-53.

[38] Douglas Torgerson, *The Promise of Green Politics: Environmentalism and the Public Sphere*.

[39] John S. Dryzek et al., *Green States and Social Movements: Environmentalism in the United States, United Kingdom, Germany, and Norway*, pp. 190-191.

[40] Phil Brown and Edwin J. Mikkelsen, *No Safe Place: Toxic Waste, Leukemia, and Community Action*, Berkeley, Calif.: University of California Press, 1990.

[41] 关于该论点的更多细节，see Karl R. Popper, *The Open Society and Its Enemies*, London: Routledge and Kegan Paul, 1966; *The Poverty of Historicism*, London: Routledge and Kegan Paul, 1972; 关于自由市场乌托邦在东欧的应用，see Andreas Pickel, "Authoritarianism or democracy? Marketization as a political problem," *Policy Sciences*, 26(1993), pp. 139-163.

[42] Douglas Torgerson, *The Promise of Green Politics: Environmentalism and the Public Sphere*.

第六部分

结　论

第十一章 生态民主

从各种话语如何应对它们所面临着的那些挑战以及对它们进行的相互比较中,我们可以得出什么样的结论?首先,各种话语之间可以相互补充。比如,一种弱的生态现代化可以与强的行政理性主义的情形和一些经济理性主义所提倡的工具手段(例如绿色税)相兼容。并且,绿色激进主义也乐于接受被生存主义者发展了的全球极限的基本思想——尽管不接受生存主义者的政治分析和未来处方。同样明显的是,各种话语之间存在着许多张力。生存主义与普罗米修斯主义、可持续发展和生态现代化之间存在着根本性的分歧。就规制环境事务的最好方式而言,经济理性主义者也从未打算同意行政理性主义者、民主实用主义者或者绿色激进派的意见。

从某种程度上减缓这种张力的方式之一,是指出不同的话语可能适用于不同类型的难题。从本质上说,生存主义与普罗米修斯主义话语是面向全球性议题的。在三种"解决问题"话语间的争论中,无论人们站在什么立场上,在地方层面上都可能会采取其中的某一种(尽管普罗米修斯主义者会说,即使这种地方性的努力通常也是不必要的)。当然,也可能还有其他形式的划分。比如,一个人在生活方式上可能是绿色的,但在政策上却是一个民主实用主义者。

尽管有这种调和的可能性,但总的来说,被分析过的每一种话语对所有层面上的环境事务——从全球到地方,而且跨越不同的议题领域(污染、资源枯竭和荒野保护等等),都提出了一种具有相当综合性的阐释和导向。这种综合性当然适用于普罗米修斯主义、行政理性主义、民主实用主义、经济理性主义、可持续发展和绿色激进主义等话语。但是，它不太适用于生存主义，因为生存主义仅关注全球事务；另外还有生态现代化，它到目前为止仅致力于如何重构工业经济，而且对非工业社会或全球适用性的分析也很少。

基于这些竞争性的综合性设想，我想得出如下结论，任何应对环境议题的明智方法都需要具备两个要素。第一个是对自由资本主义政治经济进行动力和结构层次上的分析。它会走向何方？为了把这种轨道改向更加生态友好的目的我们又能现实地做些什么。对一个自信的和全球组织的自由资本主义来说，对环境关切的极端不敏感是我们这个时代的主导性政治事实。因此，如果没有这种分析，对于事情怎样才会变得不同我们就会陷入主观性臆想。在已考察过的话语当中，对一个不同世界的无根据的主观臆想明显体现在了生存主义、经济理性主义，还有绿色激进主义的许多方面——虽然它们当然渴望非常不同的事情！这些话语中只有两种话语提供了那种必需的连贯一致的分析：普罗米修斯主义话语和生态现代化。

普罗米修斯主义者相信，当前的自由资本主义轨道是没有问题的，在将来和在过去一样，我们要做的就是听任其为人类提供富裕。生态现代化则相反，承认自由放任的资本主义在环境上是有破坏性的。因而，它寻求一种资本主义的生态重构，这种重构会尊重其经济系统对政治活动所施加的约束，并且符合该系统的基本规则。假如一个人接受普罗米修斯主义的观点，那么问题就此了结；另一方面，假如一个人拒绝普罗米修斯主义的观点——并且我在第 3 章中已经阐明，个体有充足的理由这样做，那么，应对环境事务的明智方法所要求的第二个要素就开始起作用了。

第二个要素是在生态背景下推动和从事社会学习的能力。环境议题具有高度的不确定性和复杂性，当生态系统与社会、经济和政治系统相互作用时，这些特征就会被放大。因而，我们需要那些能够学习的——同样重要的是，能够了解其缺点的——制度与话语。生存主义、普罗米修斯主义、行政理性主义和经济理性主义所提供的这种资源很少，它们几乎没有表现出对自己缺陷的了解；相反，民主实用主义、可持续发展、生态现代化以及绿色激进主义却提供了这种学习资源。尽管在每个案例中，我们对话语的借鉴必须是有所选择的。

在民主实用主义中，我们看到了通过合作解决难题而达成争端解决的协商程序。这种程序包括政策对话、环境调解、普通市民讨论、治理网络以及社会对话等，它们在范围上是有限的，并经常受到它们运作于其中的结构背景的约束。评论者已恰当地指出，它们可以通过强有力的政府和社团官员来吸纳或者中和麻烦制造者。那么，关键就是设法打破这些束缚，使这种程序朝着协商式框架设计(discursive designs)的方向前进。通过指向一种更激进的民主，这种设计越出了民主实用主义的界线。协商式框架(我在其他地方已提到)包括通过真正的民主讨论集体制定决策，对所有利益相关者开放，在该框架下政治权力、金钱、战略制定并不决定结果。[1]一项严肃的调查显示，这方面案例的数量在不断增加，其中的一些我已在讨论民主实用主义和绿色激进主义时提到过。[2]

在可持续发展中，我们看到了追求可持续性的一种去中心化方法的可能性。乍看起来，可持续发展定义的如此多样性像是这种话语的一个缺陷，但从社会学习的角度来说，这却是一个明显的优势，因为它并没有排除实验的多样性。在这些实验当中，可持续性在不同的背景下可以有不同的含义，包括在全球化背景下。可持续性的去中心化方法与协商式框架设计契合得非常适宜，协商式框架能作为可持续性实验的驾驭性制度和反思性成分而发挥作用——这一点陶格逊也谈到了。[3]

在生态现代化中，我们看到了该话语的一种“强的”或“反思性”版本的可能性，该话语的实质超出了仅限于废弃物减少和经济利益的经济重组。因此，激进化的生态现代化可以包括走向民主实验的制度变革，以及对生态现代化本身意蕴的开放式探索。反思性发展的核心观念在于，它是自我调控的并且对自身有着批判性的认识，因而有助于社会学习。再者，这非常适合可持续性的去中心化方法和协商式框架设计。

在绿色激进主义中，我们看到了民主实用主义、可持续发展以及生态现代化为什么必须首先被激进化的原因。绿色(激进主义)可以供给生存主义共享但往往难以有效传播的紧迫感，因为生存主义的确定性意象为探求和实验留下了太少的空间。而且，生存主义对独裁主义的欣赏会疏远民主实用主义者、可持续发展者，同样还有生态现代化者。此外，绿色的文化转变也能促使它的支持者对社会制度产生兴趣并参与其中。绿色激进主义还能提醒我们，公共领域和社会运动中的对抗政治，可以在社会学习中发挥关键性作用，而不必把社会学习捆束到传统政治上（在传统政治领域之外甚至可以更容易地进行）。绿色政治可以带来更多关于工业社会之后未来政治与经济制度的丰富想象。使这些观念立足于一种更加现实主义的分析即未来如何在现实中展现的方法，就是把它们与其他三种话语连结起来，否则，这些观念就会停留于未来应当如何的主观臆想。

这里所展开的一条共同线索就是一种更新了的民主政治，一种生态民主（ecological democracy）。[4]但问题是，这样一种政治确实能够促进生态价值吗？一个肯定的回答将来自于民主实用主义：那些可以从严肃的民主辩论中存活下来的价值，将是那些弘扬共同体作为一个整体的利益的价值，而不是那些为了共同体之内（或之外）的自私利益的价值。在这种共同体中，最重要的利益是共同体所依赖的生态基础的完整性。从绿色激进主义中，我们看到了一种对民主实用主义的提醒，即现存的自由民主制明显阻挠着这样的进程：权力、金钱和各种战略的影响必须被揭露并加以抑制，就像人类共同体已在很大程度上失去了对其生态基础的任何感知。

对民主而言，它能够做到的第一件事应该是严肃的沟通交流。克服那些扭曲这种沟通的障碍是至关紧要的。过去在民主政治理论的历史中被忽视、但现在却被绿色思考的出现突显出来的这样一种障碍，是人类与非人类世界的沟通。如果认为非人类世界有偏好或者能够“投票”可能会很可笑，这也正是大多数民主政治模式在绿色背景下其应用性受到限制的一个原因。但是，非人类世界可以沟通，并且人类的决策过程可以围绕着更好地听取这种沟通的目标而构建。庞大的官僚制度没有能够通过这种考验，其运作是依据不受地方生态背景影响的标准程序进行的；而由对当地环境具有充分认识的市民支配的生态区域政府，很可能要做得好得多。

生态民主会模糊人类社会系统与自然系统之间的界限。它还有另外一层意义，即生态民主是没有边界的民主。生态难题与议题超出了既有的政府管辖区域，因此人类社会或许必须依据适合特殊议题的大小与范围来实施民主活动。如果在政府管辖区域内既有的权威受到反对，那么，人类社会也许就必须建立起充作对抗性民主领域的这种生态民主论坛。非政府组织在国际政治中的影响（在可持续发展的讨论中很突出）可以从这种意义上加以理解。至于地方行动以上层面的政治，适当的组织形式也许经常是网络，就如第10章所讨论的环境正义和反全球化运动所展示的那样。

这种没有边界的民主明显不同于经由工业社会并在其内所建立的制度，其优先性仍然主导着现在的世界。然而，突发的危机可以确保环境关切与那些关切连结起来，因此就可以推进主导性制度在民主化和绿化两个方面的进展。这方面的例子包括尼克松政府在1970年前后所面临的合法性危机。结果，它通过承认环境主义者作为反文化运动中不太激进的元素而得到了缓和，并导致了一场环境立法的大爆发以及政府对（温和的）环境主义者的吸纳。新近在欧洲发生的有关食品安全（疯牛病和转基因生物）的风险危机，产生了不太彻底但仍意义重大的影响。

生态现代化允许一种与政府关键性的经济优先性的更持久连结。在国家层面上，现在看起来最为可行的一种政治构型是，追求生态现代化的、强调共识性的组合主义国家面对着一个活跃的绿色公共领域。德国是实现这种连结的最好例子——尽管德国还远未实现生态民主。把绿色分子和环境主义者吸纳于组合主义政府的一个危险是公共领域的衰竭，前环境活动家被吸纳进了政府并日益温和化是必须付出的代价。挪威是这方面的典型例子，一个在跨国环境比较方面处于前列的国家，但不存在社会运动或对抗性的公共领域去推动它更上层楼。[5]

在结构上更为不利的背景比如国际体系中，第三世界国家或处于市场自由主义统治下的国家，对生态现代化的追求会更困难，但并非毫无可能。话语包括环境话语，就像正式的制度或者物质经济力量那样，有助于构建和重构世界。而且，在这种协商性领域中，正如我们已经看到的，生态民主的开端已经显现。环境主义已经在反对工业主义的过程中得以迅速成长。当然，生态社会要想取代工业社会的话，还有很多事情需要做。

【注释】

[1] John S. Dryzek, *Discursive Democracy: Politics, Policy, and Political Science*, New York: Cambridge University Press, 1990, pp. 29-56.

[2] Graham Smith, *Deliberative Democracy and the Environment*, London: Routledge, 2003.

[3] Douglas Torgerson, "Strategy and ideology in environmentalism: A decentered approach to sustainability," *Industrial and Environmental Crisis Quarterly*, 8 (1994), pp. 295-321; "The uncertain quest for politics of environmentalism," in Frank Fischer and Michael Black (eds.), *Greening Environmental Policy: The Politics of a Sustainable Future*, Liverpool: Paul Chapman, 1995, pp. 3-20.

[4] 有关生态民主更深入的讨论，可以在我其他的一些作品中找到。See John S. Dryzek, *Rational Ecology: Environment and Political Economy*, New York: Basil Blackwell, 1987; "Green reason: Communicative ethics for the biosphere," *Environmental Ethics*, 12(1990), pp. 195-210; "Ecology and discursive democracy: Beyond liberal capitalism and the administrative state," *Capitalism, Nature, Socialism*, 3/2 (1992), pp. 18-42; "Political and ecological communication," in Freya Mathews(ed.), *Ecology and Democracy*, London: Frank Cass, 1996, pp. 13-20; "Strategies of ecological democratization," in William M. Lafferty and James Meadowcroft(eds.), *Democracy and the Environment: Problems and Prospects*, Cheltenham: Edward Elgar, 1996, pp. 108-123.

[5] John S. Dryzek et al., *Green States and Social Movements: Environmentalism in the United States, United Kingdom, Germany, and Norway*, Oxford: Oxford University Press, 2003.

The Politics of the Earth:
Environmental Discourses

Published by an arrangement with Oxford Publishing Limited.